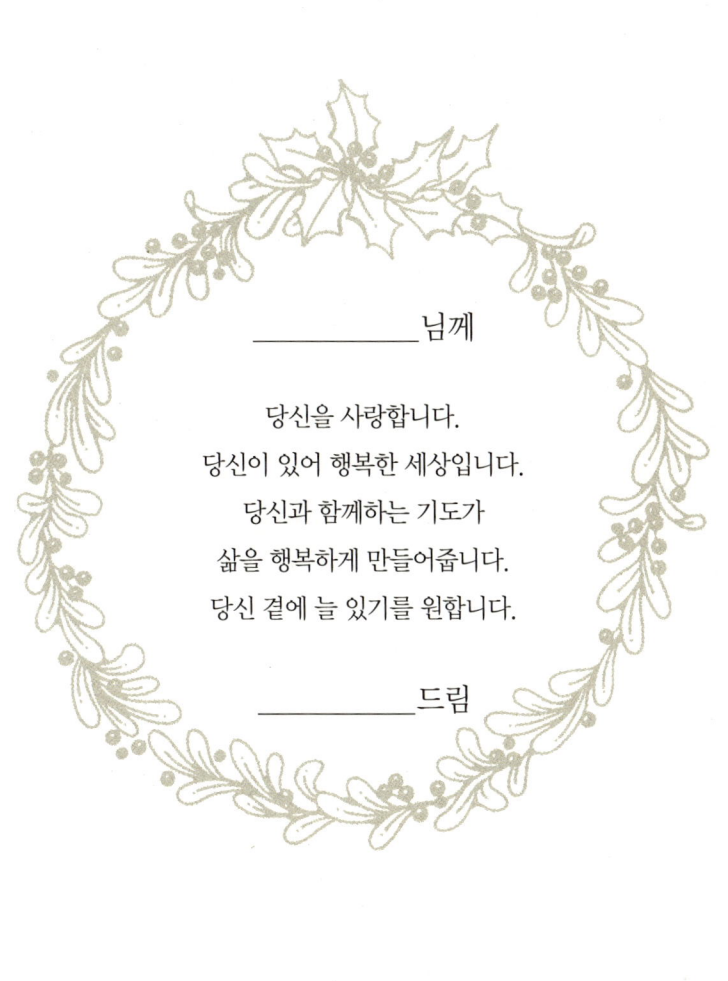

_____님께

당신을 사랑합니다.
당신이 있어 행복한 세상입니다.
당신과 함께하는 기도가
삶을 행복하게 만들어줍니다.
당신 곁에 늘 있기를 원합니다.

_____드림

예수그리스도와 함께 여는 하루

예수그리스도와 함께 여는 하루

―

초판 1쇄 2007년 12월 3일
지은이 용혜원
펴낸이 김영재
펴낸곳 책만드는집

―

주소 서울 마포구 합정동 428-49 4층 (121-886)
전화 3142-1585·6
팩시밀리 336-8908
전자우편 chaekjip@chol.com
등록 1994년 1월 13일 제10-927호
ⓒ 용혜원, 2007

―

지은이와의 협약에 의해 인지를 따로 붙이지 않습니다.
잘못된 책은 구입하신 서점에서 바꾸어드립니다.

―

ISBN 978-89-7944-270-0 (03230)

이 도서의 국립중앙도서관 출판시도서목록(CIP)은 e-CIP
홈페이지(http:///www.nl.go.kr/cip.php)에서 이용하실 수 있습니다.
(CIP제어번호: CIP2007003434)

예수그리스도와
함께 여는

하루

용혜원 목사

책만드는집

책 처음에

하루하루의 삶은 참으로 소중합니다.
다시는 우리에게 돌아올 수 없는 시간입니다.
이 소중한 하루를 예수그리스도와 함께 시작할 수 있다면
행복한 그리스도인이라 말할 수 있을 것입니다.
아침에 일어나서 하루의 인도하심을 받기 위해 기도한다면
삶에 힘과 용기가 생길 것입니다.
날마다 주님과 동행한다면
날마다 삶 속에서 주님의 인도하심을 체험할 수 있을 것입니다.
여기 이곳에 작은 자리나마
하루의 삶을 주님과 함께 시작할 수 있는 터전을 마련했습니다.
말씀을 묵상하고 기도하는 데 도움이 되기를 바랍니다.
하루의 시작을 기도로 열고 하루의 끝을 응답과 감사로 맺는 가운데
주님이 함께하심을 체험하시기를 바랍니다.
우리의 소중한 삶이 아름답게 이루어질 수 있도록
언제나 예수그리스도의 인도하심을 따르는 그리스도인이 됩시다.

2007년 12월
용혜원

당신은 그분을 만나보셨습니까

용혜원

당신은 그분을 만나보셨습니까
늘 우리 곁에 한 사람의 얼굴로 다가와서는
기쁨으로 가득 채우는
그분을 만나보셨습니까

소문을 내지 않아도 소문 나던 분
가난한 이들과 외로운 이들을 가까이하시던
그분의 손길은 사랑이었습니다

우리가 삶 속에서
텅 빈 것 같은 공허함을 느끼며
인생의 마지막을 맞이한다면
얼마나 외롭겠습니까

당신은 그분을 만나보셨습니까
온유한 모습으로 찾아와
나는 길이요, 진리요, 생명이라 말씀하시는 이
예수를 만나보셨습니까

차례 _ 365일 *HAPPY DAY*

1월 _ *January* † 예수그리스도와 시작하는 하루
하나님은 언제나 함께하십니다

2월 _ *February* † 기도하는 삶
사랑은 따뜻한 마음에서 시작됩니다

3월 _ *March* † 구원은 하나님의 선물
기도는 하나님의 약속입니다

4월 _ *April* † 부활의 주님
진정한 행복은 주 안에 있습니다

5월 _ *May* † 행복이 가득한 가족
가정이란 행복을 저축하는 곳입니다

6월 _ *June* † 우리를 기억하시는 하나님
이웃과 나누며 살아가야 합니다

7월 _ July　　† 행복한 얼굴 만들기
　　　　　　　　많이 베풀수록 마음의 평화가 가득해집니다

8월 _ August　　† 예수는 우리의 희망
　　　　　　　　꿈은 희망을 가져다줍니다

9월 _ September　† 신앙생활 훈련
　　　　　　　　기도와 말씀으로 새롭게 변화되어야 합니다

10월 _ October　　† 시련 후의 성장
　　　　　　　　늘 감사하는 삶을 살아야 합니다

11월 _ November　† 변화된 생활
　　　　　　　　절망 속에도 희망은 있습니다

12월 _ December　† 우리를 찾아오시는 예수그리스도
　　　　　　　　성경은 우리의 삶을 인도하는 나침반입니다

1월 January

예수그리스도와 시작하는 하루

예수는 우리에게서 거절의 고통을 느끼시더라도 항상 만나주시고 항상 경청하시며 항상 용서하신다. 예수가 우리를 얼마나 깊이 사랑하시는지 우리가 그분과 교제할 수 있도록 기꺼이 십자가에 달리셨다. 그분은 우리가 친구로서 동행할 수 있도록 자신에게 요구된 고통을 기쁘게 견디셨다. 우리의 영혼을 먼저 구하신 그분보다 더 위대한 영혼의 친구는 없다. 마이클 카드

1월 1일

기도로 시작하는 새해

너의 길을 여호와께 맡기라. 저를 의지하면 저가 이루시고 네 의를 빛같이 나타내시며 네 공의를 정오의 빛같이 하시리로다. 시편 37:5-6

한 해의 시작은 기도로 열어야 합니다. 삶의 시작이 올바르면 행복의 문에 도달하게 될 것이고 시작이 잘못되면 불행의 벼랑으로 떨어질 것입니다. 올해의 모든 날을 예수그리스도와 함께할 때 삶에 기쁨과 평안이 가득할 것입니다.

예수그리스도는 길이고 진리이며 생명입니다. 어느 누가 주님처럼 우리에게 모든 것을 아낌없이 주겠습니까? 어느 누가 예수그리스도처럼 목숨을 다 던져 십자가의 처절한 고통 속에서 우리를 구원해주겠습니까? 기도로 시작하는 하루에는 응답이 있고 기도로 맺는 하루에는 감사가 있습니다. 1년 365일을 살아가는 동안에 기쁨도 있고 고난도 있을 것입니다. 우리가 가는 길을 예수그리스도께 맡길 때 우리는 가장 안전합니다.

우리의 눈은 주님을 바라보며 주님의 마음을 열망하고, 우리의 손과 발은 사랑을 나누어야 합니다. 우리의 몸과 마음과 영혼을 다해 기도하며 말씀 속에서 한 해를 인도받아야 합니다. 기도 속에서 주님과 함께할 때 풍성한 열매가 맺힐 것입니다. 예수그리스도는 우리가 마음의 문을 활짝 열기를 원하십니다. 주님은 언제나 우리와 함께하십니다.

성공에 이르는 여정에서 무엇보다도 중요한 것은 곧바로 행동으로 옮기는 것이다. 바로 그 시작이 중요하다. **지그 지글러**

기도 속에서 만나는 하나님

저가 내게 간구하리니 내가 응답하리라. 저희 환난 때에 내가 저와 함께하여 저를 건지고 영화롭게 하리라. 시편 91:15

하루를 기도로 시작하는 사람이 그리스도인입니다. 우리는 기도를 통해 우리의 삶의 방향을 인도해주시는 주님의 사랑을 체험할 수 있습니다. 우리는 홀로는 너무나 나약합니다. 그러나 주님이 함께하시면 강하고 담대한 믿음을 가질 수 있습니다.

우리는 하루를 시작하며 기도를 배워야 합니다. 하나님께서 기도를 가르쳐주실 것입니다. 삶에 어려움과 고통이 있고 때로는 절망이 찾아와도 낙심하지 말아야 합니다. 삶을 열심히 살아가면 하나님이 열매를 보여주실 것입니다. 우리 안에 거하시는 성령의 능력을 체험케 해주실 것입니다. 그러므로 우리는 항상 기도해야 합니다. 기도함으로 살아 계신 하나님의 능력을 체험할 수 있습니다. 우리는 기도를 통해 하나님께 자주 찾아가야 합니다. 하나님은 우리가 찾아와 주기를 원하십니다. 그러므로 하나님은 우리의 기도에 자주 응답해주십니다. 우리는 평생 쉬지 않고 기도하는 삶을 살아야 합니다. 기도 속에서 하나님이 함께하시고 도와주심을 체험해야 합니다. 그리고 영원히 함께하시는 하나님의 사랑을 체험해야 합니다.

기도를 잊지 마라. 네가 기도할 때마다 너의 기도가 성실하다면 그 속에는 새로운 느낌과 새로운 의미가 있을 것이다. 그리고 이것은 너에게 생생한 용기를 줄 것이며 너는 기도가 곧 하나의 교육이라는 사실을 이해할 것이다. **도스토예프스키**

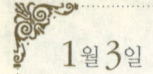

1월 3일

성령의 인도하심 속에 사랑을

소망의 하나님이 모든 기쁨과 평강을 믿음 안에서 너희에게 충만케 하사 성령의 능력으로 소망이 넘치게 하시기를 원하노라. 로마서 15:13

성령의 인도하심 속에서만 예수그리스도의 사랑을 깨달을 수 있고 예수그리스도에 대한 믿음도 소유할 수가 있습니다. 그리스도인에게 무엇보다도 중요한 것은 하나님의 사랑을 깨닫고 주님을 믿는 것입니다.

사랑을 이룸에 있어서 우리가 미리 알아야 할 것은 자신만을 믿고 의지해서는 안 된다는 사실입니다. 우리는 성령의 도움으로 사랑을 이루어갈 수 있기에, 성령께서 우리의 마음을 채워주시고 우리의 마음을 이끌어주시기를 바라는 기도가 먼저 시작되어야 합니다. 성령께서는 우리에게 용기와 능력을 주십니다. 우리에게 중요한 것은 바로 믿음 속에서 드리는 기도입니다.

예수그리스도를 발견한 사람, 예수그리스도를 아는 사람, 예수그리스도를 믿는 사람, 예수그리스도를 따르는 사람, 예수그리스도와 영원히 함께 살 사람은 얼마나 행복한 사람입니까? 예수그리스도는 우리 안에 분명히 존재하고 계십니다. 복음의 강력한 능력이 예수그리스도로부터 시작해 우리의 영혼과 가슴에 도도히 흐르고 있습니다.

우리를 변화시키는 분이 성령이시다. 우리를 변화시키기 위해 우리의 인격 깊은 곳에서 일하시는 분이 성령이시다. **제리 브리지스**

1월 4일

믿음 안에서 살기를

> 우리가 하나님과 함께 일하는 자로서 너희를 권하노니 하나님의 은혜를 헛되이 받지 말라. 고린도후서 6:1

우리의 마음은 시시각각으로 변합니다. 마음이 하루에도 몇 번씩 기쁨과 슬픔 사이를 오갑니다. 우리가 주의해야 할 것은 그리스도인이라 해서 결코 모든 면에 완벽할 수 있는 건 아니라는 사실입니다. 그리스도인도 고독할 수 있고 실패할 수 있습니다. 그러나 중요한 것은 그리스도인에게는 모든 것이 합력하면 선을 이룰 수 있다는 믿음, 곧 예수 안의 기쁨이 있다는 사실입니다. 완전해지려고 노력하기보다는 모든 것을 예수 그리스도 우리의 주님께 맡기는 삶의 자세가 필요할 것입니다.

우리가 올바른 그리스도인이라면 무한한 하나님의 자비와 사랑을 온전히 깨달아야 합니다. 그리고 그 사랑 속에서 그분이 우리에게 무엇을 요구하시는지를 분명히 알아서 행해야만 합니다. 날마다 우리는 천국의 시민권을 가진 자로서 천국 시민이 되기를 훈련해야 합니다. 우리가 모든 일을 예수 안에서 행할 때 우리의 믿음은 더욱 강하고 담대해질 것입니다. 나약했던 베드로, 주님을 모른다고 철저하게 부인했던 베드로가 성령 충만을 받아 예수 그 이름을 마음껏 증거했던 것처럼 우리도 성령의 도우심과 인도하심 속에서 오늘을 살아가야 합니다.

천국에서는 모든 것이 행복이고, 지옥에서는 모든 것이 불행이다. 천국과 지옥 사이에 있는 지상에서는 모든 것이 행복인 동시에 불행이다. 우리는 이처럼 양극단의 중간에 서 있기 때문에 양쪽 성질을 같이 보유한다. **그라시안**

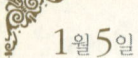 1월 5일

주님을 가까이할 수 있는 시간

너희가 그 은혜를 인하여 믿음으로 말미암아 구원을 얻었나니 이것이 너희에게서 난 것이 아니요 하나님의 선물이니라. 에베소서 2:8

우리는 언제나 부족하고 나약합니다. 그렇기에 우리는 도움을 청하게 되는 것입니다. 나무 한 그루도 그냥 자라는 것이 아닙니다. 꽃 한 송이도 저절로 피어나는 것이 아닙니다. 우리의 삶은 이미 완성된 작품이 아니라 완성해가는 것입니다. 우리는 부족을 느끼기에 기도합니다.

우리 주님은 우리 속에 이미 착한 일을 시작하셨습니다. 그러므로 완성은 주 예수의 날에 온전히 이루어질 것입니다. 우리는 부족한 것을 알기에 기도합니다. "주여! 나를 도와주소서! 주여! 나를 인도하소서!"라고 말입니다. 주님은 완성된 자를 찾지 않으십니다. 부족한 사람, 나약한 사람, 병든 사람, 죄인을 찾으십니다. 그러나 예수를 영접한 사람은 자족할 수 있는 믿음을 가진 사람입니다. 나약하고 부족하지만 믿음의 능력이 있고 힘이 있기에 강하고 담대하게 그리스도인의 삶을 살아가는 것입니다. 나약함을 느낄 때나 부족함을 느낄 때가 가장 주님을 가까이할 수 있는 시간입니다. 기도 시간은 주님과 교제하는 시간입니다.

우리는 예수의 부름을 받고 열매 맺기 위해 사는 자들이다. 우리는 예수의 포도나무에 붙은 가지들이다. 가지에 열매가 많이 맺히도록 우리는 자신을 드리는 일에 인색해서는 안 된다. 우리의 존재 이유는 과실을 많이 맺는 것이기 때문이다. **알란 미난**

이 땅에서 가장 행복한 사람

주 안에서 항상 기뻐하라. 내가 다시 말하노니 기뻐하라. 빌립보서 4:4

이 땅에서 가장 행복한 사람은 누구이겠습니까? 이 땅에서 가장 복된 사람은 누구이겠습니까? 그는 바로 예수그리스도를 구주로 믿고 고백하며 믿음을 행동으로 옮기는 사람입니다. 언제나 예수만을 바라보고, 예수 안에 살며, 예수만을 자랑하기를 원하는 사람입니다.

복이란 무엇입니까? 최고의 복은 예수그리스도의 보혈로 구원받았다는 사실, 그리고 예수그리스도를 향해 "주는 그리스도시요, 살아 계신 하나님의 아들이라"라고 고백할 수 있는 믿음을 갖는 것입니다. 우리는 이 세상에서 가장 복되고 행복한 사람들입니다. 예수그리스도의 이름으로 구원받았기 때문입니다.

복 있는 사람은 교만하거나 자만하지 않습니다. 진실하게 살기를 원하고 하나님의 자녀가 됨을 만족하고 행복하게 여기며 감사하는 마음을 갖습니다. 기도와 경건한 생활은 함께 이루어집니다. 기도가 없는 경건함이나 경건함이 없는 기도는 있을 수 없습니다. 우리는 오늘의 삶에 말씀의 능력을 나타내야 합니다. 열매를 맺고 형통함을 보여주어야 합니다. 오늘도 예수로 말미암아 승리하는 삶을 살아갑시다.

행복은 모든 인간의 목표다. 남녀노소를 불문하고 모든 사람이 바라는 것이다. 그러나 자연에 법칙이 있듯 행복에도 법칙이 있다는 사실을 모르는 사람들이 많다. 행복의 법칙을 잘 이해하는 사람에게 행복해질 기회는 많아진다. **벤저민 프랭클린**

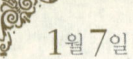
1월 7일

삶을 기쁘게 살아가도록 하는 힘

하나님이 우리를 세우심은 노하심에 이르게 하심이 아니요 오직 우리 주 예수그리스도로 말미암아 구원을 얻게 하신 것이라. 데살로니가전서 5:9

삶을 기쁘게 살아갈 수 있게 하는 힘 중 하나는 바로 사랑입니다. 사랑보다 위대한 힘은 없습니다. 사랑하고 있는 사람들, 사랑받고 있는 사람들은 그 어떤 일을 해도 용기를 잃지 않습니다. 우리가 모든 죄를 회개했을 때 성령의 체험을 통해 예수그리스도의 십자가의 사랑을 마음 깊이 벅찬 감동으로 느낄 수 있습니다.

　우리 속에 함께하는 하나님이 주신 기쁨은 바로 우리가 하나님의 아들 예수그리스도의 사랑을 느끼고 체험하고 있다는 증거입니다. 우리의 삶 속에서 최고의 기쁨은 예수그리스도의 보혈로 우리의 죄가 씻기고 사함을 받아 구원을 받았다는 놀라운 사실입니다.

　오늘도 행복한 삶을 살기를 원하십니까? 우리가 그리스도인이라면 이미 사랑을 받았으니 나누어야 할 것입니다. 인간적인 사랑에 목매기보다는 위대한 하늘 사랑을 나타내기 위해 하나님의 도구가 되는 것입니다. 오늘을 살아가면서 우리의 말 한마디에도 위로받을 사람이 있습니다. 우리의 손길 발길 눈길 하나에도 복음이 역사하면 위로받을 수 있는 사람이 있습니다. 우리는 예수그리스도의 사랑으로 살아가야 합니다.

오늘날 우리에게 필요한 것은 설명할 수 없는 기쁨, 전염성이 있는 기쁨, 불가항력적인 기쁨이다. 이런 기쁨이 우리 인생에 함께하면 이로 인해 좋은 것들이 따라온다. 찰스 스윈돌

기도로 생활하는 사람

> 우리가 그리스도를 대신하여 사신이 되어 하나님이 우리로 너희를 권면하시는 것같이 그리스도를 대신하여 간구하노니 너희는 하나님과 화목하라. 고린도후서 5:20

기도를 하는 사람은 언제나 강한 믿음을 가지고 있습니다. 기도하지 않을 때 힘을 잃고 좌절하며 낙망합니다. 그리스도인으로서 우리에게 가장 중요한 것은 예수그리스도처럼 기도를 습관적으로 하는 것입니다. 식사 시간이 되면 항상 기도를 먼저 하듯이 어려운 일을 비롯한 모든 일을 기도로 시작하고 기도로 이루어가는 것입니다.

기도로 생활하는 사람은 담대합니다. 용기가 있습니다. 힘이 있습니다. 강합니다. 왜냐하면 모든 것을 주님께 의탁했기 때문입니다. 하루의 일을 시작하기 전에 제일 먼저 주님께 기도하는 것은 바로 축복받은 성도의 삶입니다.

아침에 눈을 뜨면 "오, 주님! 감사합니다"라며 기쁜 마음으로 자리에서 일어나는 사람과, 일어나자마자 "어휴, 또 지긋지긋한 하루가 시작되는구나!"라며 일어나는 사람의 하루는 엄청난 차이가 있을 것입니다. 왜 같은 삶을 살면서 누구는 천국같이 살고 누구는 지옥같이 사는 걸까요? 오늘 하루도 기도로 시작합시다. 기도하는 사람은 강하고 담대합니다. 하나님의 존재가 언제 어디서나 당당할 수 있도록 해주기 때문입니다.

기도에서 하나님을 찾는다는 것은 그분과의 대화, 또는 그분에게 쓰는 일기를 뜻한다. 이를 통해 우리는 혼란에서 질서로, 근심에서 평온으로, 절망에서 희망으로 변하는 세상을 발견할 수 있다. 다시 말해 하나님을 우리의 스승이며 안내자로 삼는 것이다. **마이클 린버그**

 1월 9일

예수그리스도께서 주신 평안

> 평안의 매는 줄로 성령의 하나 되게 하신 것을 힘써 지키라. 몸이 하나요 성령이 하나이니 이와 같이 너희가 부르심의 한 소망 안에서 부르심을 입었느니라. 에베소서 4:3-4

주님께서 우리를 구원하심은 평안의 세계로 초청하신 것입니다. 인간이 타락하여 에덴동산에서 쫓겨났고 죄악으로 인해서 인간에게 다가온 것은 반목과 질시와 투쟁과 죄악으로 인한 고통뿐이었습니다. 그러나 이 모든 것을 세상 죄의 짐을 지신 어린양 예수께서 홀로 지시고 골고다 십자가에 못 박혀서 화목 제물이 되어주셨습니다. 주님께서 우리에게 평안의 복음, 생명의 복음, 사랑의 복음을 허락하신 것입니다.

예수그리스도께서 우리에게 주시는 평안은 잠시 잠깐의 평안이 아니라 영원한 평안입니다. 예수그리스도 우리 주님은 우리의 심령 속에 아버지의 뜻을 이루어주셨습니다. 우리는 바로 이 평안에 초대된 그리스도인입니다. 그러므로 우리는 행복한 가정을 꾸려나갈 수 있습니다.

이 세상에서 고귀한 것 중 하나가 바로 행복한 가정입니다. 가정은 밝고 화목하고 사랑이 가득해야 합니다. 행복한 가정을 가진 사람은 어디서나 행복합니다. 가정의 행복은 물질로만 이루어지는 것이 아닙니다. 행복한 가정은 사랑이 함께하는 곳입니다. 이해와 용서가 함께하는 곳입니다. 우리 가정의 주인은 주님이십니다.

하나님과 화목하고 평화를 누리는 길을 찾을 수 있는 열쇠는 바로 하나님과 싸우기를 멈추는 것이다. 하나님께서는 오랫동안 우리에게 평안을 주고 싶다는 메시지를 알리셨다. **빌리 그레이엄**

1월 10일

진실한 삶을 위하여

> 누구든지 그의 말씀을 지키는 자는 하나님의 사랑이 참으로 그 속에서 온전케 되었나니 이로써 우리가 저 안에 있는 줄을 아노라. 저 안에 거한다 하는 자는 그의 행하시는 대로 자기도 행할지니라. 요한일서 2:5-6

삶은 진실해야 합니다. 남을 희생시켜서라도, 남을 무너뜨려서라도 잘되거나 높아지려 한다면 결국에는 실패합니다. 사람들을 적으로 만들기보다 친구로 만들어야 합니다. 가장 어렵고 힘들 때, 우리 곁에서 함께하는 친구가 있어야 합니다. 아무리 많은 돈을 번다 해도 친구가 없는 사람의 마지막 삶은 언제나 초라하기 마련입니다.

우리의 인생은 아무리 화려하게 장식을 해봐도 한순간입니다. 하늘 아래, 땅 위에 부끄럼 없이 살아가야 합니다. 언제나 누구에게든지 떳떳하게 살아감을 보여줄 수 있어야 합니다. 우리는 예수그리스도를 십자가에 못 박았던 사람들입니다. 이제 또다시 어떻게 주님을 십자가에 못 박을 수가 있겠습니까? 우리의 손에 죄악을 잡고 있어서는 안 될 것입니다. 우리는 오늘도 하나님의 사랑으로 하나님의 영광을 나타낼 수 있는 일을 우리의 삶과 함께 이루어나가야 합니다. 우리의 손이 주님의 손에 꼭 잡혀 있다는 믿음을 가지고 오늘도 예수그리스도를 나타내는 삶을 살아가야겠습니다.

진실은 언젠가 드러나게 마련이며 허위 진술을 할 수도 없다. 심지어 남의 눈에 띄지 않는 곳에 숨어 있을 수도 없고 비상구도 없다. 결국 명명백백한 사실에 직면할 수밖에 없다. 그러므로 겸허하게 두려운 마음을 갖고 성실이라는 유산을 창조할 수 있도록 노력해야 한다. **데브라 벤트**

1월 11일

죄란 무엇입니까?

> 죄를 짓는 자마다 불법을 행하나니 죄는 불법이라. 그가 우리 죄를 없이 하려고 나타내신 바 된 것을 너희가 아나니 그에게는 죄가 없느니라. 요한일서 3:4-5

죄란 무엇입니까? 성경에서는 인간이 도덕적으로나 법률적으로 짓는 죄가 아니라 하나님을 등지고 사는 것과, 나 자신과 등지고 사는 것을 죄라고 말합니다. 죄란 하나님을 떠나는 것이요, 법을 떠나는 것이요, 질서에서 멀어지는 것입니다. 우리가 가야 할 길을 가지 않는 것이 죄입니다.

하나님의 창조 질서를 파괴한 아담이 자기주장을 했을 때에 죄가 생겨난 것입니다. 하나님 아버지의 질서를 떠나서 자기 마음대로 사는 사람에게 타락과 죄악이 찾아오는 것입니다.

우리 사회나 정치제도나 개인의 삶이 하나님을 떠날 때에는 결국 탕자의 운명밖에 될 수 없습니다. 자기 마음대로만 하려는 모든 것이 죄입니다. 그리스도인은 모두가 죗값을 예수그리스도께서 대신 져주셨다는 사실을 믿는 사람입니다. 그리스도인은 예수그리스도의 위대한 사랑을 시인하고 고백하고 전하는 사람입니다. 그들이 모인 곳이 교회입니다. 사랑은 많은 허물을 덮어줍니다. 우리는 이웃을 사랑함으로써 잃어버렸던 하나님의 형상을 되찾으며 그분의 모습을 닮아가야 합니다.

죄에 타락하는 자는 인간이요, 죄 때문에 비탄해하는 자는 성도며, 죄를 자랑하는 것은 악마다. 죄의 영광은 수치로서 죄의 오점을 가장 훌륭한 영혼의 모습으로 헤아린다. **토머스 풀러**

1월 12일

모든 죄는 욕심에서 비롯됩니다

욕심이 잉태한즉 죄를 낳고 죄가 장성한즉 사망을 낳느니라. 야고보서 1:15

욕심이란 참으로 무서운 것입니다. 모든 죄는 욕심에서 비롯되기 때문입니다. 욕심이란 한도 끝도 없습니다. 욕심이란 자기의 삶을 조이는 것입니다. 그렇기에 너무 많은 욕심은 스스로를 꼼짝 못하게 만듭니다.

사탄은 인간의 심성을 잘 꿰뚫어 봅니다. 욕망은 욕심의 화살을 당기는 것입니다. 성경에 등장하는 수많은 인물 중에도 욕심을 지나치게 부리다가 멸망당한 사람이 너무나 많이 있습니다. 아간과 가룟 유다가 대표적인 인물일 것입니다. 재물도 명예도 권세도 건강도 지나치게 욕심을 부릴 필요가 없습니다. 욕심은 남을 괴롭히고 자신을 괴롭히고 죄를 짓게 만듭니다. 우리가 그리스도인이라면 하나님은 우리의 삶을 필요에 따라 채우시고 허락하시고 함께해주십니다.

자기의 분수를 아는 사람이 현명한 사람이 아니겠습니까? 괜한 욕심으로 자신도 주위도 불편하지 않게 해야겠습니다. 작은 여유도 그리스도인의 삶의 한 부분입니다.

탐욕은 일체를 얻고자 욕심내어서 도리어 모든 것을 잃어버린다. 몽테뉴

1월 13일

주님께서 찾아주셨습니다

나는 선한 목자라. 선한 목자는 양들을 위하여 목숨을 버리거니와 삯군은 목자도 아니요 양도 제 양이 아니라 이리가 오는 것을 보면 양을 버리고 달아나나니 이리가 양을 늑탈하고 또 헤치느니라. 요한복음 10:11-13

우리가 살아가면서 체험하는 쓰라린 아픔 중의 하나는 잃어버리는 고통입니다. 가진 것이 많으면 잃는 아픔도 비례합니다. 내 것을 많이 가질수록 잃어버리는 고통도 지속되며 또 잃어버릴까 불안에 떨어야 합니다. 그러나 이 세상의 어떤 것도 내가 가지고 온 것은 없습니다. 쓸데없는 욕심을 부리지 않을 때 고통에서 해방을 얻고 자유로울 수 있습니다.

우리는 때때로 자기의 자그마한 소유를 잃어버릴 때 오랫동안 괴로움을 느낍니다. 예수그리스도는 인간 구원의 심정을 잃은 것에 대한 비유로 말씀하고 있습니다. 어느 한 사람이 양이 백 마리가 있는데 한 마리를 잃으면 아흔아홉 마리를 두고 그 잃은 것을 찾아다니게 됩니다. 찾으면 "나는 잃은 것을 찾았노라" 하면서 기뻐합니다.

우리도 한때는 낙오된 양이었는데 주님께서 찾아 구원해주셨습니다. 우리의 모든 아픔을 감싸주시고 치유해주셨습니다. 우리는 일상에서 작은 것을 잃어버리는 슬픔에서 벗어나 큰 구원을 받은 기쁨에 감동하면서 주님께 감사하며 살 때 그리스도인의 참된 기쁨을 누릴 수 있습니다.

> 고통을 피하는 것만으로는 자신을 충분히 압박할 수 없다. 자신의 목표를 의무로 만들기 위해서는 고통뿐 아니라 기쁨도 필요하다. 목표에 도달했을 때 기쁨이 주어져야 한다. **보도 섀퍼**

1월 14일

주님께서 오십니다

오직 너희는 믿음과 말과 지식과 모든 간절함과 우리를 사랑하는 이 모든 일에 풍성한 것같이 이 은혜에도 풍성하게 할지니라. 고린도후서 8:7

거친 바람 불고
폭풍이 내게 몰아쳐도

나의 믿는 마음은
노래를 부릅니다

그들이 나를
해치지 못할 것
내가 압니다

주님께서
그 날개를 타고 오십니다 마크 거이 피어스

행복은 인간의 마음과 신체에 내재된 천성이다. 우리는 행복하다고 느낄 때 보다 잘 생각하고 행동하고 느끼며 건강해진다. 심지어 우리의 감각기관도 행복하다고 느낄 때 보다 활발하게 움직인다. **맥스웰 몰츠**

1월 15일

하나님께서 우리에게 바라는 사랑

> 사랑 안에는 두려움이 없고 온전한 사랑이 두려움을 내쫓나니 두려움에는 형벌이 있음이라. 두려워하는 자는 사랑 안에서 온전히 이루지 못하였느니라. 우리가 사랑함은 그가 먼저 우리를 사랑하셨음이라. 요한일서 4:18-19

하나님께서 우리에게 바라는 사랑은 갈라지지 않은 온전한 사랑입니다. 우리는 세상에서 생각할 때 어리석다 할 정도로 예수를 사랑해야 합니다. 이것이야말로 참된 삶의 가치를 알게 되는 것입니다. 우리 삶의 최대 혁명은 하나님을 온전히 사랑할 때 비로소 시작될 것입니다.

하나님에 대한 사랑은 우리 영혼과 육체 전부를 그분의 뜻에 따라 온전히 헌신하는 것입니다. 우리가 하나님을 사랑한다면 사랑할 시간을 가져야 합니다. 이는 기도의 시간입니다. 사랑을 나누는 시간입니다. 사랑은 하나님에 대한 그리움을 알고, 하나님께서 우리의 기쁨이 되시는 줄 알고, 하나님께 바랄 줄 알며, 하나님을 온전히 경배하고 찬양할 줄 알며, 하나님께 감사할 줄 아는 것입니다.

복음이 그리스도인을 만듭니다. 복음은 구원에 이르게 하는 하나님의 능력이기 때문입니다. 하나님의 말씀대로 사는 그리스도인은 결코 멸망하지 않습니다. 하나님의 말씀은 분명하게 살아 있습니다. 예수그리스도의 마음에 들지 않는 모든 것을 끊어버리는 것은 곧 그리스도의 사랑에 대한 의무입니다.

마음을 열고 사랑이 흘러가게 해라. 사랑은 모든 사람을 이끄는 힘이다. 모든 영혼은 사랑받기를 원한다. 사랑을 선물해선 안 될 이유가 어디에 있는가. 주는 만큼 받게 될 것이다. 조건 없이 자유롭게 사랑하는 법을 배우고 인생을 즐겨라. **아일린 캐디**

1월 16일

늘 만나고 싶은 사람

너희는 더욱 큰 은사를 사모하라. 내가 또한 제일 좋은 길을 너희에게 보이리라. 고린도전서 12:31

우리에게는 소중한 만남이 있습니다. 부모와의 만남, 형제와의 만남, 친구와의 만남, 배우자와의 만남, 스승과의 만남, 직장에서의 만남 등 헤아릴 수 없을 정도로 많은 만남 속에 우리는 살아가고 있습니다. 우리의 만남은 참으로 귀하고 소중하기에 늘 아름답게 지켜가야겠습니다.

우리는 늘 누군가에게 만나고 싶은 사람이 되어야 합니다. 다른 사람이 우리에게 무엇을 먼저 해주기를 바라기보다는 우리가 먼저 그들에게 무엇을 해주는 배려와 넉넉한 마음을 가져야 합니다. 사람들은 자기가 사랑하는 사람들에게서 배운다고 합니다. 늘 밝은 얼굴로 이웃들을 대하는 사람을 우리 주변에서 찾아볼 수 있습니다. 그런 사람은 우리에게 항상 좋은 느낌으로 남습니다. 우리가 바로 그런 사람이 되었으면 참 좋겠습니다.

만나고 싶은 사람들을 적은 목록에서 만날 가능성이 없는 사람들을 빼버릴 필요는 없다. 온 세상이 다 열려 있기 때문이다. **잭 캔필드**

1월 17일

서로 어울려 사는 세상

> 형제들아 너희는 함께 나를 본받으라. 또 우리로 본을 삼은 것같이 그대로 행하는 자들을 보이라. 빌립보서 3:17

시계 안에는 세 사람이 살고 있다고 합니다. 성급한 사람, 차분한 사람, 느긋한 사람입니다. 그런데 참으로 묘하게 조화를 잘 이루어갑니다. 서로가 서로를 인정해주고 배려해주고 약속을 지켜주기 때문입니다. 세상도 마찬가지입니다. 서로가 서로를 인정해주고 배려해주고 약속을 지켜주면 조화가 잘 이루어집니다.

이 세상을 살아가는 모든 사람은 우리와 마찬가지로 기쁨은 물론 슬픔도 지니고 있습니다. 우리도 똑같은 삶을 살아가고 있기에 서로 지켜주어야 합니다.

가정에서나 직장에서 관심을 갖고 건네는 칭찬과 격려의 말 한마디는 만남의 소중함을 일깨워줍니다. 내가 마음의 문을 열면 상대방도 마음의 문을 열고 다가옵니다. 우리는 홀로 사는 것이 아니라 함께 사는 것입니다. 서로 어울려 조화를 잘 이루어야 합니다. 우리의 삶이 아름다운 조화를 이룰 때 가정도 사회도 직장도 행복할 것입니다. 조화를 잘 이루면 모든 것이 협력하여 선을 이루게 됩니다.

세상에서 그냥 얻어지는 것은 아무것도 없다. 목표에 도달하기 위해서는 시간, 노력, 그리고 정열을 쏟아 부어야 한다. **조지 싱**

1월 18일

활력 넘치는 행복한 삶

> 여호와는 나의 목자시니 내가 부족함이 없으리로다. 그가 나를 푸른 초장에 누이시며 쉴 만한 물가로 인도하시는도다. 내 영혼을 소생시키고 자기 이름을 위하여 의의 길로 인도하시는도다. 시편 23:1-3

누군가 내 마음을 알아주고 읽어준다면 참 행복한 삶을 살아가는 것입니다. 우리도 다른 사람의 마음을 따뜻하게 읽어줄 수 있다면 행복할 겁니다. 우리는 다른 사람의 속마음을 알아주어야 합니다. 그리고 다른 사람이 우리의 마음속에 들어올 수 있도록 마음을 활짝 열어야 합니다. 우리가 먼저 관심을 가질 때 다른 사람에게 관심을 받을 수 있는 것입니다. 그러한 마음은 긍정적인 마음에서 시작됩니다. 하지만 항상 긍정적인 마음을 갖고 살아가기란 그리 쉽지가 않습니다. 어느 순간 의기소침해지고 세상살이에 자신이 없어질 때가 있습니다. 그럴 때는 마음속 깊은 곳에서부터 긍정의 힘을 끄집어내야 합니다. 긍정적인 마음은 따뜻한 온기를 만들어냅니다.

우리가 일을 할 때 복잡한 생각이 정신을 지배하는 이유는 마음이 불안하기 때문입니다. 중요하지 않은 일에 분노하거나 서둘러서 자신의 능력을 낭비하는 일이 많은 것입니다. 우리가 분노하거나 서두르지 않고 차분히 여유를 가진다면 더 많은 일을 해낼 수 있을 것입니다. 마음이 편안해질 때 삶에 활력이 넘치게 되는 것입니다.

삶을 변화시키려면 마음만 바꾸면 된다. 정말 간단한 일이지만 쉬운 일은 아니다. 기분 나쁜 감정을 없애려면 기분을 좋게 만들기만 하면 된다. 그러나 좋은 기분이란 한순간 반짝하고 나타나는 감정이 아니다. 날마다 순간순간 결심을 통해 만들어지는 창조물이다. **피트 코헨**

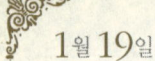
1월 19일

마음의 문을 활짝 열고

나의 반석이시요 나의 구속자이신 여호와여 내 입의 말과 마음의 묵상이 주의 앞에 열납되기를 원하나이다. 시편 19:14

삶을 살아가는 동안 다양한 사람들과 만나서 관계를 유지합니다. 대인 관계 속에서 평생 친구를 만나기도 하고 서로 상처를 주고받는 일도 있습니다. 서로의 마음을 알아주고 친밀하고 특별한 관계를 유지하기 위해서는 시간을 들여야 합니다. 사랑하고 이해하는 마음이 없으면 상대방의 마음을 읽어주거나 사로잡을 수 없습니다. 우리의 마음속에는 사랑이 입력되어 있어야 합니다.

우리의 마음에 우울, 부정적인 생각이 입력되어 있으면 비참한 삶을 살게 됩니다. 마음을 정결하게 하여 모든 증오의 감정을 멀리하면 따뜻한 마음을 가질 수 있습니다. 현대인의 특징이 무관심이라고들 하지만 세상에는 언제나 타인의 마음을 읽어주는 사람들이 있습니다. 그들 때문에 평화가 존재하고 사랑하며 살아갈 수 있는 힘이 생깁니다. 우리의 마음을 이해받고자 한다면 다른 사람의 마음을 먼저 읽어주어야 합니다. 주님 앞에 마음의 문을 활짝 열어야 합니다.

마음을 열어두면 인생을 투명하게 바라볼 수 있다. 또 마음을 열어두면 병든 마음은 치유되고 아름다운 풍경을 볼 수 있으며 드넓은 우주를 자유로이 넘나들 수 있다. **브라이언 로빈슨**

1월 20일

삶이란 한 권의 책

> 그 안에서 너희도 진리의 말씀 곧 너희의 구원의 복음을 듣고 그 안에서 또한 믿어 약속의 성령으로 인치심을 받았으니 이는 우리 기업에 보증이 되사 그 얻으신 것을 구속하시고 그의 영광을 찬미하게 하려 하심이라. 에베소서 1:13-14

삶이란 한 권의 책과 같다고 합니다. 어떤 사람은 한 편의 소설과 같고, 어떤 사람은 한 편의 시와 같고 어떤 사람은 한 편의 수필과 같다고 합니다. 우리의 삶이 한 권의 책이라면 누구나 읽어도 좋을 삶이었으면 합니다. 단 한 번뿐인 삶이기에 멋지게 열정적으로 살아야 할 것입니다. 우리의 삶을 처음부터 마지막까지 소중하게 살아야 합니다.

　삶이란 어찌 생각해보면 울며 태어나서 몇 번 웃다가 죽을 때는 다른 사람을 울리고 가는 것입니다. 그렇다면 살아가는 날 동안 나도 행복하고 다른 사람도 행복하게 만들어야 하는 것은 당연한 일일 것입니다. 우리의 삶은 한순간 한순간이 아름다워야 합니다. 삶의 순간순간은 다시 만날 수 없는 소중한 시간입니다. 우리의 삶을 가치 있고 의미 있게 만들어가는 것은 바로 우리의 책임입니다. 그러므로 날마다 즐거운 마음으로 살아가야겠습니다.

자신이 갖고 있는 책을 통달해라. 그 책을 철저히 읽고 그 책 속에 흠뻑 잠겨라. 그리고 그것을 읽고 또 읽어서 자신의 책이 되게 해라. **스퍼전**

1월 21일

철저한 믿음의 삶

믿음이 없이는 기쁘시게 못 하나니 하나님께 나아가는 자는 반드시 그가 계신 것과 또한 그가 자기를 찾는 자들에게 상 주시는 자이심을 믿어야 할지니라. 히브리서 11:6

하나님께서는 우리 인류를 구원하시기를 기뻐하셨습니다. 하나님의 인류 구원은 모든 면에서 위대한 것입니다. 그것은 하늘의 축복을 크게 더하여 무한하신 하나님의 영광과 복되심을 더할 것입니다.

주님은 부요하셨으나 우리의 구속을 위해 가난해지셨으며 우리는 무한히 가난했으나 그의 구속으로 말미암아 하늘의 모든 보화를 소유할 만큼 부요하게 되었습니다. 우리가 사는 평생 영혼의 눈과 귀가 흐려지지 않기를 소원합니다. 세상의 것으로 가득 차고 옛날의 혈기가 살아나고 교만의 독소가 퍼져갈 때 영혼의 눈과 귀는 가려지는 법입니다.

우리는 날마다 스스로를 비우고 날마다 스스로를 허물어뜨리며 날마다 스스로를 쳐서 주의 말씀 앞에 복종하기를 소원합니다. 그와 같이 영의 눈과 귀가 열려 있는 사람은 "내가 여기 있습니다!"라고 날마다 외칠 수 있습니다. 항상 최선을 다하는 믿음의 삶을 살아가는 것이 참된 그리스도인의 삶입니다. 자신의 삶에 열중하고, 전력 질주하는 삶을 살아야 합니다. 그리스도인은 신앙고백을 하거나 교회에 출석하는 데 머물지 말고 생활 속에서 철저하게 예수그리스도의 편에 서야 합니다.

믿음은 대담하게 하나님께 자신의 일생을 던지며 그의 약속에 초점을 맞추고 그로부터 엄청난 기적을 사실처럼 자연스럽게 받아들이는 것이다. **와드**

1월 22일

노력의 결과

> 저가 만일 나의 계명과 규례를 힘써 준행하기를 오늘날과 같이 하면 내가 그 나라를 영원히 견고케 하리라 하셨느니라. 역대기상 28:7

우리의 미래는 아무런 노력 없이 장밋빛으로 물들어 오는 것이 아닙니다. 봄과 여름이 있기에 잎이 붉게 물들어 가는 가을이 있습니다. 노력의 결과에 따라 분명하게 달라집니다. 세상은 땀 흘린 자에게 땀 흘린 대가를 돌려줍니다. 이 세상의 모든 땅에는 수많은 아주 작은 씨앗이 있습니다. 이 씨앗들 중에서 비와 햇빛을 마음껏 받아들인 씨앗만이 자라나 큰 나무가 될 수 있습니다.

우리도 마찬가지입니다. 아픔과 고통을 이겨내고 성공의 씨앗을 잘 발아시켜서 마음껏 자라나게 해야 합니다. 나무가 잘 자라서 꽃이 피고 열매가 맺히듯이 변화를 일으켜야 합니다. 움직임이 정지되면 이미 죽은 것과 마찬가지입니다. 행동은 분명한 결과를 낳습니다. 우리 자신을 하나님께 맡기고 그분의 뜻을 구할 때 성령께서 임하셔서 하나님이 원하시는 삶을 살아갈 수 있습니다. 기도는 응답을 만들고, 사랑은 결실을 만들고, 봉사는 기쁨을 만들고, 나눔은 축복을 만듭니다. 우리의 행동은 언제나 결과를 낳습니다.

행동은 반드시 행복을 초래하지 않을지도 모른다. 그러나 행동이 없는 곳에 행복은 생기지 않는다. **벤저민 디즈레일리**

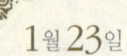 1월 23일

행복을 부르는 힘

> 정직한 자를 악한 길로 유인하는 자는 스스로 자기 함정에 빠져도 성실한 자는 복을 받느니라. 잠언 28:10

크고 위대한 일을 해낸 사람들은 어느 날 갑자기 성공한 것이 아닙니다. 작지만 구체적인 일을 이루어감으로써 온갖 어려움을 다 이겨내고 성공을 이루어낼 수 있는 힘을 갖게 된 것입니다. 우리는 우리에게 찾아오는 아픔을 통해 더 강하게 성장합니다.

사람은 고난과 역경 속에서 쓰러지고 넘어지는 실패를 경험하게 됩니다. 그때마다 자신의 능력과 재능, 그리고 가능성을 제대로 발휘하지 못한다면 큰 손해를 보게 됩니다. 우리는 잘못된 것이 있으면 고치고 변화시켜야 합니다. 아주 작고 사소한 일도 잘 이루어야 큰일도 자신 있게 해낼 수 있는 힘이 생깁니다.

지식은 행동을 통해서 얻어져야 합니다. 해보지 않으면 모든 이론은 공상에 불과하기 때문입니다. 자신이 처한 절박한 환경과 처지를 뛰어넘어야 합니다. 기도로 하나님을 의지할 때 우리는 놀라운 사실을 알게 됩니다. 하나님은 놀라우신 분일 뿐만 아니라 전능하신 분이라는 사실을 말입니다. 기도는 변화시키는 힘이 있습니다. 기도는 하나님의 마음을 움직이는 힘이 있습니다. 기도는 행복을 부르는 힘이 있습니다.

힘이란 행동할 수 있는 능력이며 뭔가 이룩할 수 있는 것을 말한다. 또 선택과 결정을 내릴 수 있는 에너지이며, 오래된 습관을 극복하고 보다 고상하고 효과적인 습관을 기를 수 있는 능력이다. **스티븐 코비**

1월 24일

작은 것을 소중하게 여길 때

> 그 주인이 이르되 잘하였도다. 착하고 충성된 종아 네가 작은 일에 충성하였으매 내가 많은 것으로 네게 맡기리니 네 주인의 즐거움에 참예할지어다 하고. 마태복음 25:21

작은 것을 소중하게 여길 때 큰일을 해낼 수 있습니다. 작은 일을 자신감 있게 이루어갈 때 커다란 힘으로 키워나갈 수 있습니다. 우리는 작은 일을 가볍게 여길 때가 있습니다. 그러나 작은 일이라도 바르게 하지 못하면 때로는 그것이 엄청난 불행을 가져오기도 하고, 작은 일의 성공이 크나큰 성공으로 가는 발판이 되기도 합니다. 작은 실수를 연발하면 큰일을 해야 할 때 갖고 있던 힘마저 잃어버리게 됩니다.

우리가 관심을 갖지 않는 작은 일이 큰일을 만드는 것입니다. 모든 일에 자신감을 갖고 도전해나가야 합니다. 비 한 방울이 시냇물이 되고 시냇물이 모여서 강물이 되고 강물이 모여서 바다가 됩니다. 아무리 거대하고 울창한 숲도 나무 한 그루 한 그루가 모여서 이루어집니다. 높은 산을 오르는 것도 한 걸음부터입니다. 우리가 작은 일부터 소중하게 생각하고 변화를 일으킬 때 새로운 변화, 새로운 능력, 새로운 비전이 일어납니다. 살아가며 막다른 길을 만나더라도 망설이거나 두려워하지 말고 헤쳐 나가는 것이 중요합니다.

소중한 것을 먼저 한다는 것은 가장 중요한 것을 중심으로 계획하고 실행함을 의미한다. 어떠한 상황에서든 긴급한 일이나 주변 상황이 아닌 자신이 가장 중요시하는 원칙에 따라 살아가는 것이다. **스티븐 코비**

1월 25일

삶에 뜨거운 열정을

> 성령을 우리 구주 예수그리스도로 말미암아 우리에게 풍성히 부어주사 우리로 저의 은혜를 힘입어 의롭다 하심을 얻어 영생의 소망을 따라 후사가 되게 하려 하심이라. 디도서 3:6-7

이 세상의 주인공은 바로 열정을 가진 사람입니다. 열정을 가진 사람은 거대한 힘을 창출해냅니다. 열정을 가진 사람은 지칠 줄 모르고 자신의 꿈을 이루어갑니다.

열정을 가진 사람은 목표가 분명하고 집중력이 대단합니다. 그는 자신은 물론 가족과 주변 사람들까지 행복하게 만드는 사람입니다. 열정을 가진 사람의 가슴에는 내일을 향한 꿈과 비전이 가득합니다. 열정을 가진 사람들이 있기에 세상은 새롭게 도약하고 발전하는 것입니다. 열정이 있는 사람은 주변 사람들에게 활력을 불어넣어 주고 살맛 나게 만들어줍니다. 태양이 빛을 발하고 나무가 꽃을 피우고 열매를 맺듯이 열정을 불태우며 자신의 능력을 마음껏 쏟아냅니다. 그런 사람과 같이 있으면 신바람이 절로 납니다. 이 시대를 이끌어 가는 열정이 있는 사람은 환경이나 조건을 따지기보다 자신의 가능성을 찾아내 가능으로 바꾸어 놓습니다. 크나큰 성도 돌 하나에서 시작하는 것입니다.

열정이 없는 사람은 미지근한 물로 인생이라는 기관차를 움직이려는 사람이다. 열정은 불 속의 온기이며 모든 살아 있는 존재의 숨결과 같은 것이다. **주타번**

1월 26일

남을 먼저 배려하는 습관

> 너희로 지극히 선한 것을 분별하며 또 진실하여 허물 없이 그리스도의 날까지 이르고 예수그리스도로 말미암아 의의 열매가 가득하여 하나님의 영광과 찬송이 되게 하시기를 구하노라. 빌립보서 1:10-11

누구나 인정받을 때 참 행복합니다. 남을 인정해주면 우리도 남으로부터 인정받을 수 있습니다. 다른 사람에게 인정을 받으면 활력이 넘치게 됩니다. 인간관계를 잘하는 사람은 아무리 작은 행동과 말이라도 다른 사람에게 도움이 되도록 합니다. 또한 자기에게 이익이 될 것인가를 생각하기 전에 남을 먼저 생각하는 마음이 습관처럼 몸에 배어 있습니다. 따뜻한 말 한마디가 남을 인정해주고 자신의 삶도 풍요롭게 해줍니다.

누구나 자신이 원하는 것을 이루기 위해 모든 권리를 표현하고 나타내며 자신에게 이익이 되지 않는 일은 절대로 하지 않으려 합니다. 자기의 이익을 위해서 살아가는 것이 나쁜 일은 아닙니다. 이기심이란 누구나 지니고 있습니다. 그러나 그것에 대한 생각을 조금만 바꿔 남을 먼저 생각한다면 인간관계를 갖는 데 아무 문제도 생기지 않습니다. 우리는 자신을 위해서도 남을 먼저 위하고 인정해주어야 합니다. 남을 먼저 인정해주면 그것이 자신의 이익이 되어 돌아오게 됩니다. 남을 인정해주는 모습이야말로 참으로 아름다운 모습입니다.

어리석은 사람은 다른 사람의 가치를 전혀 인정하지 않는다. 그들은 남의 장점을 보려 하지 않고 오히려 단점만 끄집어낸다. **그라시안**

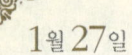

1월 27일

기도는 가장 아름다운 모습

> 기도를 항상 힘쓰고 기도에 감사함으로 깨어 있으라. 또한 우리를 위하여 기도하되 하나님이 전도할 문을 우리에게 열어주사 그리스도의 비밀을 말하게 하시기를 구하라. 내가 이것을 인하여 매임을 당하였노라. 골로새서 4:2-3

기도는 그리스도인의 삶의 모습 중에 가장 아름다운 모습입니다. 주님께로 향하는 마음의 표현이 입술의 고백으로 나오는 것이기 때문입니다. 그러므로 우리의 심장은 예수그리스도의 사랑으로 충만해야 합니다. 우리의 눈은 예수그리스도의 열정으로 충만해야 합니다. 우리의 손은 예수그리스도를 따르는 마음으로 충만해야 합니다. 우리의 무릎은 예수를 그리스도를 섬기는 마음으로 충만해야 합니다.

기도하는 사람은 예수그리스도를 중심으로 살아갑니다. 사탄은 우리가 기도하지 못하도록 방해하지만 주님은 항상 기쁨으로 우리의 삶을 풍요롭게 하십니다. 우리의 믿음은 행동하는 믿음이 되어야 합니다. 기도는 하나님의 전능을 배우는 시간이자, 조용히 문을 열고서 하나님이 계시는 곳으로 들어가는 진실한 시간입니다. 우리는 기도를 통해 구하고 찾고 두드려야 합니다. 기도는 모든 것을 새롭게 변화시킵니다. 우리는 기도함으로 응답받는 성도의 기쁨을 맛보며 살아야 합니다. 기도란 우리의 영이 호흡하는 것입니다.

기도는 위기에 처한 우리가 해야 할 가장 진지한 일이다. 기도는 우리로 하여금 주님의 성품을 닮아가게 만들어준다. **바운즈**

1월 28일

위대한 사랑의 힘

> 너희는 저를 죽은 자 가운데서 살리시고 영광을 주신 하나님을 그리스도로 말미암아 믿는 자니 너희 믿음과 소망이 하나님께 있게 하셨느니라. 너희가 진리를 순종함으로 너희 영혼을 깨끗하게 하여 거짓이 없이 형제를 사랑하게 이르렀으니 마음으로 뜨겁게 피차 사랑하라. 베드로전서 1:21-22

사랑은 열린 문입니다. 열린 마음에서 싹이 돋아납니다. 사랑은 솔직하고 진실합니다. 단조롭던 일상을 파도치게 만듭니다. 사랑은 굳게 닫혀 있던 마음도 활짝 엽니다.

우리는 사랑을 배운 만큼 사랑을 해야 살아갈 수 있습니다. 우리는 사랑의 광맥을 찾아내는 광부여야 합니다. 사랑 밭을 가꾸는 농부여야 합니다. 사랑의 바다에 그물을 던지는 어부여야 합니다. 우리의 사랑은 하늘을 마음껏 날아오르는 새처럼 자유로워야 합니다. 사랑은 새로운 세계로 인도하는 열린 문입니다.

나뭇잎이 흔들리는 것은 바람이 불고 있다는 증거입니다. 우리의 마음에 움직임이 있다는 것은 사랑이 시작되고 있다는 것입니다. 우리는 사랑으로 고달픈 삶의 격전에서 싸워 이겨야 합니다. 우리의 삶이 지루하고 고독하고 험난한 전투가 되지 않도록 기쁨과 감동을 만들어가야 합니다. 사랑이 우리의 삶에서 가장 귀중한 존재가 되어야 합니다. 사랑은 닫힌 모든 문을 하나씩 열어줍니다. 사랑의 힘은 위대합니다.

문 하나가 닫히면 이내 다른 문이 열린다는 것은 특별할 것 없는 인생의 규칙이다. 그러나 닫힌 문에 연연하여 열린 문을 소홀히 한다는 것이 인생의 비극이다. **앙드레 지드**

1월 29일

하나님과 교제하는 시간

그를 향하여 우리의 가진 바 담대한 것이 이것이니 그의 뜻대로 무엇을 구하면 들으심이라. 우리가 무엇이든지 구하는 바를 들으시는 줄을 안즉 우리가 그에게 구한 그것을 얻은 줄을 또한 아느니라. 요한일서 5:14-15

우리에게 하나님과 교제할 시간이 있다는 것은 참으로 행복한 일입니다. 아침에 일어나서 기도를 드리는 조용한 시간을 가짐으로써 하루를 기쁘게 시작할 수 있습니다. 일을 하다가 잠시 동안이라도 주님과 교제할 수 있는 시간을 갖는 것은 일을 효과적으로 할 수 있도록 해줍니다. 우리가 기도를 드릴 때 주님께서 가르쳐주신 기도를 아무 생각 없이 외우기만 한다면 아무런 의미가 없습니다. 그러므로 우리는 한마디 한마디 깊이 생각하면서 기도를 드려야 합니다. 우리가 순수하고 정결한 마음을 있는 그대로 주님께 드릴 때 우리는 주님과 교제할 수 있습니다.

QT(Quiet Time)는 조용한 시간에 하나님의 임재를 느끼며 말씀과 기도로 하나님과 교제하는 시간입니다. 이 시간은 하나님과 일대일의 인격적인 교제의 시간입니다. 이 시간을 통해 하나님께서는 말씀에 귀를 기울이는 각 개인에게 형편과 처지에 따라 세밀하고 구체적으로 그의 계획과 아이디어, 비전을 주십니다.

나는 당신이 종교적 장난감을 가지고 노는 일에 만족하지 않고 하나님을 찾아서 그분과 깊은 교제를 나누며 하늘의 음성을 듣기를 원한다. **토저**

말씀을 가까이하는 삶

예수께서 대답하여 가라사대 기록되었으되 사람이 떡으로만 살 것이 아니요 하나님의 입으로 나오는 모든 말씀으로 살 것이라 하였느니라. 마태복음 4:4

하나님의 말씀을 가까이하는 삶을 살고 있다는 것은 바로 온전한 믿음의 삶을 살고 있다는 증거입니다. 믿음의 삶이 흐트러지면 말씀을 가까이하지 않고 기도는 물론 찬송도 입으로 부르지 않기 때문입니다. 말씀은 능력입니다. 하나님은 말씀으로 천지를 창조하셨습니다. 그러므로 말씀을 믿고 따르는 그리스도인에게는 그 말씀의 능력이 나타나는 것입니다. 말씀이 함께하지 않는 믿음은 변질되기 쉽습니다. 말씀 중심은 예수그리스도의 말씀이 육신을 입고 오심을 분명하게 믿는 것입니다.

사람을 바라보고 믿다가 실망하는 사람들이 많습니다. 우리는 자기 자신에게도 참 많은 실망을 하면서 살아갑니다. 하물며 타인이 완벽하기를 바란다는 것은 무리한 기대입니다. 우리는 예수그리스도를 바라보며 살아야 합니다. 믿음의 주요, 온전케 하시는 예수그리스도만 바라보는 것입니다. 우리는 말씀을 가까이하는 삶을 살아야 합니다. 성경은 구원의 말씀이며 생명의 양식입니다. 또한 성경은 우리에게 보내진 최고의 사랑의 편지입니다.

나는 성경을 하나님께서 주신 가장 큰 선물이라고 믿는다. **에이브러햄 링컨**

1월 31일

하나님은 언제나 함께하십니다

하나님이 세상을 이처럼 사랑하사 독생자를 주셨으니 이는 저를 믿는 자마다 멸망치 않고 영생을 얻게 하려 하심이니라. 요한복음 3:16

당신의 속주머니 깊숙이 들어 있는 신약성서 속에 하나님은 잠들어 계시지 않습니다. 예배당 종소리가 울리지 않는 날에도 그분은 함께하십니다. 횡단보도에 붉은 신호등이 켜지고, 골목에서 아이들이 싸우며 울 때, 도둑이 아무도 모르게 담을 넘고, 밤을 지키는 병사가 졸고 있을 때, 죽음을 기다리는 사형수의 감옥에도 하나님은 계십니다.

당신이 기도를 드리는 시간에만 하나님이 함께하시는 것이 아닙니다. 당신의 눈앞에 언제나 볼 수 있는 두 손처럼 하나님은 언제나 계십니다. 고민할 때, 화를 낼 때, 아픔으로 몸져누웠을 때, 절망으로 죽고 싶을 때 그분은 우리 곁에 있습니다. 우리는 어느 순간에만 그분이 보아주시기를 원하지만 그분은 우리의 영원을 보고 계십니다. 기쁠 때나 소망 있을 때만 그분이 당신 곁에 있다고 생각한다면 당신은 정말 어리석은 그리스도인입니다. 당신이 멀리 도망가고 싶어하는 그 순간에도 하나님은 가장 가까이에서 마음의 문을 두드리고 계십니다.

하나님은 우리에게 결코 나쁜 것을 주지 않으신다. 그것은 하나님께서 이 세상을 꿰뚫어 보고 계시기 때문이다. 그만큼 하나님은 위대하시고 이해심이 크시다. **지그 지글러**

2월
February

기도하는 삶

기도란 우리의 영의 평안이요, 우리 생각의 평정함이요, 우리 회상이 평탄하게 되는 것이요, 우리 묵상의 자리요, 염려가 그치는 것이요, 걱정이 잠잠해지는 것이다. 기도는 조용한 마음과 흐트러지지 않는 생각의 산물이다. **테일러**

2월 1일

사랑은 따뜻한 마음에서 시작됩니다

마음을 같이하여 같은 사랑을 가지고 뜻을 합하며 한마음을 품어 아무 일에든지 다툼이나 허영으로 하지 말고 오직 겸손한 마음으로 각각 자기보다 남을 낫게 여기고 각각 자기 일을 돌아볼뿐더러 또한 각각 다른 사람들의 일을 돌아보아 나의 기쁨을 충만케 하라. 빌립보서 2:2-4

요즘 사람들은 만나면 이구동성으로 참 살기가 어렵다고 합니다. 삶에 의욕을 주는 일이 없다는 것입니다. 참으로 어려운 시대입니다. 사랑은 따뜻한 마음에서 시작됩니다. 우리 마음에 사랑이 있으면 우리가 있는 곳에는 언제나 따뜻함이 있습니다. 관심은 웃음을 만들어줍니다. 서로 사랑하며 아픔을 치유해주어야 합니다. 간섭은 모든 일을 내 중심에서 바라보는 것이지만 관심은 모든 일을 상대방의 중심에서 바라보는 것입니다. 서로 이해하고 관대한 마음을 갖고 대하면 사랑하는 마음이 더 강해집니다.

우리는 씻지 않으면 더러운 것처럼 사랑하지 못한 것을 부끄럽게 여기고, 살아가는 동안에 사랑하며 행복하게 살아가야 합니다. 어려울 때 어두운 면만을 찾아내려는 것은 불행한 일입니다. 그런 습관에서 벗어나 활기차고 명랑하게 살아가야 합니다.

살아가는 기술이란 하나의 공적 목표를 골라 그것에 집중하는 것이다. 원대하고도 가까운 목표를 정해야 한다. **앙드레 모루아**

삶에 어둠과 고통이 올 때

> 오직 사랑 안에서 참된 것을 하여 범사에 그에게까지 자랄지라. 그는 머리니 곧 그리스도라 그에게서 온몸이 각 마디를 통해 도움을 입음으로 연락하고 상합하여 각 지체의 분량대로 역사하여 그 몸을 자라게 하며 사랑 안에서 스스로 세우느니라. 에베소서 4:15-16

삶이 어려울 때 걱정과 근심만 하는 것은 더 큰 불행을 만듭니다. 걱정과 근심은 스스로 만드는 것입니다. 어려운 때일수록 걱정을 하기보다 새로운 변화를 일으켜야 합니다. 우리의 삶에 고통과 어려움이 있다는 것은 아직도 우리가 살아 있다는 증거입니다. 스코틀랜드 시인 재닛 그레이엄은 이렇게 말했습니다. "만일 조물주가 우리가 우울해지기를 바랐다면 땅에 초록색이 아닌 검은색 옷을 입혔을 것이다. 하지만 초록색은 명랑함과 기쁨의 옷이다." 우리의 삶에 어둠과 고통이 올 때 우리는 초록의 생명으로 돌아나야 합니다. 어려운 때일수록 남의 탓만 하지 말고 그 고통을 스스로 이겨 나와야 합니다. 어려운 때일수록 웃음을 찾고 행복을 찾는 것입니다. 삶에 행복이 가득하도록 살아가야 합니다.

  삶이 침체되어 있을 때 기도하고 찬양을 하면 마음이 밝아지고 즐거움이 찾아옵니다. 우리는 삶을 사랑으로 만들어가야 합니다. 어려울 때 더욱 가까이 다가가 상처받은 마음을 어루만져주어야 합니다. 더 깊이 보고 따뜻하게 덮어주어야 합니다.

사람들은 스스로 마음먹은 만큼만 행복을 느끼게 된다. **에이브러햄 링컨**

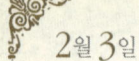 2월 3일

어려움을 극복한 기쁨

주께서 너희 마음을 인도하여 하나님의 사랑과 그리스도의 인내에 들어가게 하시기를 원하노라. 데살로니가후서 3:5

사랑이 삶과 사람을 변화시켜줍니다. 우리는 어려운 때일수록 불쾌하게 삶을 만들거나 이기주의와 증오가 남게 해서는 안 됩니다. 우리는 우리가 만나고 보고 느끼는 모든 것 속에서 행복을 바라보는 습관을 만들어야 합니다. 이런 마음에 많은 사람이 공감할 때 어려움은 조금씩 회복될 것입니다. 공감이란 긍정적인 마음을 갖는 것입니다. 어려운 때일수록 마음과 마음을 하나로 모아 삶을 새롭게 변화시켜야 합니다.

어려운 때가 도리어 기회가 되도록 만들어야 합니다. 삶에서 좌절과 고통을 피할 수는 없습니다. 그러나 고통과 절망의 시간을 단축할 수는 있습니다. 우리의 힘과 열정이 절실하게 필요한 것입니다. 우리는 어려운 때일수록 주변 사람들을 행복하게 만들어주는 마음의 여유를 가져야 합니다. 또한 어려운 때일수록 새롭게 시도해나가야 합니다. 시도하지 않으면 아무것도 이룰 수 없습니다. 서로 사랑하며 웃으며 어려움을 극복해나가야 합니다. 성취감이라는 것은 극복한 어려움의 크기만큼 그 맛을 진하게 느낄 수 있는 것입니다. 어려움을 극복한 기쁨을 만끽하며 살아갑시다.

기쁨이란 인간이 성취해낸 최대의 수확이다. 그것은 자신과 외부 세계를 향한 긍정적 적응을 위한 순수한 인성 반응이다. **에리히 프롬**

2월 4일

새로운 것에 도전해야 합니다

> 미쁘다. 이 말이여 모든 사람이 받을 만하도다. 이를 위하여 우리가 수고하고 전력하는 것은 우리 소망을 살아 계신 하나님께 둠이니 곧 모든 사람 특히 믿는 자들의 구주시라. 네가 이것을 명하고 가르치라. 디모데전서 4:9-11

감리교 대설교자였던 새뮤얼 채드윅은 당대 그리스도인들에게 큰 영향을 끼쳤던 사람입니다. 그는 여름과 겨울을 가리지 않고 새벽 6시에 냉수욕을 함으로써 자신을 훈련했습니다. 채드윅은 거의 잠을 자지 않는 데 익숙했으며 새벽 2시 전에 서재의 불빛이 꺼진 적이 없었습니다. 그러나 실상 이러한 엄격한 삶의 모습은 내적 훈련의 외적인 표현에 불과했습니다.

우리는 늘 훈련을 통해 삶을 새롭게 변화시켜야 합니다. 삶을 전환하고자 한다면 지금까지 살아온 방식이 현실에 적합한지 검토해봐야 합니다. 새로운 시대에 적합한 방안을 모색하고, 삶을 역전시킬 수 있는 방법을 찾아야 합니다. 그리고 실패를 교훈으로 삼고 다른 분야에서 힌트를 얻어야 합니다. 또한 새로운 것에 도전해야 합니다. 변화를 가지려면 움직여야 하고 행동해야 하고 훈련해야 합니다. 움직이지 않는 것은 상하고 썩고 시들어버립니다. 살아 있다면 마음껏 자라나야 합니다.

승리는 가장 끈기 있게 노력하는 사람에게 간다. 어떤 고난의 한가운데에 있더라도 노력으로 정복해야 한다. 그것뿐이다. 그것이 진정한 승리의 길이다. **나폴레옹**

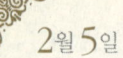
2월 5일

핍박과 유혹을 잘 극복해야 합니다

그가 우리를 대신하여 자신을 주심은 모든 불법에서 우리를 구속하시고 우리를 깨끗하게 하사 선한 일에 열심하는 친백성이 되게 하려 하심이니라. 디도서 2:14

핍박과 유혹 중에서 어느 것이 견디기 쉽겠습니까? 핍박은 인간의 육체를 괴롭히고, 유혹은 인간의 마음의 성을 무너뜨립니다. 또 핍박은 하는 자의 일방적인 소행이나, 유혹은 달콤해서 유혹하는 자와 당하는 자가 같이 참여하니 뿌리치기가 더욱 힘듭니다. 핍박은 인간의 장점 때문에 오고 유혹은 인간의 약점 때문에 온다고 합니다. 그래서 사람들은 누구나 핍박을 받을 때에는 그 마음이 하나님을 향하고 유혹을 당할 때에는 악마를 향하게 되는 것입니다. 핍박의 상처는 영광이요, 유혹의 흔적은 부끄러움입니다. 성경은 의를 위하여 핍박을 받는 자는 복이 있다고 했습니다. 아담은 유혹을 받아 영원히 부끄러움의 표상이 되었습니다. 우리가 당하는 핍박은 불가항력적으로 오기 때문에 견딜 수밖에 없으나 유혹은 피할 수 있으니 꼭 피해야 합니다. 바다에서 파도가 칠 때 작은 배들은 부둣가의 방파제 안에 있어야 하듯이, 이 악하고 죄악이 만연한 세상에서 유혹에 빠지지 않으려면 주님 품 안에서 믿음을 가지고 있어야 합니다. 세상은 우리를 유혹하고 쓰러뜨리려 하지만 성령께서 항상 우리를 굳건히 붙잡아 주십니다.

위대한 사람에게 기회는 나이아가라 폭포처럼 오는 것이 아니라 한 방울 한 방울씩 떨어지는 물방울처럼 온다. **찰리 큐렌**

하나님과 가족과 이웃을 사랑할 때

> 그러므로 모든 육체는 풀과 같고 그 모든 영광은 풀의 꽃과 같으니 풀은 마르고 꽃은 떨어지되 오직 주의 말씀은 세세토록 있도다 하였으니 너희에게 전한 복음이 곧 이 말씀이니라. 베드로전서 1:24-25

어느 목사님이 세인트 루이스의 유명한 구두 회사의 사장인 브라운을 방문했습니다. 목사님은 그가 어떻게 해서 이렇게 큰 성공을 할 수 있었는지 비결을 물었습니다. 브라운은 자기의 사무실로 목사님을 안내하고 들어가 벽에 붙여놓은 표어를 보여주었습니다.

첫째는 하나님!

둘째는 가정!

셋째는 구두!

이것이 브라운의 성공 비결이었습니다. 하나님과 가족과 이웃을 사랑할 때 성공하는 것입니다.

눈을 들어 하늘을 보는 사람에게는 닿을 수 없을 정도로 높은 곳이란 없다. 만족하게 살고, 때때로 웃으며, 많이 사랑한 사람만이 성공한다. **A. J. 스탠리 부인**

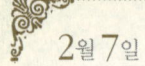
2월 7일

삶은 바다를 항해하는 것과 같습니다

믿음은 바라는 것들의 실상이요 보지 못하는 것들의 증거이니 선진들이 이로써 증거를 얻었느니라. 히브리서 11:1-2

삶은 작은 배를 타고 바다를 항해하는 것과 같습니다. 아픔도 이별도 죽음도 인생의 항로에 끊임없이 나타나는 파도요, 바람입니다. 그러나 이것을 기억해야 합니다. 배의 돛 자체가 결코 배를 움직일 수는 없다는 사실을. 돛은 단지 바람의 도구로 사용될 뿐입니다. 그렇다면 때때로 고단한 인생 항로에 세차게 부딪치는 바람은 도리어 배를 항해하게 하는 이유가 될 수 있습니다. 이것은 인생 항로에 끊임없이 일어나는 고난의 바람, 심지어 태풍까지도 그것을 잘 이용한다면 인생 항로에 더 큰 유익이 될 수도 있다는 것을 의미합니다.

만에 하나 나의 경험, 나의 학문, 나의 지혜로 인생의 돛을 움직일 수 있다고 생각한다면 그것은 착각입니다. 인생 항로는 너무나 거친 바다요, 바람이요, 파도인 것입니다. 우리의 삶은 여행길이라고 할 수 있습니다. 불행하게도 인생을 정확하게 안내하는 안내판은 세상에 없습니다. 우리는 길이요, 진리요, 생명이신 주님과 함께 갈 때 방황하지 않고 확실한 삶의 길을 갈 수가 있습니다.

세상의 넓은 싸움터에서 인생의 야영지에서 말 못 하고 쫓기는 소가 되지 말고 전투의 영웅이 돼라. **롱펠로**

내일에 대한 확실한 소망

> 푯대를 향하여 그리스도 예수 안에서 하나님이 위에서 부르신 부름의 상을 위하여 좇아가노라. **빌립보서 3:14**

내일에 대하여 확실한 소망이 없다는 것은 바로 오늘의 삶에 용기와 자신이 없다는 것입니다. 우리는 분명히 확신을 가지고 내일의 삶을 이야기할 수 있어야 합니다. "나는 분명히 내일의 소망을 이룰 것이다"라고 말할 수 있도록 확신을 가지고 살아야 합니다.

누구든지 어떤 분야에서든지 땀 흘리며 기도하며 인내하며 살아간다면 분명히 찬란한 내일을 이루게 될 것입니다. 무슨 일이든지 하루아침에 이루어지는 일은 없습니다. 기다림이 없다면 결과가 나올 수가 없는 것입니다. 인내는 참으로 값진 기다림입니다.

1년 된 사과나무나 감나무에서 탐스런 열매가 많이 달려 있을 것이라고는 기대할 수 없습니다. 농부는 알고 있기에 보이지도 않는 열매를 향해 거름을 주고 가꾸는 것입니다. 우리는 그리스도인입니다. 우리의 삶에는 언제나 기도하면 응답하시고, 찾으면 찾아주시고, 두드리면 열어주시는 우리의 아버지 하나님이 함께하십니다. 그분은 우리의 삶 전체는 물론이고 우리의 미래를 영원한 세계까지 인도해주시는 분입니다. 우리의 미래는 분명히 쾌청하고 맑은 하늘입니다.

어떤 소망이 당신 안에 태어난다고 하자. 당신은 그때 그것을 실현시킬 힘도 동시에 존재한다는 사실을 깨달아야 한다. 그러나 힘은 아직은 작고 약할 것이다. **리처드 바크**

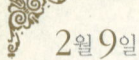 2월 9일

삶은 하나의 작품입니다

우리가 세상의 영을 받지 아니하고 오직 하나님께로 온 영을 받았으니 이는 우리로 하여금 하나님께서 우리에게 은혜로 주신 것을 알게 하려 하심이라. 고린도전서 2:12

우리의 삶은 하나의 작품입니다. 우리는 모두 인생이란 작품을 만들어가는 예술가입니다. 롱펠로는 "누구의 인생이든 비는 내린다"라고 노래했습니다. 삶에는 누구나 고통이 있다는 말입니다. 고통이 있기에 그 고통을 이겨내는 삶은 참으로 아름답습니다. 걸작은 열정이 있는 사람이 만들어냅니다. 열정은 무엇입니까? 일에 열중하는 사람이 만들어내는 힘입니다. 열정을 쏟다가 즐기는 잠깐의 휴식은 삶에 여유를 줍니다. 삶이 너무나 바쁘다 보면 실수를 할 때가 있습니다. 우리의 마음에 여유가 없으면 일이 더 풀리지 않을 때가 있습니다. 그래서 사람들은 마음에 여유가 있는 사람을 좋아합니다.

인간의 마음 밑바닥에는 누구에게나 에덴동산, 그 낙원에 대한 그리움이 있습니다. 고통도 슬픔도 없고 질병도 죽음도 없는 새로운 하늘, 새로운 땅에 대한 그리움이 있는 것입니다. 날마다 삶에서 뿌리 깊은 원동력이 되는 것은 이러한 낙원이 현실로 이루어졌으면 하는 바람과 갈망입니다. 우리의 삶 속에 하나님이 개입해주셨고 우리의 삶을 하나님이 새롭게 걸작으로 만들어주십니다.

나의 작품은 군중을 위해 쓴 것이 아니고 다만 그것을 즐겨 구하고 그러한 경향을 이해할 수 있는 소수의 사람들을 위해 쓴 것이다. 괴테

2월 10일

친구란 오래 두고 사귀는 벗

우리는 그의 만드신 바라 그리스도 예수 안에서 선한 일을 위하여 지으심을 받은 자니 이 일은 하나님이 전에 예비하사 우리로 그 가운데서 행하게 하려 하심이니라. 에베소서 2:10

우리 주변에는 처음 만나도 오랫동안 만난 듯이 편하고 좋은 사람이 있습니다. 그런 사람에게는 사람을 당기는 힘이 있습니다. 가정이나 직장에서 만나는 사람들이 다정한 친구와 같다면 살아가는 재미가 더해질 것입니다. 사람들이 늘 만나도 반가운 친구같이 편한 사이가 된다면 얼마나 좋겠습니까?

친구란 오래 두고 가깝게 사귄 벗을 말합니다. 사람들은 친구와 많은 것을 함께하며 살아갑니다. 친구에는 세 종류가 있다고 합니다. 첫째는 빵 같은 친구입니다. 언제 어디서 만나도 반갑고 즐거운 친구를 말합니다. 둘째는 약 같은 친구입니다. 필요할 때 나타나서 힘이 되어주는 친구입니다. 셋째는 질병 같은 친구입니다. 떼어버릴 수도 없고 늘 부담만을 주고 어려움과 고통을 만드는 친구입니다. 우리는 언제나 함께해도 좋은 친구가 되어야 합니다. 친구란 이 세상의 모든 것이 다 떠날 때에도 나를 찾아와 주는 사람이라고 합니다. 세상이 날로 삭막해지고 차가워지지만 우리에게 친구가 되어줄 사람이 있다는 것은 참으로 행복한 일입니다. 이 세상에 동행하는 사람이 있을 때 행복합니다.

우리를 껄껄 웃게 만들어주는 친구가 있다는 것은 유쾌한 일이다. 나는 애정 어린 충고를 해주는 친구들이 좋다. 정말 중요한 것이 무엇인지를 이해해주는 친구는 우리에게 참으로 값진 보물이다. **글렌 반 에케렌**

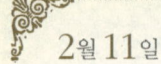
2월 11일

세상은 어울림 속에 살아가야 합니다

이러므로 형제들아 우리가 모든 궁핍과 환난 가운데서 너희 믿음으로 말미암아 너희에게 위로를 받았노라. 그러므로 너희가 주 안에 굳게 선즉 우리가 이제는 살리라. 데살로니가전서 3:7-8

현대인은 자기가 만든 감옥에 살고 있다고 합니다. 첫째, 자기의 예쁜 면만을 볼 줄 아는 자기도취의 감옥. 둘째, 다른 사람의 나쁜 점만을 보는 비판의 감옥. 셋째, 오늘과 내일을 암담하게 보는 절망의 감옥. 넷째, 옛날만 황금시대로 보는 과거지향형 감옥. 다섯째, 다른 사람만 부러워하는 선망의 감옥. 여섯째, 다른 사람이 잘되는 것을 싫어하는 증오의 감옥입니다. 이 감옥에서 벗어나야 따뜻한 미소를 지으며 행복하게 살아갈 수 있습니다.

행복하게 살아가려면 마음의 변화가 필요합니다. 우리의 마음이 열려 있어야 합니다. 혼자가 아니라 더불어 사는 삶을 살아야 합니다. 우리의 삶은 많은 사람 속에서 만들어가는 것입니다. 그러므로 마음이 닫혀 있으면 더 고독하고 외로운 것입니다. 사회적으로 혼자 살고 싶어하는 사람들이 늘어가는 추세라고 합니다. 사람 만나기를 싫어하거나 기피한다면 편안함보다는 외로움의 고통이 따르기 마련입니다. 세상은 어울림 속에 살아가야 합니다.

아라비아 속담에 의하면 불사조나 귀신이 존재하지 않듯이 마음이 통하는 참된 친구도 존재하지 않는다지만, 나는 그 모두를 내 이웃들 중에서 발견했노라고 그대에게 말하겠다. **칼릴 지브란**

2월 12일

기쁨을 빼앗는 것들

> 너는 그리스도 예수 안에 있는 믿음과 사랑으로써 내게 들은 바 바른말을 본받아 지키고 우리 안에 거하시는 성령으로 말미암아 네게 의탁한 아름다운 것을 지키라. 디모데후서 1:13-14

근심과 스트레스는 우리의 기쁨을 앗아 갑니다. 이 두 가지는 비슷한 것 같지만 뚜렷한 차이점이 있습니다. 근심은 일어날지 안 일어날지 모르는 일에 대한 터무니없는 염려입니다. 근심하는 일 중에는 일어나지 않는 일이 너무나 많습니다. 근심이란 흔들의자와 같아서 움직이는 것 같지만 늘 제자리입니다. 근심이나 걱정을 해서 해결되는 일은 없습니다. 많은 사람이 쓸데없는 걱정을 하며 살아가는 것입니다. 근심을 다 던져버리고 활기차게 살아야 합니다. 근심하는 것은 변하지 않는 과거를 붙들고 고민하는 것입니다.

스트레스는 근심보다 더 심각한 것입니다. 스트레스는 우리가 변화시키거나 조정할 수 없는 상황, 즉 우리 통제 밖에 있는 것에 대해 심하게 긴장하는 것을 말합니다. 지속되는 마음의 동요 속에 스트레스는 가중될 수 있습니다. 행복하게 살고 싶으면 스트레스를 깨뜨려버려야 합니다.

근심은 알고 나면 허수아비다. 허수아비에 붙잡혀 목숨을 잃은 참새는 없다. 나는 열 살에도 마흔 살에도 근심이 있었다. 그때의 근심은 모두 어디로 사라져버렸을까. 근심에 집착할수록 포박은 강해지고 근심에 무심할수록 포박은 허술해진다. **이외수**

2월 13일

화 다스리기

> 그러므로 저가 범사에 형제들과 같이 되심이 마땅하도다. 이는 하나님의 일에 자비하고 충성된 대제사장이 되어 백성의 죄를 구속하려 하심이라. 자기가 시험을 받아 고난을 당하셨은즉 시험하는 자들을 능히 도우시느니라. 히브리서 2:17-18

화는 내부에 도사리고 있는 만성적인 질병을 폭로하는 간헐적인 열병입니다. 그것은 쓴 뿌리를 드러내는 피상으로부터 도피요, 사건마다 부글거리는 거품입니다. 그것은 방심하는 사이에 자기도 모르게 나락으로 떨어지고 마는 인간 영혼의 가장 깊숙이 숨겨진 부산물입니다. 한마디로 말해 그것은 그리스도인에게는 합당치 않은 일이 노출되는 모습입니다.

화를 낸다는 것은 자신이 부족하다는 것을 나타내는 것입니다. 자신이 당당하지 못하다는 것을 표현하는 것입니다. 마음에 여유가 없다는 것을 보이는 것입니다. 우리 영혼은 쓴 물을 뽑아낸다고 달게 되는 것이 아닙니다. 다른 것으로 변화해야 합니다. 그것은 새로운 영이요, 위대한 사랑이신 그리스도의 영입니다. 오직 이것만이 잘못된 것을 뿌리 뽑아 새로운 사람이 되게 합니다.

화를 냈다고 하여 다 죄를 짓는 것은 아니다. 왜냐하면 정도에 따라 다를 수 있고 어떤 때는 불가피한 경우가 있다. 문제는 사소한 일에 성을 내거나 부당하게 약을 올리며 성경의 법을 어겼을 때 죄가 되는 것이다. **윌리엄 팔리**

2월 14일

말 한마디가 모든 것을 바꾸어놓습니다

우리가 다 실수가 많으니 만일 말에 실수가 없는 자면 곧 온전한 사람이라 능히 온몸도 굴레 씌우리라. 야고보서 3:2

하나님의 창조물 중에서 오직 인간만이 언어를 구사할 줄 알아 갖가지 표현을 하며 살아갑니다. 말은 대단히 중요한 것입니다. 그렇기에 더욱더 소중하게 사용을 해야 합니다.

　그리스도인의 삶은 다른 사람들의 삶보다 훨씬 잘 드러납니다. 그러므로 우리 그리스도인은 말과 행동에 조심해야 합니다. 말에는 해야 할 말이 있고 해서는 안 될 말이 있습니다. 쓸데없는 소리를 너무 많이 하면 신뢰감을 상실하게 됩니다. 말에 실수가 없는 사람은 온전한 사람이라고 성경은 말씀하고 있습니다. 우리 그리스도인은 그리스도인다운 언어생활로 하나님께 영광을 돌리고 주변 사람들에게 밝고 아름다운 모습을 비추어야 할 것입니다. 그래야만 복음을 당당하게 증거할 수 있습니다. 우리는 살아가면서 복된 언어생활을 해야 합니다. 말 한마디가 때로는 모든 것을 바꾸어놓습니다.

언어는 그 사람의 됨됨이를 가장 잘 보여준다. 말해라. 내가 그대의 됨됨이를 볼 것이다. 언어는 우리 내부에 숨어 있는 많은 것을 밖으로 솟아나게 하는 것이다. **벤 존슨**

2월 15일

우리가 이웃이 되어주면 어떻겠습니까?

> 그러므로 형제들아 더욱 힘써 너희 부르심과 택하심을 굳게 하라. 너희가 행한즉 언제든지 실족지 아니하리라. 이같이 하면 우리 주 곧 구주 예수그리스도의 영원한 나라에 들어감을 넉넉히 너희에게 주시리라. 베드로후서 1:10-11

하루를 생활하다 보면 우리는 여러 가지로 감정이 변할 때가 많습니다. 그렇지만 그때마다 감정이 일어나는 대로 생활한다면 매우 무질서하게 되고 몹시 거친 행동을 하게 될 것입니다. 우리는 그리스도인입니다. 무엇을 하든지 주님을 생각합시다. 하고자 하는 일이 주님의 뜻에 합당해야 합니다. 절제하는 것도 능력입니다. 인내하는 것도 능력입니다.

악인은 이웃을 생각하지 않고 자기 마음대로 생각하고 행동합니다. 그는 그것이 멋있는 삶이라고 착각합니다. 그리하여 그가 얻는 것은 무엇이겠습니까? 허무와 절망뿐입니다. 오늘날을 각박한 세상이라고 합니다. 인정이 없다고 합니다. 우리가 이웃이 되어주면 어떻겠습니까? 예수 그리스도의 사랑으로 이웃이 되어주는 것입니다. 천국은 우리의 마음속에 있다고 주님이 말씀하셨습니다. 우리는 천국을 이 땅에 확장할 수 있습니다. 나의 힘이 아니라 예수그리스도의 능력, 곧 성령의 도우심으로 이루어지는 것입니다. 우리가 있는 곳에서 예수그리스도가 발견되기를 원합니다. 오늘도 성령의 인도하심 속에 살아갑시다.

성령 세례의 목적은 기적을 낳은 기이한 성도가 되는 데 있지 않고 예수의 증인이 되는 것에 있다. 예수가 한 일에 대해 증인이 되는 것보다 예수가 어떤 분인가에 대한 증인이 되는 것이다. **오즈월드 체임버스**

그리스도인들은 행복한 사람입니다

우리가 너희 믿음을 주관하려는 것이 아니요 오직 너희 기쁨을 돕는 자가 되려함이니 이는 너희가 믿음에 섰음이라. 고린도후서 1:24

예수그리스도를 영접함으로 하나님의 자녀가 되어 하나님의 관심 속에 들어갔다는 사실은 매우 행복한 일입니다. 사실상 불행하다는 것은 아무도 관심을 가져주지 않는다는 뜻도 됩니다. 그러나 관심도 관심 나름입니다. 자신의 개인적인 욕망이나 욕심을 채우려는 관심도 많습니다. 그러한 관심은 사람을 도리어 불행하게 만듭니다.

하나님의 관심은 지상과 영원을 연결하는 관심이요, 삶 전체는 물론이며 죽음을 떠난 영원한 생명으로 인도하시는 관심입니다. 우리 그리스도인들은 참으로 행복한 사람입니다. 예수그리스도를 믿게 되어 구원받았으며 날마다 성령의 인도하심을 받으며 천지 만물을 창조하시고 운행하시는 하나님의 관심을 받고 살아가기 때문입니다.

하나님께서 우리에게 관심을 가지셨기에 예수그리스도를 우리의 삶 가운데 보내주셨습니다. 인간의 최대의 문제점인 죄의 문제를 해결하신 관심이야말로 관심 중의 관심입니다. 하나님은 우리의 삶에도 관심을 갖고 계십니다.

관심은 단순한 기술이 아니다. 예수가 보여준 관심은 훈련을 통해 모든 감각기관을 의도적으로 집중시키는 작업이다. **에릭 로케스모**

쉬지 않고 인도하시는 하나님

> 우리가 이같이 너희를 사모하여 하나님의 복음으로만 아니라 우리 목숨까지 너희에게 주기를 즐겨 함은 너희가 우리의 사랑하는 자 됨이니라. 데살로니가전서 2:8

하나님께서는 쉬지 않고 우리를 인도해주십니다. 때로는 이런 일 저런 일에 간섭하기도 하시며 때로는 가두기도 하시고 가로막기도 하십니다. 그러나 언제나 우리의 가는 길을 열어주십니다. 이런 일을 하시는 것은 바로 하나님은 사랑이시기 때문입니다. 하나님께서 하시는 모든 일에는 항상 그분의 사랑에 대한 놀라운 계시가 있습니다. 우리가 마음을 열고 자신을 하나님의 왕권에 복종시킬 때 비로소 하나님을 사랑하게 될 것입니다.

우리는 모든 의심을 버리고 하나님의 왕권을 인정하고 그 왕권에 굴복함으로써 우리가 구하는 하나님의 모든 축복을 얻게 됩니다. 어떤 사람들은 그 대가를 계산하라고 우리에게 충고합니다. 물론 우리는 모든 일을 하기에 앞서 그 대가를 계산해야 하지만 이 경우만은 예외입니다. 계산하지 말아야 합니다. 우리의 보잘것없는 산술 법칙으로 계산하지 않음으로써 우리에게 더 큰 유익을 주시는 하나님의 산술 법칙을 적용할 수 있게 되며 우리는 그분 안에서 영원히 거하게 됩니다.

하나님은 모든 사람이 행복하기를 바란다. 만일 당신도 모든 사람의 행복을 바란다면, 즉 당신이 모든 사람을 사랑한다면 당신 속에 하나님이 살고 있는 것이다. **톨스토이**

진실한 성도의 삶을 살아야 합니다

> 우리 주 예수그리스도와 우리를 사랑하시고 영원한 위로와 좋은 소망을 은혜로 주신 하나님 우리 아버지께서 너희 마음을 위로하시고 모든 선한 일과 말에 굳게 하시기를 원하노라. 데살로니가후서 2:16-17

현대인은 갖가지 유혹을 받으면서 살아가고 있습니다. 이 땅에는 물질의 풍요로움이 있고, 욕구를 충족시킬 수 있는 것이 많이 있습니다. 그리스도인은 지상낙원이 아니라 영원한 생명을 원하는 사람입니다. 우리는 갖가지 유혹에서 벗어나 진실한 성도의 삶을 살아야 합니다. 물질로부터의 유혹과 명예와 권세, 그리고 이성적인 유혹에 흔들려선 안 됩니다.

그리스도인조차도 지상적인 축복에만 골몰에 있는 경우가 허다합니다. 그리스도인의 최대의 축복은 바로 예수그리스도의 보혈로 구원받았다는 사실입니다. 그 사실을 믿는다면 모든 삶을 하나님이 인도해주신다는 사실을 알게 되고 지상적인 것만을 추구하는 갖가지 유혹에서 벗어나 참된 그리스도인으로 살아갈 수 있습니다.

유혹은 단호하게 거절해라. 결단의 제일보를 내딛는 것은 인생을 헤쳐 나가는 커다란 힘을 얻는 것과 같다. 이와 같은 결단을 계속해서 되풀이하는 동안에 젊음은 보다 성숙한 아름다움으로 빛을 발하는 것이다. **스마일스**

2월 19일

사랑을 간직하게 하소서

우리가 사랑함은 그가 먼저 우리를 사랑하셨음이라. 요한일서 4:19

그때 나는 무엇을 당신께 드릴까요
살아온 길을 뒤돌아보면
눈물밖에 드릴 것이 없는데

당신이 나를 사랑한다는 그 말씀
엄청난 은총에
평생을 나눔이 되고자 합니다

나의 삶 동안
한 발자국 한 발자국 걸어 설 때마다
사랑을 간직하게 하소서

나의 심장이 마지막 뛸 순간까지
잊지 않게 하소서
사랑한다는 그 말씀에
나의 삶이 넘칩니다

나는 전 세계를 나의 교구로 보며 어느 곳이든 복음을 듣기 원하는 사람들에게 복음을 전파하는 것이 나의 귀한 의무라고 생각한다. **존 웨슬리**

2월 20일

변화의 날

> 너희의 믿음의 역사와 사랑의 수고와 우리 주 예수그리스도에 대한 소망의 인내를 우리 하나님 아버지 앞에서 쉬지 않고 기억함이니 하나님의 사랑하심을 받은 형제들아 너희를 택하심을 아노라. 데살로니가전서 1:3-4

그리스도인은 삶 속에서 변화가 일어난 사람입니다. 그 변화는 인격적인 감화나 지식적·물질적인 것이 아닙니다. 성령의 강권적인 인도하심의 변화입니다. 바로 거듭남의 체험입니다. 그리스도인들이 물과 성령으로 거듭나는 체험입니다.

땅의 것만을 추구하던 삶에서 하늘의 것을 소유하게 된 것입니다. 예수 안에 살게 된 기쁨은 누구에게나 말할 수 있고 누구에게나 전할 수 있는 기쁨입니다. 그리스도인은 하나님이 늘 함께하심을 체험하는 사람입니다. 그의 삶에는 반드시 증거와 응답이 있습니다. 왜냐하면 하나님이 함께하는 사람, 곧 믿음의 사람이기 때문입니다.

사람들에게는 변화의 날이 필요합니다. 옛것이 지나가고 새것이 되었다는 믿음의 표현과 고백이 필요합니다. 새 술은 새 부대에 담아야 합니다. 변화되지 않고서는 예수 안에서 새로운 기쁨을 깨달을 수 없고 체험할 수 없습니다. 예수그리스도를 전할 수도 없습니다. 체험 없는 신앙은 예수그리스도를 삶 속에서 나타내지 못합니다. 사람들은 누구나 변화의 날이 분명히 있어야 합니다.

여행과 변화를 사랑하는 사람은 생명이 있는 사람이다. **바그너**

2월 21일

행복과 불행

이제 인내와 안위의 하나님이 너희로 그리스도 예수를 본받아 서로 뜻을 같게 하여주사 한마음과 한입으로 하나님 곧 우리 주 예수그리스도의 아버지께 영광을 돌리게 하려 하노라. 로마서 15:5-6

하나님께서는 우리의 지금 있는 모습 그대로를 사랑합니다. 그러므로 주님과 함께 있으면 행복해지는 것입니다. 우리에게 아무것도 없다고 느낄 때면 하나님께서 우리에게 주신 것들을 생각하면 됩니다. 하나님께서 참으로 많은 것을 선물하셨습니다. 우리가 부르면 언제나 들어주시고 응답해주셨습니다. 행복과 불행은 그 사람의 얼굴과 행동에서 나타납니다. 행복한 사람은 얼굴이 밝습니다. 그러나 불행한 사람은 얼굴이 어둡고 매사에 불평과 투정만 있을 뿐입니다. 지금 이 순간 우리의 귀에 아무 소리도 들리지 않지만 하나님은 함께해주십니다. 하나님은 우리를 위해 일하고 계십니다. 우리는 그분께 감사하며 늘 순종하며 살아가야 합니다.

행복이란? 스스로 만족하는 데 있다. 남보다 나은 점에서 행복을 구한다면 영원히 행복을 얻지 못할 것이다. 왜냐하면 누구든지 남보다 한두 가지 나은 점이 있지만 열 가지 모두 남보다 뛰어날 수는 없기 때문이다. **알랭**

2월 22일

겸손하게 살도록 하소서

> 젊은 자들아 이와 같이 장로들에게 순복하고 다 서로 겸손으로 허리를 동이라. 하나님이 교만한 자를 대적하시되 겸손한 자들에게는 은혜를 주시느니라. 베드로전서 5:5

오, 주님!
주의 자비를 생각하셔서
주님의 은총으로 나를 채워주소서
주님이 원하시는 일은
어느 하나라도 가치 없는 것이 없습니다
주의 자비와 은총으로
나를 강하게 하시지 않으면
내가 어찌 이 슬픔 많은 세상에서
괴로움을 참고 견딜 수 있겠습니까
오, 주님!
주의 뜻대로만 행하며
주의 앞에서 보람 있게 또 겸손하게 살도록 하소서 토마스 켐피스

주면 받는다는 법칙이 있다. 그러므로 남을 저주하면 나에게도 저주가 온다. 우리가 원하는 물건에 대해서는 그 값을 치러야 하는 것처럼 다른 일에 있어서도 남에게 무엇을 끼쳤다면 반드시 그 끼침은 되돌아오고야 만다. **에머슨**

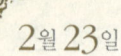
2월 23일

오늘은 되풀이되지 않습니다

하나님의 떡은 하늘에서 내려 세상에게 생명을 주는 것이니라. 요한복음 6:33

우리에게 오늘은 기적의 시간입니다. 하나님께서 오늘을 살 수 있는 생명을 우리에게 허락하셨기 때문입니다. 우리가 하는 일에 최선을 다해 오늘 하루를 소중하게 보내야 합니다. 살아 있지 않으면 할 수 없는 일이기 때문입니다. 우리가 만나는 사람들을 소중하게 대해야 합니다. 우리가 살아 있지 않으면 만날 수 없는 사람들이기 때문입니다.

우리에게 허락된 시간을 소중하고 귀하게 여기며 진실하게 살아야 합니다. 대부분의 사람들은 한 시간의 59분을 과거의 일 때문에 낭비를 합니다. 그들은 잃어버린 기쁨에 대한 후회나 실수에 대한 창피함, 혹은 미래의 꿈이나 공포 때문에 아까운 시간을 흘려보냅니다. 과거는 이미 가버린 것입니다. 그리고 미래에 대해 막연히 생각하는 것은 시간을 잃는 것입니다. 우리는 단 한 번 이 세상에 있다가 갑니다. 이 순간에도 세상은 당신에게 무엇인가를 요구합니다. 지금 이 순간은 매우 소중한 것입니다. 삶의 진정한 길은 순간순간을 낭비하지 않고 기적으로 만드는 것입니다. 그렇습니다. 오늘은 기적입니다. 그리고 오늘은 되풀이되지 않습니다.

한 인간의 능력과 영혼이 서로 다를 수는 없다. 만일 그의 영혼이 잘 다듬어지고 진지하며 분수를 지킨다면 그의 능력 역시 건전하며 맑은 것이다. 이와는 거꾸로 한쪽이 타락하면 다른 한쪽 역시 오염되어 있을 것이다. **세네카**

2월 24일

실패 없이 성공하는 삶은 없습니다

우리가 그 안에서 그를 믿음으로 말미암아 담대함과 하나님께 당당히 나아감을 얻었느니라. 에베소서 3:12

실패는 당신이 실패자임을 의미하지 않습니다. 그것은 당신이 아직 성공하지 못했다는 것을 의미합니다. 실패는 당신이 아무것도 이루지 못했다는 것을 의미하지 않습니다. 그것은 당신이 무엇인가를 배웠다는 것을 의미합니다. 실패는 당신의 위신이 손상되었다는 것을 의미하지 않습니다. 그것은 당신이 커다란 시도를 하고자 한다는 것을 의미합니다. 실패는 당신이 소유하지 못한 것을 의미하지 않습니다. 그것은 당신이 다른 방법으로 무엇인가를 해야 한다는 것을 의미합니다. 실패는 당신이 열등하다는 것을 의미하지 않습니다. 그것은 당신이 완전하지 못함을 의미합니다. 실패는 당신이 삶을 낭비했다는 것을 의미하지 않습니다. 그것은 당신이 새 출발 할 이유가 있음을 의미합니다. 실패는 당신이 결코 하지 못한다는 것을 의미하지 않습니다. 그것은 단지 약간의 시간이 더 걸린다는 것을 의미합니다.

　실패했다고 말하지 말아야 합니다. 경험했다고 말해야 합니다. 포기했다고 말하지 말아야 합니다. 체험했다고 말해야 합니다. 실패 없이 성공하는 삶은 없습니다.

우리의 최대의 영광은 한 번도 실패하지 않는 것이 아니라 실패할 때마다 일어서는 데 있다.
공자

2월 25일

복음을 전하는 삶

그러므로 네가 우리 주의 증거와 또는 주를 위하여 갇힌 자 된 나를 부끄러워 말고 오직 하나님의 능력을 좇아 복음과 함께 고난을 받으라. 디모데후서 1:8

우리는 복음을 전하는 삶을 살아야 합니다. 우리의 삶 속에서도 주변 사람들에게 예수그리스도를 증거해야 합니다. 요셉 에디슨은 이렇게 말했습니다. "우리에게 해야 할 일이 있고, 사랑할 대상이 있고, 가슴속에 품을 소망이 있는 한 기쁨은 우리의 삶 속에서 나온다."

우리는 분명한 소망을 가지고 모든 영광을 하나님께 돌릴 수 있는 멋진 삶을 살아야 합니다. 우리가 구원을 확신할 때 성령의 임재를 충만히 느낄 수 있습니다. 주님의 은혜와 사랑을 경험할 때 우리는 더욱더 확고한 그리스도인의 삶을 살아갈 수 있습니다.

우리는 언제나 삶을 성실하게 이끌어나가야 합니다. 마음껏 사랑하며 살아야 합니다. 그럴 때마다 복음을 전할 수 있는 힘과 능력이 솟아나는 것입니다. 사람들은 스스로 마음먹은 만큼만 행복을 느낍니다. 성령의 역사 중의 하나는 능력이요, 다른 하나는 확신입니다. 말씀을 묵상하며 기도할 때 우리에게 다가오시는 하나님의 평안과 섭리를 깨달을 수 있습니다. 평안 속에 우리에게 쏟아 부어지는 하나님의 강렬한 능력을 체험하고 복음을 전하는 삶의 기쁨을 날마다 누려야 합니다.

우리는 그리스도께서 복음을 전하러 오셨다고 말한다. 사실 그리스도는 그보다 더 뛰어난 일의 주인공이시다. 그가 오심은 곧 복음이 되었기 때문이다. **오즈월드 체임버스**

2월 26일

마음이 삶을 만들어갑니다

> 여호와께서 사무엘에게 이르시되 그 용모와 신장을 보지 말라. 내가 이미 그를 버렸노라. 나의 보는 것은 사람과 같지 아니하니 사람은 외모를 보거니와 나 여호와는 중심을 보느니라. 사무엘상 16:7

이런 이야기가 있습니다. 아주 잘생긴 코와 눈과 입과 귀와 눈으로 얼굴을 새롭게 만들어보았더니 도리어 아주 못생기고 이상한 얼굴이 되었다는 것입니다. 사람은 각기 그 사람대로의 매력과 아름다움을 가지고 있습니다. 그러므로 우리는 우리의 단점을 극복하고 멋지게 살아가야 합니다. 얼굴이 잘생기고 못생긴 차이보다 얼굴의 밝음과 어둠이 더 중요합니다. 그리고 마음에 무엇을 담고 사는가는 더욱더 중요합니다. 얼굴이 삶을 만들어주는 것이 아니라 마음이 삶을 만들어갑니다. 그릇이 중요한 것이 아니라 그 그릇에 무엇을 담느냐가 더 중요합니다.

우리는 예수그리스도의 삶을 닮아가야 합니다. 예수그리스도를 닮기 위한 방법은 무엇입니까? 당신은 하나님이 우리 곁에 계시다는 사실을 알고 있습니까? 당신은 다른 사람들, 특히 다른 그리스도인들에게 친절하고 사려 깊습니까? 당신은 어려움이 닥칠 때 앞으로 어떤 일이 있을지 알 수 없어도 하나님의 사랑과 선하심을 기꺼이 의지할 각오가 되어 있습니까? 당신은 참으로 겸손하십니까? 당신은 다른 무엇보다도 하나님을 섬기기를 원하고 계십니까?

사람이 무엇이며 또 무엇이었던가는 떠날 때에야 비로소 명백히 밝혀진다. 하나님의 노래가 울릴 때는 듣지 못하고 그 노래가 멈출 때 비로소 전율이 느껴진다. **한스 카로사**

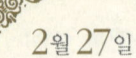

2월 27일

신앙의 열매

좋은 땅에 뿌리웠다는 것은 곧 말씀을 듣고 받아 삼십 배와 육십 배
와 백 배의 결실을 하는 자니라. 마가복음 4:20

한 개인의 믿음의 지수는 그 사람의 삶 속에 말씀과 기도가 얼마만큼 살아 있는가에 달려 있습니다. 말씀의 왕성함이란 단순한 성경 지식의 축적이 아닙니다. 이것은 내 인격과 삶을 변화시키는 하나님의 거룩한 말씀이 얼마만큼 삶에 영향을 주는가 하는 것입니다. 우리의 신앙이 자라나고 꽃이 필 때 시절을 좇아 열매가 맺힐 것입니다. 하나님은 행한 대로 갚아주시기 때문입니다. 열매가 없는 신앙은 죽은 신앙이고 잘못된 신앙입니다. 믿음의 성도라면 신앙의 열매를 맺어야 합니다.

믿음은 우리에게 확신과 유대감과 사랑과 희망을 가져다줍니다. 믿을 수 있는 사람은 행복한 사람입니다. 그 행복이 지속적이며 우리의 구원을 가져다주는 것이 되기 위해서는 믿음의 대상을 확인해야 합니다. 우리는 무엇인가를 믿지 않으면 살아갈 수 없는 인간이므로 불확실한 것을 믿기도 합니다. 믿음은 확실해야 합니다. 우리는 주님에게 우리의 모든 것을 맡길 수 있어야 합니다. 당신의 삶에는 살아 계신 하나님과 더불어 영혼의 창을 열고 기도하는 거룩한 사역이 얼마나 살아 있습니까? 우리의 믿음은 건강하게 열매를 맺어야 합니다.

만일 누군가 믿음을 잃었다면, 그에게는 의지하고 살 수 있는 무엇이 남았는가? 로저 베이컨

2월 28일

믿음의 훈련

> 너희 마음 눈을 밝히사 그의 부르심의 소망이 무엇이며 성도 안에서 그 기업의 영광의 풍성이 무엇이며 그의 힘의 강력으로 역사하심을 따라 믿는 우리에게 베푸신 능력의 지극히 크심이 어떤 것을 너희로 알게 하시기를 구하노라. 에베소서 1:18-19

오늘날 많은 사람이 바쁘게 살아가고 있습니다. 무엇이 그리도 바쁜지 물으면 본인도 잘 모르겠다고 대답하는 사람도 있습니다. 무엇인지도 모르고 이끌려 가는 사람이라면 시간이 지나갈수록 후회할 일이 많이 생길 것입니다. 쳇바퀴 도는 삶이라고 하지만 분명히 목표와 소망하는 것이 있어야 합니다. 남들이 하니까, 하는 마음으로 살면 흘러가는 세대 속에서 유행만 좇아 사는 삶일 뿐 미래가 없는 삶이 되고 맙니다. 오늘날 왜 한탕주의가 만연하겠습니까? 그들에게는 확실한 내일이 없기에 지금 이 순간만이라도 즐기고 싶기 때문일 것입니다.

    그리스도인들은 내일이 보장된 사람들입니다. 하늘나라 시민권이 있는 사람들입니다. 고난과 역경이 다가와도 모든 것을 예수그리스도의 이름으로 이겨내며 날마다 분명하고 확실한 목표를 가지고 움직이는 사람들입니다. 주님이 부르시면 언제나 "주여! 제가 여기 있사오니 저를 보내소서!"라고 할 수 있는 믿음의 훈련을 쌓아가고 있는 사람들입니다. 우리는 믿음의 훈련을 게을리 하지 말아야 합니다.

우리는 긴 인생을 갈망한다. 그러나 그것은 신중하거나 가치 있는 인생을 의미한다. 시간을 잘 활용하는 것은 기계적으로 사는 것이 아니라 진실하게 사는 것이다. **에머슨**

여호와는 나의 힘과 나의 방패시니
내 마음이 저를 의지하여 도움을 얻었도다.
그러므로 내 마음이 크게 기뻐하며 내 노래로 저를 찬송하리로다.

시편 28:7

3월 March

구원은 하나님의 선물

성공적인 생활 기술이란 아무리 긴장감이 감돈다고 하더라도 동시에 두 가지 상반되는 의견을 감수할 줄 아는 것을 의미한다. 그것은 첫째로 영원히 살 것처럼 장기적인 계획을 세우는 것이요, 둘째는 내일 죽을 것처럼 행동하는 것이다. **하리스**

3월 1일

진정한 아름다움

이 복음이 이미 너희에게 이르매 너희가 듣고 참으로 하나님의 은혜를 깨달은 날부터 너희 중에서와 같이 또한 온 천하에서도 열매를 맺어 자라는도다. 골로새서 1:6

그리스도인들이 살아가고 있는 곳이라면 달라져야 합니다. 그리스도인들이 자신이 살고 있는 곳에서 빛과 소금의 역할을 다하며 살아간다면 그들이 어느 곳에 거하든지 변화가 시작될 것입니다. 왜냐하면 그들에게는 언제나 주님이 함께하시기 때문입니다. 성령이 그들의 삶을 도와주시기 때문입니다.

그리스도인들이 함께하는 곳에 예수그리스도의 힘이 나타나지 않는다면 주님을 믿지 않는 사람들과 무엇이 다르다고 할 수 있겠습니까? 예수그리스도를 믿는다는 것은 무엇을 의미합니까? 그것은 예수그리스도를 주님으로 모시고 예수그리스도 안에서 살아가는 것입니다. 탕자와 같은 참된 회개가 있을 때 진정 예수그리스도의 새사람이 되는 것입니다.

당신은 더 젊게, 더 밝게, 더 매력 있게 보이고 싶지 않습니까? 그리고 그 일을 위해 얼마나 많은 시간과 얼마나 많은 정성을 쏟고 있습니까? 그러나 진정한 아름다움은 영혼의 아름다움에서 시작되는 것입니다.

행복한 사람은 다른 사람을 행복하게 만든다. 랠프 잉거솔

3월 2일

구원의 손길

나는 오직 주의 인자하심을 의뢰하였사오니 내 마음은 주의 구원을 기뻐하리이다. 시편 13:5

예수그리스도는 이 세상에서 우리의 삶이 단지 천국의 놀라운 기쁨의 서론이 되게 하려고 십자가에서 돌아가신 것이 아닙니다. 예수그리스도는 우리에게 이 땅에서 사는 방법을 가르쳐주시고 우리가 그 놀라운 사실을 깨닫고 서로 사랑하도록 하기 위해 오신 것입니다. 예수그리스도는 우리 모두가 생명을 갖고 더 풍성하게 살게 하기 위해서 오셨다고 말씀하셨습니다. 우리에게 주신 구원은 선물입니다. 우리에게 구원을 주신 분은 하나님이라는 사실을 분명하게 믿어야 합니다. 우리가 어디에 있든지 하나님께서 우리를 위해 그곳에 계시리라는 믿음을 가지고 언제 어디로 가든지 담대하게 나가야 합니다.

구원을 즐거워하는 것과 하나님의 뜻을 확신하는 것은 매우 기쁜 일입니다. 하나님의 지혜를 따르는 데 집중하며 산다는 것은 행복한 일입니다. 그분의 지혜는 우리의 지혜보다 더 위대하며 그분의 사랑은 깊습니다. 그분의 손안에 있을 때 우리는 만족감을 느낍니다. 그 손길은 이 세상에서 제일 안전하고 가장 좋습니다. 주님의 손길은 우리를 향한 구원의 손길입니다.

우울한 그림을 벽에 걸지 마라. 한탄하고 슬퍼하지 마라. 부정적인 테마를 무시하고 긍정적인 명제로 끊임없이 마음을 독려해라. **에머슨**

3월 3일

깊은 영성과 시

또 마음을 아시는 하나님이 우리에게와 같이 저희에게도 성령을 주어 증거하시고 믿음으로 저희 마음을 깨끗이 하사 저희나 우리나 분간치 아니하셨느니라. 사도행전 15:8-9

영성은 우리의 삶을 인도해주시는 하나님의 따뜻함을 체험하는 것입니다. 영성에는 하나님의 사랑 속에 주어지는 영성이 있고, 말씀과 기도와 찬양으로 개발되는 영성이 있습니다. 우리의 기도 생활은 우리를 주님께 한 걸음 한 걸음씩 가까이 다가가게 합니다. 영성이 있으면 우리는 우리의 삶 속에서 하나님의 사랑을 체험할 수 있습니다. 영성이 있으면 이웃에게 다가가 주님의 뜻을 이루기 위한 기도를 드리게 되고 말씀을 전하는 삶을 살게 됩니다. 시인이 그리스도인이라면 신앙 시를 쓸 때 하나님의 마음을 초점으로 삼아야 합니다. 그러므로 깊은 영성 속에 주님을 사랑하고 찬양하며 시를 쓰는 것은 지극히 당연한 일입니다. 그리스도인은 누구나 하나님께 영광을 돌려야 하기 때문입니다. 하나님을 사랑할 때 깊은 영성의 시를 쓸 수 있습니다. 다윗도 그러한 마음으로 시편을 썼습니다. 모든 예술의 중심에는 살아 있는 생명의 사랑이 있습니다. 우리 그리스도인들의 삶은 곧 주님의 사랑입니다. 그리스도인들은 마음 속 깊이 예수그리스도를 사랑하며 예수그리스도의 사랑으로 가득 찬 삶을 살아가야 합니다.

우리가 말하는 영성은 마음이나 지성 이상의 것을 포함한다. 바로 영혼이다. 우리가 어떤 영적인 일을 할 때는 영혼으로부터 우러나와 그 일을 한다. **잭 캔필드**

언어의 능력

하나님이여 내 마음을 정하였사오니 내가 노래하며 내 심령으로 찬양하리로다. 시편 108:1

주님은 주님께서 우리를 사랑하신 것처럼 우리에게 서로 사랑하라고 하셨습니다. 하나님께서는 순결하고 흠이 없는 사랑으로 예수그리스도를 통해 우리를 구원하셨습니다. 우리를 구원하신 예수그리스도의 십자가의 사랑보다 놀라운 사랑은 없습니다. 그리스도인은 예수그리스도의 사랑을 시인하고 나타내는 사람입니다.

　글을 쓰는 사람은 이야기꾼입니다. 곧 글을 쓸 수 있는 사람은 이야깃거리가 많아야 합니다. 시인이 되려면 언어 구사 능력이 있어야 합니다. 늘 사용하는 언어라도 새롭게 사용할 줄 알아야 합니다. 시는 시인의 체험 속에서 쓰입니다. 우리가 언어의 능력을 가지려면 성경과 책을 읽어서 체험과 함께 깊은 묵상을 하고 글을 쓰기 위해 연상 작업을 가져야 합니다. 예수그리스도의 구원의 기쁨을 맛본 사람만이 예수그리스도를 온전히 표현할 수 있습니다.

시인과 음악가는 빛을 가져오는 사람, 지상의 기쁨과 밝음을 증가시키는 사람이다. **헤르만 헤세**

3월 5일

구원을 노래하는 시인

여호와께서 열방의 목전에서 그 거룩한 팔을 나타내셨으므로 모든 땅 끝까지도 우리 하나님의 구원을 보았도다. 이사야서 52:10

시를 쓰기 전에 언어를 연상하고 사건을 연상하고 인물을 연상하고 장소를 연상하면 언어가 풍부해집니다. 이미지 연상이 부족하면 언어의 부족을 느끼게 됩니다. 언어가 부족하면 자기의 마음을 글로 다 표현할 수가 없습니다. 그러므로 말씀을 묵상하고 기도함으로써 지혜를 주시는 하나님의 인도하심을 받아야 합니다.

신앙 시는 시인의 깊은 영성에서 쓰여야 합니다. 참된 영성은 무엇입니까? 예수그리스도의 삶을 닮아가며 동행하는 것입니다. 시는 독자들이 마음으로 받아들일 수 있는 언어로 쓰여야 합니다. 시인만이 아는 언어로 쓰인다면 그것은 참으로 안타까운 일입니다. 누구나 보면 읽을 수 있고 알 수 있고 마음에 다가오는 언어로 쓰여야 합니다. 구르는 돌에는 이끼가 끼지 않는 것처럼 늘 깨어 있는 마음이 되어야 생명력이 있는 글을 쓸 수 있기에 나 자신도 부단히 노력하고 있습니다. 나를 구원하신 주님의 사랑이 너무나 고귀하고 너무나 소중하고 너무나 놀랍기에 그 사랑을 시를 통해 노래하고 이 시를 다른 사람들에게 전해주고자 하는 것입니다.

인간은 사랑을 통해서, 그리고 사랑 속에서 구원을 받는다. 이 세상에 아무것도 남아 있지 않은 사람도 사랑하는 사람을 생각하면서 잠시나마 행복을 느낄 수 있을 것이다. **빅터**

참된 영성이란

> 예수를 너희가 보지 못하였으나 사랑하는도다 이제도 보지 못하나 믿고 말할 수 없는 영광스러운 즐거움을 기뻐하니 믿음의 결국 곧 영혼의 구원을 받음이라. 베드로전서 1:8-9

그리스도인이 아닌 사람은 절대로 신앙 시를 쓸 수가 없습니다. 주님을 구주로 고백하는 글을 쓸 수가 없습니다. 신앙 시를 흉내는 낼 수 있을지 모르지만 영적인 체험을 한 그리스도인이라야 신앙 시를 쓸 수가 있습니다. 헨리 나우웬은 『예수님을 생각나게 하는 사람』에서 이렇게 말하고 있습니다.

"영성이란 우리 안에 있는 영의 삶에 관심을 갖는 것입니다. 영성은 주님 앞에 열린 가슴과 생각으로 서는 것입니다. 영성은 '아바! 아버지'라 부르는 것입니다. 영성이란 우리의 사랑스러운 하나님의 말할 수 없는 아름다움을 묵상하는 것입니다."

나는 늘 신앙 시와 기도 시를 쓰고 있습니다. 주님께서 이러한 글을 쓰도록 인도해주시고 있습니다. 성령께서는 내가 주님을 영접한 후부터 주님의 모습을 닮아가도록 인도하시기에, 시를 통해서도 주님의 뜻을 이루고 주님의 영광을 드러내고자 하는 것입니다. 시를 통해 영성 운동에 동참하고자 하는 것입니다. 나를 숨기고 예수그리스도를 드러내는 것이 영성 운동이기 때문입니다.

나는 주의 말씀을 듣기 좋아한다. 나는 그의 발자취를 볼 때마다 그것을 따르길 원한다. **존 버니언**

3월 7일

주여, 나의 일생을

> 우리가 너희 믿는 자들을 향하여 어떻게 거룩하고 옳고 흠 없이 행한 것에 대하여 너희가 증인이요 하나님도 그러하시도다. 데살로니가전서 2:10

나의 일생 동안 기도해도
당신의 외침 한마디만도 못합니다

나의 일생 동안 시를 쓴다 해도
당신의 말씀 한마디만도 못합니다

나의 일생 동안 봉사해도
당신의 따스한 손길 한 번만도 못합니다

나의 일생 동안 용서해도
당신의 십자가에서 흘리신 피 한 방울만도 못합니다

내가 사는 날 동안
나의 자랑은 분토만도 못합니다

절대로 예수그리스도가 사소한 것을 명령했다고 생각지 마라. 그러므로 절대로 그가 명령한 것은 무엇이든 사소하게 다루지 마라. **무디**

하나님과 가족과 이웃을 사랑할 때

그러므로 모든 육체는 풀과 같고 그 모든 영광은 풀의 꽃과 같으니 풀은 마르고 꽃은 떨어지되 오직 주의 말씀은 세세토록 있도다 하였으니 너희에게 전한 복음이 곧 이 말씀이니라. 베드로전서 1:24-25

어느 목사님이 세인트 루이스의 유명한 구두 회사의 사장인 브라운을 방문했습니다. 목사님은 그가 어떻게 해서 이렇게 큰 성공을 할 수 있었는지 비결을 물었습니다. 브라운은 자기의 사무실로 목사님을 안내하고 들어가 벽에 붙여놓은 표어를 보여주었습니다.

첫째는 하나님!
둘째는 가정!
셋째는 구두!

이것이 브라운의 성공 비결이었습니다. 하나님과 가족과 이웃을 사랑할 때 성공하는 것입니다.

눈을 들어 하늘을 보는 사람에게는 닿을 수 없을 정도로 높은 곳이란 없다. 만족하게 살고, 때때로 웃으며, 많이 사랑한 사람만이 성공한다. **A. J. 스탠리 부인**

2월 7일

삶은 바다를 항해하는 것과 같습니다

믿음은 바라는 것들의 실상이요 보지 못하는 것들의 증거이니 선진들이 이로써 증거를 얻었느니라. 히브리서 11:1-2

삶은 작은 배를 타고 바다를 항해하는 것과 같습니다. 아픔도 이별도 죽음도 인생의 항로에 끊임없이 나타나는 파도요, 바람입니다. 그러나 이것을 기억해야 합니다. 배의 돛 자체가 결코 배를 움직일 수는 없다는 사실을. 돛은 단지 바람의 도구로 사용될 뿐입니다. 그렇다면 때때로 고단한 인생 항로에 세차게 부딪치는 바람은 도리어 배를 항해하게 하는 이유가 될 수 있습니다. 이것은 인생 항로에 끊임없이 일어나는 고난의 바람, 심지어 태풍까지도 그것을 잘 이용한다면 인생 항로에 더 큰 유익이 될 수도 있다는 것을 의미합니다.

만에 하나 나의 경험, 나의 학문, 나의 지혜로 인생의 돛을 움직일 수 있다고 생각한다면 그것은 착각입니다. 인생 항로는 너무나 거친 바다요, 바람이요, 파도인 것입니다. 우리의 삶은 여행길이라고 할 수 있습니다. 불행하게도 인생을 정확하게 안내하는 안내판은 세상에 없습니다. 우리는 길이요, 진리요, 생명이신 주님과 함께 갈 때 방황하지 않고 확실한 삶의 길을 갈 수가 있습니다.

세상의 넓은 싸움터에서 인생의 야영지에서 말 못 하고 쫓기는 소가 되지 말고 전투의 영웅이 돼라. **롱펠로**

내일에 대한 확실한 소망

> 푯대를 향하여 그리스도 예수 안에서 하나님이 위에서 부르신 부름의 상을 위하여 좇아가노라. 빌립보서 3:14

내일에 대하여 확실한 소망이 없다는 것은 바로 오늘의 삶에 용기와 자신이 없다는 것입니다. 우리는 분명히 확신을 가지고 내일의 삶을 이야기할 수 있어야 합니다. "나는 분명히 내일의 소망을 이룰 것이다"라고 말할 수 있도록 확신을 가지고 살아야 합니다.

누구든지 어떤 분야에서든지 땀 흘리며 기도하며 인내하며 살아간다면 분명히 찬란한 내일을 이루게 될 것입니다. 무슨 일이든지 하루아침에 이루어지는 일은 없습니다. 기다림이 없다면 결과가 나올 수가 없는 것입니다. 인내는 참으로 값진 기다림입니다.

1년 된 사과나무나 감나무에서 탐스런 열매가 많이 달려 있을 것이라고는 기대할 수 없습니다. 농부는 알고 있기에 보이지도 않는 열매를 향해 거름을 주고 가꾸는 것입니다. 우리는 그리스도인입니다. 우리의 삶에는 언제나 기도하면 응답하시고, 찾으면 찾아주시고, 두드리면 열어주시는 우리의 아버지 하나님이 함께하십니다. 그분은 우리의 삶 전체는 물론이고 우리의 미래를 영원한 세계까지 인도해주시는 분입니다. 우리의 미래는 분명히 쾌청하고 맑은 하늘입니다.

어떤 소망이 당신 안에 태어난다고 하자. 당신은 그때 그것을 실현시킬 힘도 동시에 존재한다는 사실을 깨달아야 한다. 그러나 힘은 아직은 작고 약할 것이다. **리처드 바크**

2월 9일

삶은 하나의 작품입니다

> 우리가 세상의 영을 받지 아니하고 오직 하나님께로 온 영을 받았으니 이는 우리로 하여금 하나님께서 우리에게 은혜로 주신 것을 알게 하려 하심이라. 고린도전서 2:12

우리의 삶은 하나의 작품입니다. 우리는 모두 인생이란 작품을 만들어가는 예술가입니다. 롱펠로는 "누구의 인생이든 비는 내린다"라고 노래했습니다. 삶에는 누구나 고통이 있다는 말입니다. 고통이 있기에 그 고통을 이겨내는 삶은 참으로 아름답습니다. 걸작은 열정이 있는 사람이 만들어냅니다. 열정은 무엇입니까? 일에 열중하는 사람이 만들어내는 힘입니다. 열정을 쏟다가 즐기는 잠깐의 휴식은 삶에 여유를 줍니다. 삶이 너무나 바쁘다 보면 실수를 할 때가 있습니다. 우리의 마음에 여유가 없으면 일이 더 풀리지 않을 때가 있습니다. 그래서 사람들은 마음에 여유가 있는 사람을 좋아합니다.

인간의 마음 밑바닥에는 누구에게나 에덴동산, 그 낙원에 대한 그리움이 있습니다. 고통도 슬픔도 없고 질병도 죽음도 없는 새로운 하늘, 새로운 땅에 대한 그리움이 있는 것입니다. 날마다 삶에서 뿌리 깊은 원동력이 되는 것은 이러한 낙원이 현실로 이루어졌으면 하는 바람과 갈망입니다. 우리의 삶 속에 하나님이 개입해주셨고 우리의 삶을 하나님이 새롭게 걸작으로 만들어주십니다.

나의 작품은 군중을 위해 쓴 것이 아니고 다만 그것을 즐겨 구하고 그러한 경향을 이해할 수 있는 소수의 사람들을 위해 쓴 것이다. **괴테**

2월 10일

친구란 오래 두고 사귀는 벗

우리는 그의 만드신 바라 그리스도 예수 안에서 선한 일을 위하여 지으심을 받은 자니 이 일은 하나님이 전에 예비하사 우리로 그 가운데서 행하게 하려 하심이니라. 에베소서 2:10

우리 주변에는 처음 만나도 오랫동안 만난 듯이 편하고 좋은 사람이 있습니다. 그런 사람에게는 사람을 당기는 힘이 있습니다. 가정이나 직장에서 만나는 사람들이 다정한 친구와 같다면 살아가는 재미가 더해질 것입니다. 사람들이 늘 만나도 반가운 친구같이 편한 사이가 된다면 얼마나 좋겠습니까?

친구란 오래 두고 가깝게 사귄 벗을 말합니다. 사람들은 친구와 많은 것을 함께하며 살아갑니다. 친구에는 세 종류가 있다고 합니다. 첫째는 빵 같은 친구입니다. 언제 어디서 만나도 반갑고 즐거운 친구를 말합니다. 둘째는 약 같은 친구입니다. 필요할 때 나타나서 힘이 되어주는 친구입니다. 셋째는 질병 같은 친구입니다. 떼어버릴 수도 없고 늘 부담만을 주고 어려움과 고통을 만드는 친구입니다. 우리는 언제나 함께해도 좋은 친구가 되어야 합니다. 친구란 이 세상의 모든 것이 다 떠날 때에도 나를 찾아와 주는 사람이라고 합니다. 세상이 날로 삭막해지고 차가워지지만 우리에게 친구가 되어줄 사람이 있다는 것은 참으로 행복한 일입니다. 이 세상에 동행하는 사람이 있을 때 행복합니다.

우리를 껄껄 웃게 만들어주는 친구가 있다는 것은 유쾌한 일이다. 나는 애정 어린 충고를 해주는 친구들이 좋다. 정말 중요한 것이 무엇인지를 이해해주는 친구는 우리에게 참으로 값진 보물이다. **글렌 반 에케렌**

2월 11일

세상은 어울림 속에 살아가야 합니다

이러므로 형제들아 우리가 모든 궁핍과 환난 가운데서 너희 믿음으로 말미암아 너희에게 위로를 받았노라. 그러므로 너희가 주 안에 굳게 선즉 우리가 이제는 살리라. 데살로니가전서 3:7-8

현대인은 자기가 만든 감옥에 살고 있다고 합니다. 첫째, 자기의 예쁜 면만을 볼 줄 아는 자기도취의 감옥. 둘째, 다른 사람의 나쁜 점만을 보는 비판의 감옥. 셋째, 오늘과 내일을 암담하게 보는 절망의 감옥. 넷째, 옛날만 황금시대로 보는 과거지향형 감옥. 다섯째, 다른 사람만 부러워하는 선망의 감옥. 여섯째, 다른 사람이 잘되는 것을 싫어하는 증오의 감옥입니다. 이 감옥에서 벗어나야 따뜻한 미소를 지으며 행복하게 살아갈 수 있습니다.

행복하게 살아가려면 마음의 변화가 필요합니다. 우리의 마음이 열려 있어야 합니다. 혼자가 아니라 더불어 사는 삶을 살아야 합니다. 우리의 삶은 많은 사람 속에서 만들어가는 것입니다. 그러므로 마음이 닫혀 있으면 더 고독하고 외로운 것입니다. 사회적으로 혼자 살고 싶어하는 사람들이 늘어가는 추세라고 합니다. 사람 만나기를 싫어하거나 기피한다면 편안함보다는 외로움의 고통이 따르기 마련입니다. 세상은 어울림 속에 살아가야 합니다.

아라비아 속담에 의하면 불사조나 귀신이 존재하지 않듯이 마음이 통하는 참된 친구도 존재하지 않는다지만, 나는 그 모두를 내 이웃들 중에서 발견했노라고 그대에게 말하겠다. **칼릴 지브란**

기쁨을 빼앗는 것들

> 너는 그리스도 예수 안에 있는 믿음과 사랑으로써 내게 들은 바 바른말을 본받아 지키고 우리 안에 거하시는 성령으로 말미암아 네게 의탁한 아름다운 것을 지키라. 디모데후서 1:13-14

근심과 스트레스는 우리의 기쁨을 앗아 갑니다. 이 두 가지는 비슷한 것 같지만 뚜렷한 차이점이 있습니다. 근심은 일어날지 안 일어날지 모르는 일에 대한 터무니없는 염려입니다. 근심하는 일 중에는 일어나지 않는 일이 너무나 많습니다. 근심이란 흔들의자와 같아서 움직이는 것 같지만 늘 제자리입니다. 근심이나 걱정을 해서 해결되는 일은 없습니다. 많은 사람이 쓸데없는 걱정을 하며 살아가는 것입니다. 근심을 다 던져버리고 활기차게 살아야 합니다. 근심하는 것은 변하지 않는 과거를 붙들고 고민하는 것입니다.

스트레스는 근심보다 더 심각한 것입니다. 스트레스는 우리가 변화시키거나 조정할 수 없는 상황, 즉 우리 통제 밖에 있는 것에 대해 심하게 긴장하는 것을 말합니다. 지속되는 마음의 동요 속에 스트레스는 가중될 수 있습니다. 행복하게 살고 싶으면 스트레스를 깨뜨려버려야 합니다.

근심은 알고 나면 허수아비다. 허수아비에 붙잡혀 목숨을 잃은 참새는 없다. 나는 열 살에도 마흔 살에도 근심이 있었다. 그때의 근심은 모두 어디로 사라져버렸을까. 근심에 집착할수록 포박은 강해지고 근심에 무심할수록 포박은 허술해진다. 이외수

2월 13일

화 다스리기

> 그러므로 저가 범사에 형제들과 같이 되심이 마땅하도다. 이는 하나님의 일에 자비하고 충성된 대제사장이 되어 백성의 죄를 구속하려 하심이라. 자기가 시험을 받아 고난을 당하셨은즉 시험하는 자들을 능히 도우시느니라. **히브리서 2:17-18**

화는 내부에 도사리고 있는 만성적인 질병을 폭로하는 간헐적인 열병입니다. 그것은 쓴 뿌리를 드러내는 피상으로부터 도피요, 사건마다 부글거리는 거품입니다. 그것은 방심하는 사이에 자기도 모르게 나락으로 떨어지고 마는 인간 영혼의 가장 깊숙이 숨겨진 부산물입니다. 한마디로 말해 그것은 그리스도인에게는 합당치 않은 일이 노출되는 모습입니다.

화를 낸다는 것은 자신이 부족하다는 것을 나타내는 것입니다. 자신이 당당하지 못하다는 것을 표현하는 것입니다. 마음에 여유가 없다는 것을 보이는 것입니다. 우리 영혼은 쓴 물을 뽑아낸다고 달게 되는 것이 아닙니다. 다른 것으로 변화해야 합니다. 그것은 새로운 영이요, 위대한 사랑이신 그리스도의 영입니다. 오직 이것만이 잘못된 것을 뿌리 뽑아 새로운 사람이 되게 합니다.

화를 냈다고 하여 다 죄를 짓는 것은 아니다. 왜냐하면 정도에 따라 다를 수 있고 어떤 때는 불가피한 경우가 있다. 문제는 사소한 일에 성을 내거나 부당하게 악을 올리며 성경의 법을 어겼을 때 죄가 되는 것이다. **윌리엄 팔리**

2월 14일

말 한마디가 모든 것을 바꾸어놓습니다

> 우리가 다 실수가 많으니 만일 말에 실수가 없는 자면 곧 온전한 사람이라 능히 온몸도 굴레 씌우리라. 야고보서 3:2

하나님의 창조물 중에서 오직 인간만이 언어를 구사할 줄 알아 갖가지 표현을 하며 살아갑니다. 말은 대단히 중요한 것입니다. 그렇기에 더욱더 소중하게 사용을 해야 합니다. 그리스도인의 삶은 다른 사람들의 삶보다 훨씬 잘 드러납니다. 그러므로 우리 그리스도인은 말과 행동에 조심해야 합니다. 말에는 해야 할 말이 있고 해서는 안 될 말이 있습니다. 쓸데없는 소리를 너무 많이 하면 신뢰감을 상실하게 됩니다. 말에 실수가 없는 사람은 온전한 사람이라고 성경은 말씀하고 있습니다. 우리 그리스도인은 그리스도인다운 언어생활로 하나님께 영광을 돌리고 주변 사람들에게 밝고 아름다운 모습을 비추어야 할 것입니다. 그래야만 복음을 당당하게 증거할 수 있습니다. 우리는 살아가면서 복된 언어생활을 해야 합니다. 말 한마디가 때로는 모든 것을 바꾸어놓습니다.

언어는 그 사람의 됨됨이를 가장 잘 보여준다. 말해라. 내가 그대의 됨됨이를 볼 것이다. 언어는 우리 내부에 숨어 있는 많은 것을 밖으로 솟아나게 하는 것이다. **벤 존슨**

2월 15일

우리가 이웃이 되어주면 어떻겠습니까?

그러므로 형제들아 더욱 힘써 너희 부르심과 택하심을 굳게 하라. 너희가 행한즉 언제든지 실족지 아니하리라. 이같이 하면 우리 주 곧 구주 예수그리스도의 영원한 나라에 들어감을 넉넉히 너희에게 주시리라. 베드로후서 1:10-11

하루를 생활하다 보면 우리는 여러 가지로 감정이 변할 때가 많습니다. 그렇지만 그때마다 감정이 일어나는 대로 생활한다면 매우 무질서하게 되고 몹시 거친 행동을 하게 될 것입니다. 우리는 그리스도인입니다. 무엇을 하든지 주님을 생각합시다. 하고자 하는 일이 주님의 뜻에 합당해야 합니다. 절제하는 것도 능력입니다. 인내하는 것도 능력입니다.

악인은 이웃을 생각하지 않고 자기 마음대로 생각하고 행동합니다. 그는 그것이 멋있는 삶이라고 착각합니다. 그리하여 그가 얻는 것은 무엇이겠습니까? 허무와 절망뿐입니다. 오늘날을 각박한 세상이라고 합니다. 인정이 없다고 합니다. 우리가 이웃이 되어주면 어떻겠습니까? 예수그리스도의 사랑으로 이웃이 되어주는 것입니다. 천국은 우리의 마음속에 있다고 주님이 말씀하셨습니다. 우리는 천국을 이 땅에 확장할 수 있습니다. 나의 힘이 아니라 예수그리스도의 능력, 곧 성령의 도우심으로 이루어지는 것입니다. 우리가 있는 곳에서 예수그리스도가 발견되기를 원합니다. 오늘도 성령의 인도하심 속에 살아갑시다.

성령 세례의 목적은 기적을 낳은 기이한 성도가 되는 데 있지 않고 예수의 증인이 되는 것에 있다. 예수가 한 일에 대해 증인이 되는 것보다 예수가 어떤 분인가에 대한 증인이 되는 것이다. **오즈월드 체임버스**

2월 16일

그리스도인들은 행복한 사람입니다

> 우리가 너희 믿음을 주관하려는 것이 아니요 오직 너희 기쁨을 돕는 자가 되려함이니 이는 너희가 믿음에 섰음이라. 고린도후서 1:24

예수그리스도를 영접함으로 하나님의 자녀가 되어 하나님의 관심 속에 들어갔다는 사실은 매우 행복한 일입니다. 사실상 불행하다는 것은 아무도 관심을 가져주지 않는다는 뜻도 됩니다. 그러나 관심도 관심 나름입니다. 자신의 개인적인 욕망이나 욕심을 채우려는 관심도 많습니다. 그러한 관심은 사람을 도리어 불행하게 만듭니다.

하나님의 관심은 지상과 영원을 연결하는 관심이요, 삶 전체는 물론이며 죽음을 떠난 영원한 생명으로 인도하시는 관심입니다. 우리 그리스도인들은 참으로 행복한 사람입니다. 예수그리스도를 믿게 되어 구원받았으며 날마다 성령의 인도하심을 받으며 천지 만물을 창조하시고 운행하시는 하나님의 관심을 받고 살아가기 때문입니다.

하나님께서 우리에게 관심을 가지셨기에 예수그리스도를 우리의 삶 가운데 보내주셨습니다. 인간의 최대의 문제점인 죄의 문제를 해결하신 관심이야말로 관심 중의 관심입니다. 하나님은 우리의 삶에도 관심을 갖고 계십니다.

관심은 단순한 기술이 아니다. 예수가 보여준 관심은 훈련을 통해 모든 감각기관을 의도적으로 집중시키는 작업이다. **에릭 로케스모**

2월 17일

쉬지 않고 인도하시는 하나님

우리가 이같이 너희를 사모하여 하나님의 복음으로만 아니라 우리 목숨까지 너희에게 주기를 즐겨 함은 너희가 우리의 사랑하는 자 됨이니라. 데살로니가전서 2:8

하나님께서는 쉬지 않고 우리를 인도해주십니다. 때로는 이런 일 저런 일에 간섭하기도 하시며 때로는 가두기도 하시고 가로막기도 하십니다. 그러나 언제나 우리의 가는 길을 열어주십니다. 이런 일을 하시는 것은 바로 하나님은 사랑이시기 때문입니다. 하나님께서 하시는 모든 일에는 항상 그분의 사랑에 대한 놀라운 계시가 있습니다. 우리가 마음을 열고 자신을 하나님의 왕권에 복종시킬 때 비로소 하나님을 사랑하게 될 것입니다. 누구나 욕심을 부리는 사람보다 나눌 줄 아는 사람을 좋아합니다. 우리는 모든 의심을 버리고 하나님의 왕권을 인정하고 그 왕권에 굴복함으로써 우리가 구하는 하나님의 모든 축복을 얻게 됩니다. 어떤 사람들은 그 대가를 계산하라고 우리에게 충고합니다. 물론 우리는 모든 일을 하기에 앞서 그 대가를 계산해야 하지만 이 경우만은 예외입니다. 계산하지 말아야 합니다. 우리의 보잘것없는 산술 법칙으로 계산하지 않음으로써 우리에게 더 큰 유익을 주시는 하나님의 산술 법칙을 적용할 수 있게 되며 우리는 그분 안에서 영원히 거하게 됩니다. 를 보낼 때마다 우리의 삶은 더 즐거워질 것입니다.

하나님은 모든 사람이 행복하기를 바란다. 만일 당신도 모든 사람의 행복을 바란다면, 즉 당신이 모든 사람을 사랑한다면 당신 속에 하나님이 살고 있는 것이다. **톨스토이**

진실한 성도의 삶을 살아야 합니다

우리 주 예수그리스도와 우리를 사랑하시고 영원한 위로와 좋은 소망을 은혜로 주신 하나님 우리 아버지께서 너희 마음을 위로하시고 모든 선한 일과 말에 굳게 하시기를 원하노라. 데살로니가후서 2:16-17

현대인은 갖가지 유혹을 받으면서 살아가고 있습니다. 이 땅에는 물질의 풍요로움이 있고, 욕구를 충족시킬 수 있는 것이 많이 있습니다. 그리스도인은 지상낙원이 아니라 영원한 생명을 원하는 사람입니다. 우리는 갖가지 유혹에서 벗어나 진실한 성도의 삶을 살아야 합니다. 물질로부터의 유혹과 명예와 권세, 그리고 이성적인 유혹에 흔들려선 안 됩니다.

그리스도인조차도 지상적인 축복에만 골몰에 있는 경우가 허다합니다. 그리스도인의 최대의 축복은 바로 예수그리스도의 보혈로 구원받았다는 사실입니다. 그 사실을 믿는다면 모든 삶을 하나님이 인도해주신다는 사실을 알게 되고 지상적인 것만을 추구하는 갖가지 유혹에서 벗어나 참된 그리스도인으로 살아갈 수 있습니다.

유혹은 단호하게 거절해라. 결단의 제일보를 내딛는 것은 인생을 헤쳐 나가는 커다란 힘을 얻는 것과 같다. 이와 같은 결단을 계속해서 되풀이하는 동안에 젊음은 보다 성숙한 아름다움으로 빛을 발하는 것이다. **스마일스**

2월 19일

사랑을 간직하게 하소서

우리가 사랑함은 그가 먼저 우리를 사랑하셨음이라. 요한일서 4:19

그때 나는 무엇을 당신께 드릴까요
살아온 길을 뒤돌아보면
눈물밖에 드릴 것이 없는데

당신이 나를 사랑한다는 그 말씀
엄청난 은총에
평생을 나눔이 되고자 합니다

나의 삶 동안
한 발자국 한 발자국 걸어 설 때마다
사랑을 간직하게 하소서

나의 심장이 마지막 뛸 순간까지
잊지 않게 하소서
사랑한다는 그 말씀에
나의 삶이 넘칩니다

나는 전 세계를 나의 교구로 보며 어느 곳이든 복음을 듣기 원하는 사람들에게 복음을 전파하는 것이 나의 귀한 의무라고 생각한다. **존 웨슬리**

2월 20일

변화의 날

너희의 믿음의 역사와 사랑의 수고와 우리 주 예수그리스도에 대한 소망의 인내를 우리 하나님 아버지 앞에서 쉬지 않고 기억함이니 하나님의 사랑하심을 받은 형제들아 너희를 택하심을 아노라. 데살로니가전서 1:3-4

그리스도인은 삶 속에서 변화가 일어난 사람입니다. 그 변화는 인격적인 감화나 지식적·물질적인 것이 아닙니다. 성령의 강권적인 인도하심의 변화입니다. 바로 거듭남의 체험입니다. 그리스도인들이 물과 성령으로 거듭나는 체험입니다.

땅의 것만을 추구하던 삶에서 하늘의 것을 소유하게 된 것입니다. 예수 안에 살게 된 기쁨은 누구에게나 말할 수 있고 누구에게나 전할 수 있는 기쁨입니다. 그리스도인은 하나님이 늘 함께하심을 체험하는 사람입니다. 그의 삶에는 반드시 증거와 응답이 있습니다. 왜냐하면 하나님이 함께하는 사람, 곧 믿음의 사람이기 때문입니다.

사람들에게는 변화의 날이 필요합니다. 옛것이 지나가고 새것이 되었다는 믿음의 표현과 고백이 필요합니다. 새 술은 새 부대에 담아야 합니다. 변화되지 않고서는 예수 안에서 새로운 기쁨을 깨달을 수 없고 체험할 수 없습니다. 예수그리스도를 전할 수도 없습니다. 체험 없는 신앙은 예수그리스도를 삶 속에서 나타내지 못합니다. 사람들은 누구나 변화의 날이 분명히 있어야 합니다.

여행과 변화를 사랑하는 사람은 생명이 있는 사람이다. **바그너**

2월 21일

행복과 불행

이제 인내와 안위의 하나님이 너희로 그리스도 예수를 본받아 서로 뜻을 같게 하여주사 한마음과 한입으로 하나님 곧 우리 주 예수그리스도의 아버지께 영광을 돌리게 하려 하노라. 로마서 15:5-6

하나님께서는 우리의 지금 있는 모습 그대로를 사랑합니다. 그러므로 주님과 함께 있으면 행복해지는 것입니다. 우리에게 아무것도 없다고 느낄 때면 하나님께서 우리에게 주신 것들을 생각하면 됩니다. 하나님께서 참으로 많은 것을 선물하셨습니다. 우리가 부르면 언제나 들어주시고 응답해주셨습니다. 행복과 불행은 그 사람의 얼굴과 행동에서 나타납니다. 행복한 사람은 얼굴이 밝습니다. 그러나 불행한 사람은 얼굴이 어둡고 매사에 불평과 투정만 있을 뿐입니다. 지금 이 순간 우리의 귀에 아무 소리도 들리지 않지만 하나님은 함께해주십니다. 하나님은 우리를 위해 일하고 계십니다. 우리는 그분께 감사하며 늘 순종하며 살아가야 합니다.

행복이란? 스스로 만족하는 데 있다. 남보다 나은 점에서 행복을 구한다면 영원히 행복을 얻지 못할 것이다. 왜냐하면 누구든지 남보다 한두 가지 나은 점이 있지만 열 가지 모두 남보다 뛰어날 수는 없기 때문이다. **알랭**

3월 24일

예배는 그리스도인의 의무

너희 권능 있는 자들아 영광과 능력을 여호와께 돌리고 돌릴지어다.
여호와의 이름에 합당한 영광을 돌리며 거룩한 옷을 입고 여호와께
경배할지어다. 시편 29:1-2

예배란 무엇입니까? 예배는 바로 존경, 찬양, 찬사, 또는 하나님께 영광을 드리는 것을 의미합니다. 우리는 성경대로 바른 예배를 드려야 합니다. 예배는 아무나 드리는 것이 아닙니다. 예수그리스도의 이름으로 구원받은 사람들만이 진실한 예배를 드릴 수 있습니다. 예배는 우리의 삶의 핵심입니다. 하나님이 받으시고 기뻐하시는 예배를 드리는 사람이 바로 구원받은 사람들입니다. 우리의 예배는 두 가지로 나눌 수 있습니다. 하나는 하나님이 받으시는 예배와 하나님이 받지 않으시는 예배입니다. 하나님께서 받지 않으시는 예배는 거짓 신들에 대한 예배와 그릇된 태도로 드리는 예배입니다.

　하나님께서는 어떤 예배를 받으시겠습니까? 하나님께 예배를 드린다는 것은 하나님을 온전히 경배하는 것입니다. 예배는 그리스도인의 의무입니다.

우리에게는 하나님을 크게 바라보는 시야가 필요하다. 예배드릴 때 그 일은 가능하다. 하나님께 '거룩, 거룩, 거룩'이라는 찬양을 드릴 때 우리의 시야는 넓어질 것이다. **맥스 루케이도**

3월 25일

신앙의 변화가 있어야 합니다

우리 구주 하나님의 자비와 사람 사랑하심을 나타내실 때에 우리를 구원하시되 우리의 행한 바 의로운 행위로 말미암지 아니하고 오직 그의 긍휼하심을 좇아 중생의 씻음과 성령의 새롭게 하심으로 하셨나니. 디도서 3:4-5

우리가 자신을 확증하기 위해서는 신앙의 변화가 있어야 합니다. 죄악의 삶에서부터 성령의 역사하심을 통해 예수그리스도의 보혈의 역사를 체험해야 합니다. 자신을 다듬고 가꿀 때 하나님 앞에서 정직해야 되는 것입니다. 자신의 삶이 복음으로 변화되고 예수그리스도 안에서 살기로 작정한 사람들은 모든 일을 통해 하나님께 영광 돌리기를 원합니다. 왜냐하면 이 세상에서 구원받는 기쁨을 체험하는 것보다 놀라운 기쁨은 없기 때문입니다.

변화하는 것은 성숙하는 것이며, 성숙하는 것은 우리 자신을 끝없이 창조하는 것이다. **앙리 베르그송**

3월 26일

기도는 하나님의 약속입니다

여호와여 내가 깊은 데서 주께 부르짖었나이다. 주여 내 소리를 들으시며 나의 간구하는 소리에 귀를 기울이소서. 시편 130:1-2

기도는 우리의 생명 줄이며, 주님의 삶의 모습이며, 하나님의 약속입니다. 우리가 기도하지 않고 성령 충만함을 받기를 원하지 않는 것은 하나님의 뜻을 저버리는 것과 같습니다. 하나님을 믿는 사람, 예수그리스도를 구주로 영접한 하나님의 사람들은 분명히 기도하는 삶을 살아갈 것입니다. 그리고 하나님이 분명히 응답하셔서 성령 충만함을 주실 것입니다. 우리가 성령 충만 속에 살기를 원한다면 기도해야 합니다. 수많은 그리스도인의 변화된 삶은 그들의 힘 있고 강력한 기도 속에 이루어지고 있음을 확신할 수 있습니다.

우리의 기도는 하나님께서 영광을 받으시고 주님은 우리 속에 역사하여 하나님의 일을 하시게 하는 것입니다. 주님으로 하여금 우리 속에 일하시게 하지 않는 그리스도인은 무능한 것입니다. 우리가 기도하면 성령 충만함을 주실 것이라는 것을 믿어야 합니다. 성령 충만은 끊임없이 기도하는 그리스도인에게 역사합니다.

기도가 얼마나 강력한 것이며 또 어떤 영향을 미칠 수 있는지를 경험해보지 않고 기도의 능력과 그 영향력을 믿을 수 있는 사람은 아무도 없다. **마르틴 루터**

3월 27일

그리스도인의 생활 표준

나의 구원과 영광이 하나님께 있음이여 내 힘의 반석과 피난처도 하나님께 있도다. 시편 62:7

그리스도인의 생활 표준은 어떠해야 합니까?

첫째, 하나님께 영광을 돌리는 일을 해야 합니다. 하나님께 우리의 몸과 마음으로 영광을 돌려야 합니다. 우리의 몸은 하나님이 값 주고 산 것입니다. 그러므로 거룩한 제사로 드리는 것이 그리스도인들이 드리는 영적인 예배가 되는 것입니다. 내가 가진 물질도 하나님의 축복으로 온 것으로 알고 물질로 하나님께 영광을 돌려야 합니다.

둘째, 모든 사람의 걸림돌이 되지 말아야 합니다. 누구에게든지 상처 주는 일을 피해야 합니다. 그러기 위해서는 말을 조심해야 하고 행실을 바르게 해야 합니다.

셋째, 남에게 유익을 주는 생활을 해야 합니다. 그리스도인들은 서로 짐을 나눠 지며 다른 사람의 유익을 위해 자신을 희생하는 도리를 깨달아야 합니다. 희생이 없이는 복음을 전할 수 없습니다. 예수그리스도는 자기를 희생함으로써 우리에게 본을 보이셨습니다. 우리의 생활 속에 그리스도의 빛을 나타내기 위해 밝은 그리스도인의 삶을 살아야 합니다.

그리스도인의 길이 너무 힘든 것이라고 하더라도 그 길을 가는 데 있어서나 목표에 있어서 모두 기쁨의 길이다. **바클레이**

성도들의 경건 생활

> 너희도 성령 안에서 하나님의 거하실 처소가 되기 위하여 예수 안에서 함께 지어져 가느니라. 에베소서 2:22

그리스도인에게는 홀로 있는 조용한 시간이 필요합니다. 혼자 있는 시간에는 아무런 가면을 쓸 필요가 없습니다. 사람들과 어울려 살 때는 괜히 욕심을 부리고 과장을 합니다. 그러나 다른 사람의 눈치를 볼 필요가 없는 정직한 나 혼자만의 시간에 참된 신앙은 시작됩니다.

성도들의 경건 생활은 다섯 가지에서 이루어집니다.

첫째, 언어입니다.

둘째, 행실입니다.

셋째, 사랑입니다.

넷째, 믿음입니다.

다섯째, 정절입니다.

나무를 보고 숲을 보지 않는 것은 흔히 있는 일이다. 이와 마찬가지로 넓은 범위를 보는 것에 정신이 팔려 미래의 이익에만 시선을 빼앗기고 있으면 지금 모처럼 손아귀에 들어와 있는 기회는 고사하고 당장 손에 잡힌 이익조차 볼 수 없게 된다. 인생은 그렇지 않아도 짧은데 시간을 낭비한다면 더욱 짧아진다. **새뮤얼 존슨**

3월 29일

하나님이 기뻐하시는 믿음

이 율법 책을 네 입에서 떠나지 말게 하며 주야로 그것을 묵상하여 그 안에 기록된 대로 다 지켜 행하라. 그리하면 네 길이 평탄하게 될 것이며 네가 형통하리라. 여호수아서 1:8

하나님이 기뻐하시는 믿음은 어떤 믿음입니까? 믿음은 머물러 있거나 서 있는 것이 아니라 움직이는 것입니다. 퇴보가 아니라 전진입니다. 바라는 실상을 향해 끊임없이 도전하는 것이 산 믿음입니다. 믿음은 철저한 자기 부정입니다. 자신을 철저하게 부정하지 않는 이상 하나님의 전능하신 능력을 기대할 수 없습니다. 자신의 부족함을 인정하고 자신이 죄인임을 깨달을 때 하나님의 위대하심과 거룩하심이 시인되는 것입니다.

믿음은 신뢰하는 것입니다. 다시 말하면 의심 없이 믿는 것입니다. 믿음이 성장하기를 원한다면 거기에는 우리가 반드시 지켜야 할 규칙이 있습니다. 기꺼이 큰 믿음을 가지는 것입니다. 우리가 가지고 있는 믿음을 사용하는 것입니다. 우리의 삶은 우리가 하나님을 어디에 모시느냐에 달려 있습니다. 우리가 날마다 하나님의 뜻에 순종하며 살아간다면 우리의 믿음은 성장할 것입니다.

경험보다는 믿음이 진리를 더 빨리 파악한다. **칼릴 지브란**

3월 30일

성경은 하나님의 살아 있는 말씀

> 요한은 하나님의 말씀과 예수그리스도의 증거 곧 자기의 본 것을 다 증거하였느니라. 이 예언의 말씀을 읽는 자와 듣는 자들과 그 가운데 기록한 것을 지키는 자들이 복이 있나니 때가 가까움이라. 요한계시록 1:2-3

매일의 식사가 우리의 육체에 영양을 공급하는 것같이 날마다 성경을 읽는 것은 우리의 영혼에 영양을 공급합니다. 우리는 규칙적으로 식사를 해야 한다는 것을 잘 알고 있습니다. 식사를 불규칙적으로 하면 영양 균형을 잃어버립니다. 육체가 그 기능을 정상적으로 유지하기 위해서는 규칙적인 식사가 요구되는 것과 같이 영적인 인간은 하나님의 말씀을 규칙적으로 읽어야 합니다.

어떤 교육가는 "필기를 반복하지 않으면 아무것도 배울 수가 없다"라고 했습니다. 성경을 읽다가 특별한 말씀을 발견하면 펜으로 기록하십시오. 이 기록은 나중에 다시 읽을 때 편리할 뿐 아니라 머리에 뚜렷하게 기억되도록 도움을 줄 것입니다. 성경을 읽으려면 성경 목록에서 한 부분을 택해 그 전체를 읽는 것이 좋습니다. 성경은 하나님의 살아 있는 말씀이므로 마음에 새기기 위해서는 반복해서 읽는 것이 좋습니다. 생활 속에서 성경 말씀이 절실하게 필요할 때는 가장 절실히 필요한 부분부터 읽는 것도 좋습니다. 성경을 암송하면 하나님의 뜻을 발견하고 생활 속에서 적용하기가 좋습니다.

성경은 사람에게 완전한 인생을 지도해주는 인도자다. 그것은 영적 식물의 근원이요, 선량한 생활로 인도하는 영감이다. **에드거 후버**

3월 31일

우리를 유혹하는 것들

만물의 마지막이 가까웠으니 그러므로 너희는 정신을 차리고 근신하여 기도하라. 무엇보다도 열심히 서로 사랑할지니 사랑은 허다한 죄를 덮느니라. 베드로전서 4:7-8

우리를 유혹하는 친구가 있습니까?

그 친구를 멀리하시기 바랍니다

우리를 유혹하는 책이 있습니까?

그 책을 멀리하시기 바랍니다

우리를 유혹으로 인도하는 사업이 있습니까?

그 사업을 멀리하시기 바랍니다

우리를 유혹하는 오락이 있습니까?

그 오락을 멀리하시기 바랍니다

무엇이든지 언제든지 어디서든지

우리를 유혹으로 인도하는 것을 멀리해야 합니다

유혹을 뿌리치는 단 한 가지 방법은 단호하게 "아니"라고 말하는 것이다. 이거저거 저울질하며 어느 쪽을 택할 것인가 망설여서는 안 된다. 실제로 우물쭈물 망설이다가 결단의 기회를 놓쳐버리는 경우가 얼마나 많은가. **스마일스**

4월
April

부활의 주님

그리스도를 죽음에서 일으킨 능력 또한 그리스도인 속에서 활동한다. 부활은 계속되는 작업이다. 모리스

4월 1일

예수그리스도의 생애

우리가 아직 죄인 되었을 때에 그리스도께서 우리를 위하여 죽으심으로 하나님께서 우리에게 대한 자기의 사랑을 확증하셨느니라. 로마서 5:8

이 땅에 우리의 시간 속에 오신 예수그리스도의 모든 삶은 하나님과 인간에 대한 사랑의 찬양입니다. 그의 십자가의 죽으심은 사랑의 절정의 표현입니다. 예수그리스도의 십자가의 죽으심이야말로 하나님의 사랑을 완전히 나타낸 모습이라고 말할 수 있습니다. 십자가에 달리신 예수그리스도의 모습을 자기 안에 새겨 넣는 그리스도인이라면 그는 자신의 삶을 영원의 구원에로 시야를 넓힌 사람입니다.

십자가에서 운명하실 때 주님은 바로 우리에게 하나님의 아들이 어떤 분이신가를 보여주셨습니다. 자기를 아끼지 않고 내어주며 완전한 신뢰로써 모든 영광을 하나님 아버지께 돌려드림으로 하나님 아버지의 마음과 온전히 하나가 된 무한한 사랑의 모습이었습니다.

우리를 예수께로 인도해주는 것은 하나님의 사랑입니다. 그리고 날마다 우리를 지탱해주는 것도 하나님의 사랑입니다. 하나님의 사랑은 예수그리스도의 생애를 통해 너무도 잘 표현되었습니다. 우리는 예수그리스도의 탄생, 인격, 가르침, 삶, 죽음, 부활을 통해 완벽하고 완성된 하나님의 사랑을 알 수 있습니다.

나는 예수의 일생을 통해서 사실을 직면하게 하신, 그리고 인생의 참전쟁에서 나의 의무를 완수하게 하신 하나님께 감사한다. **헨리 벤 다이크**

4월 2일

부활과 영생으로 통하는 소망의 문

> 저희가 예수를 맡으매 예수께서 자기의 십자가를 지시고 해골(골고다)이라 하는 곳에 나오시니 저희가 거기서 예수를 십자가에 못 박을새 다른 두 사람도 그와 함께 좌우편에 못 박으니 예수는 가운데 있더라. 요한복음 19:17-18

죄로 인해 인간이 파멸되어가는 것을 주의 깊게 보고, 비참한 그들을 구원하려는 예수그리스도의 사랑은 십자가의 진실한 호소 속에 명백히 드러나고 있습니다. 예수그리스도의 십자가의 죽음은 예수그리스도뿐만 아니라 모든 사람을 멸망에서 영생으로 이끄는 것입니다. 사람들을 사랑하는 마음이 있을 때 십자가는 출구 없는 막다른 골목이 아니라 부활과 영생으로 통하는 소망의 문이 되는 것입니다.

회개란 우리의 태도를 바꾸는 것입니다. 죄로부터 돌아서서 하나님께로 향하는 것을 말합니다. 옛 모습의 육적인 자아가 원하는 것을 물리치고 성령의 능력을 힘입어 주님 안에서 주님이 하시고자 하는 바를 따르는 것입니다. 예수그리스도의 사랑은 십자가에서 최후의 순간까지 흔들리지 않았습니다. 예수그리스도의 십자가는 우리의 죄를 용서해주기 위한 것입니다. 예수그리스도는 십자가를 단순히 개인적인 체험으로 받아들인 것이 아니라 사람들을 구원하는 길임을 우리에게 보여주신 것입니다. 우리를 구원하는 이 사건만이 우리에게 길이 되고 생명이 되는 유일한 사건입니다.

우리가 하나님과 자연으로부터 받은 최고의 것은 생명이다. 이 생명을 애호하며 보육하려는 본능은 각자가 나면서부터 가지고 있는 것이므로 깨뜨리기가 어렵지만 생명 그 자체의 본질은 역시 하나의 신비임에 틀림없다. **괴테**

4월 3일

이 세상에서 가장 위대한 것

> 그 기쁘신 뜻대로 우리를 예정하사 예수그리스도로 말미암아 자기의 아들들이 되게 하셨으니 이는 그의 사랑하시는 자 안에서 우리에게 거저 주시는 바 그의 은혜의 영광을 찬미하게 하려는 것이니라. 에베소서 1:5-6

우리를 향하신 하나님의 초자연적인 사랑은 주님께서 우리 죄를 위해 십자가에 죽으심으로 궁극적으로 나타났습니다.

아가페 사랑은 대상이 사랑할 만한 가치가 있어서라기보다는 사랑하는 사람의 인격 그 자체를 사랑하는 것으로, 어떻기 때문에 사랑하는 것이 아니라 어떠함에도 불구하고 사랑하는 것입니다. 사랑이란 자기가 상처를 입을 것을 각오해야 하며 자기를 포기할 각오를 하지 않으면 성장하지 못하는 것입니다.

이 세상에서 가장 위대한 것은 무엇입니까? 성경은 하나님의 사랑이라고 대답하고 있습니다. 하나님의 사랑과 힘을 오관으로는 확인할 수 없다 하더라도 바로 내 위에, 나의 내면에 역사하고 계신다는 깊은 확신을 가지십시오. 그리고 하나님을 향해 확고하게 자신을 맡긴다면 하나님의 사랑을 깊이 느끼게 될 것입니다.

위대한 사람은 단번에 그와 같이 높은 곳에 뛰어오른 것이 아니다. 많은 사람이 밤에 단잠을 잘 때 그는 일어나서 괴로움을 이기고 일에 몰두했던 것이다. 인생은 자고 쉬는 데 있는 것이 아니라 한 걸음 한 걸음 걸어가는 속에 있다. 성공의 일순간은 실패했던 몇 년을 보상해준다.
로버트 브라우닝

십자가의 가치

> 그가 찔림은 우리의 허물을 인함이요 그가 상함은 우리의 죄악을 인함이라. 그가 징계를 받음으로 우리가 평화를 누리고 그가 채찍에 맞음으로 우리가 나음을 입었도다. 이사야서 53:5

우리가 언제나 행복하기만을 원하고 그 속에 안주하기만을 원한다면 예수그리스도의 십자가의 가치를 이해할 수 없을 것입니다. 십자가의 가치를 이해하기 위해서는 가치관의 전환이 필요합니다.

세상이 약속하는 행복에만 눈을 돌리고 있으면 십자가는 매력 있는 것이 되지 못합니다. 세상이 보여주는 달콤한 꿈을 계속 지니고 있는 한 십자가의 심오한 진리를 결코 알 수가 없습니다. 십자가의 가치는 참으로 놀라운 것입니다. 예수그리스도의 보혈로 우리의 죄가 용서되었고 구원받았기 때문입니다. 자신의 삶 속에서 기꺼이 십자가를 지고 가면서 담대하게 죽을 각오가 되어 있는 그리스도인만이 진정한 예수그리스도의 제자로서 그 책임과 역할을 다할 수 있습니다.

우리의 모든 것은 십자가 위에 있습니다. 하루하루의 날들이 십자가 위에서 사라지지 않는다면 새로운 생명과 평화를 얻지 못할 것입니다.

예수는 하늘의 왕국을 사모하는 많은 친구를 가지고 있지만 그 십자가를 지려는 동료는 별로 없다. **토마스 켐피스**

4월 5일

고독한 생애

그때에 너희는 그리스도 밖에 있었고 이스라엘 나라 밖의 사람이라 약속의 언약들에 대하여 외인이요 세상에서 소망이 없고 하나님도 없는 자이더니 이제는 전에 멀리 있던 너희가 그리스도 예수 안에서 그리스도의 피로 가까워졌느니라. 에베소서 2:12-13

그는 어느 시골 여인의 아들로 태어나
이름 없는 동네에서 자랐습니다
그곳에서 그는 30세가 될 때까지
목공소의 목수로 일했습니다
그 후 3년 동안 그는 떠돌이 설교자였습니다
그는 결단코 책을 한 권도 쓰지 않았습니다
그는 결코 관직을 취하지도 않았습니다
그는 결코 큰 도시에 나가지도 않았습니다
그는 그가 태어난 곳으로부터 2백 마일 이상을
벗어난 적도 없었습니다
그는 일반적으로 위대하다고 할 만한 그 어떤 일도 하지 않았습니다
그는 신임장도 없었고 단지 그 자신 홀로였습니다

고독한 자가 말하기를 사람은 고독에 따르는 많은 권태, 기분 나쁨, 지루함의 보수로 자기와 자연에 깊이 침잠하는 시간을 갖는다. 지루함에 대해서 완전히 보루를 쌓는 자는 자기 자신에 대해서 보루를 쌓는 것이다. 자기의 가장 속 깊은 샘에서 솟아나는 가장 힘을 돋우는 생명의 물을 그는 절대로 마시지 않을 것이다. **니체**

4월 6일

주님을 만나는 놀라운 체험

위에 것을 생각하고 땅에 것을 생각지 말라. 이는 너희가 죽었고 너희 생명이 그리스도와 함께 하나님 안에 감취었음이라. 우리 생명이신 그리스도께서 나타나실 그때에 너희도 그와 함께 영광 중에 나타나리라. 골로새서 3:2-4

예수그리스도는 이 땅에 육신을 입고 오셨습니다. 예수그리스도께서 우리의 죄를 담당하시려면 인간으로 오셔야만 했기 때문입니다. 주님이 이 땅에 오셔서 우리와 함께 되셨습니다. 그러나 주님은 완전한 하나님이십니다. 주님은 오직 세상 죄를 담당할 유일한 어린이시며 제물이셨습니다.

마르틴 루터는 이렇게 말했습니다. "만일 그리스도가 진정한 아들이 아니시라면 우리는 절망이다. 만약 단지 당신과 나와 같은 인간에 불과하다면 예수그리스도의 고난과 죽음이 나에게 무슨 유익이 있겠는가. 그렇다면 그는 죄와 사탄과 사망을 이길 능력이 없을 것이다. 그는 악마와 죽음에 대해서는 너무나 약할 것이며 우리를 도울 수 없을 것이다."

그리스도인들은 짐을 서로 나눠 지며, 타인의 유익을 위해 자기를 희생하는 도리를 깨닫지 못하고서는 복음을 전도할 수가 없습니다. 예수그리스도는 희생으로써 우리에게 본을 보이셨습니다. 우리는 그리스도의 빛을 나타내기 위해 바른 그리스도인의 삶을 살아야 합니다. 주님을 만나는 놀라운 체험을 해야 합니다. 이것이 최고의 축복입니다.

예수 이상으로 세계의 마음을 많이 지배한 자는 없다. 다른 신들은 숭배의 대상일 뿐 예수보다 더 경건하게 사랑받은 존재는 없다. **존 녹스**

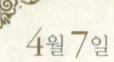
4월 7일

새 생명을 얻는 구원의 길

모든 사람이 죄를 범하였으매 하나님의 영광에 이르지 못하더니 그리스도 예수 안에 있는 구속으로 말미암아 하나님의 은혜로 값없이 의롭다 하심을 얻은 자 되었느니라. 로마서 3:23-24

예수그리스도 우리 주님은 "사람이 떡으로만 살 것이 아니요, 하나님의 입으로 나오는 모든 말씀으로 살 것이라"라고 말씀하셨습니다. 그리스도인은 기도할 때 영이 새로워지고 거룩해집니다. 우리가 믿음의 삶을 살아간다는 것은 우리 영혼이 하나님과 사귐을 갖는다는 뜻입니다.

죄악은 하나님과 사귐을 끊어버리는 것입니다. 이것은 하나님의 사랑에 대한 결핍을 가져오고 하나님의 관심에서 자꾸만 멀어지게 합니다. 그 결과는 비참하게도 헤어나올 수 없는 인간적인 고독에 빠지게 되며 절망 후에는 사망이 찾아오게 되는 것입니다. 예수를 믿고 새 생명을 얻는 구원의 길이 곧 사망을 이기는 길, 죄는 씻는 일, 용서를 받는 길입니다. 주님이 우리의 죄악을 용서하시기 위해 지신 십자가의 사랑을 깨닫고 기도할 때 행복한 그리스도인의 삶을 살 수 있습니다. 죄악을 용서받은 기쁨을 깨달을 수 있습니다.

그리스도는 하나님께서 우리의 죄를 처리하시기 위해 주신 유일한 해결책이다. 우리는 오직 그리스도를 통해서만 용서받을 수 있다. **찰스 스탠리**

예수그리스도의 부활

> 누가 정죄하리요 죽으실 뿐만 아니라 다시 살아나신 이는 그리스도 예수시니 그는 하나님 우편에 계신 자요 우리를 위하여 간구하시는 자시니라. 로마서 8:34

예수그리스도는 부활하셨습니다. 이는 엄청난 소식이며 기쁨의 소식입니다. 토머스 왓슨은 "우리는 아침에 침대에서 일어나는 것보다 부활 때에 무덤에서 일어나는 것을 분명히 확신해야 한다"라고 말했습니다. 예수그리스도의 부활은 부인할 수 없는 역사적 사실입니다. 예수그리스도의 부활은 시간과 공간의 제한을 받는 승리가 아니라 영원한 승리입니다. 예수그리스도는 패망하지 않고 승리하시는 구원자이십니다. 예수그리스도의 부활은 그리스도인과 모든 사람에게 큰 의미를 줍니다. 왜냐하면 우리가 다시 살아나신 예수그리스도를 믿으면 다시 사신 예수그리스도와 교통할 수 있으므로 우리도 승리할 수 있기 때문입니다.

예수그리스도의 부활을 확신하는 그리스도인은 산 소망을 가진 사람들입니다. 우리의 육체도 죽음의 잠에서 깨어나 영원히 부활할 것입니다. 우리는 잠자고 있는 자들의 첫 열매가 되신 예수그리스도의 부활을 믿음으로 받아들여야 합니다. 그리고 이 놀라운 복음을 전해야 합니다.

복음이 부활을 실증하는 것이 아니라 부활이 복음을 실증해준다. 이는 신앙의 부속물이 아니요, 신앙이요, 믿음이다. **존 웨일**

4월 9일

예수그리스도는 참된 구원자

예수께서 가라사대 나는 부활이요 생명이니 나를 믿는 자는 죽어도 살겠고 무릇 살아서 나를 믿는 자는 영원히 죽지 아니하리니 이것을 네가 믿느냐. 요한복음 11:25-26

예수그리스도께서 죽은 지 나흘이나 되어 썩어 냄새가 나는 나사로를 향해 무덤에서 나오라고 부르시는 이때의 모습은 예수그리스도의 생애 가운데 장엄한 순간 중 하나입니다. 만약에 예수그리스도께서 나사로를 부활시키는 데 실패하셨다면 조롱과 모멸의 소문이 꼬리에 꼬리를 물었을 것입니다. 그러나 예수께서는 거기 모여 있는 모든 사람이 바라보고 있는 그때에 이미 죽은 나사로가 그의 명령을 듣고 나온다는 사실을 알 수 있도록 "나사로야! 나오너라!" 하고 큰 소리로 확연하게 말씀하셨습니다.

예수그리스도는 죽음의 주관자이며 생명의 수여자이심을 그곳에 있는 모든 사람에게 보여주신 겁니다. 우리는 예수그리스도의 당당히 승리하시는 모습에서 참으로 감격할 수 있습니다. 예수그리스도는 참된 구원자이십니다. 세상의 구세주이신 예수그리스도가 우리의 삶 속에 오늘도 함께 계십니다.

인류의 구원은 하나님의 절대적인 의지와 목적을 따라 정한 것이다. **장 칼뱅**

4월 10일

기도는 사랑의 응답

> 우리 하나님과 주 예수그리스도의 은혜대로 우리 주 예수의 이름이 너희 가운데서 영광을 얻으시고 너희도 그 안에서 영광을 얻게 하려 함이니라. 데살로니가후서 1:12

기도는 진리 안에서 그대의 삶을 매우 자유롭게 해줍니다
기도는 그대에게 삶에 대한 새로운 안목을 열어줄 것입니다
기도는 그대에게 하나님의 사람으로서
그분의 뜻을 이루는 기쁨이 무엇인지
그분이 인도하시는 놀라우신 축복을
어떻게 감사해야 하는지를 알게 해줄 것입니다
그대가 기도하는 순간 영혼의 호흡이
하늘과 땅 사이를 이어줄 것입니다

기도는 끊임없이 쏟아져 나오는 사랑의 응답이며, 모든 영혼을 인도하시는 하나님과 사귀는 길이다. **스티어**

4월 11일

이 세상을 안을 수 있는 사람

> 종말로 형제들아 우리가 주 예수 안에서 너희에게 구하고 권면하노니 너희가 마땅히 어떻게 행하며 하나님께 기쁘시게 할 것을 우리에게 받았으니 곧 너희 행하는 바라. 더욱 많이 힘쓰라. 데살로니가전서 4:1

사람들에게 있어서 크나큰 불행이 하나 있습니다. 그것은 하나님께서 베풀어주시는 사랑을 믿으려 하지도 않고 그 사랑에 참여도 하지 않으려고 하는 것입니다. 그들은 자기 자신을 모든 것의 중심으로 삼고 자신이 원하는 이익만을 위해 살고자 합니다.

이와 같은 사람들은 살아 있지만 죽은 것과 같습니다. 왜냐하면 하나님의 사랑만이 영원한 생명이기 때문입니다. 그리고 이 사랑은 바로 그리스도를 믿음으로 생기는 것입니다. 하나님은 사랑 바로 그 자체이십니다. 그러나 그 안에 거하지 아니하면 사랑의 힘을 발휘하지 않으십니다. 가장 중요한 삶의 순간에 더욱 그러합니다.

우리가 그리스도인이라면 이 세상을 안기 위해 기도하며 복음 전파에 열심을 다해야 합니다. 승리를 하기 위한 투쟁 속에 십자가의 아름다움이 살아 있는 것입니다. 그리스도인은 이미 구원의 길을 걷고 있는 사람입니다. 그리스도인은 하나님의 가족에 속한 사람이며 예수그리스도의 식탁에 참여하고, 하나님께서 주신 믿음의 눈으로 삶을 바라보고, 예수의 온유하고 겸손한 사랑의 마음으로 이 세상을 안을 수 있는 사람입니다.

세상은 위험으로 가득 찬 곳으로 보인다. 세인들은 위험을 무릅쓰지 않고, 사람들의 관심을 끌지 않는 것이 더 안전하다는 사실을 터득해버렸다. 혹은 분노나 적개심에 사로잡혀 있어 꿈을 추구할 의지가 파고들 자리가 없다. **마이클 린버그**

4월 12일

하나님의 미소

> 사람아 주께서 선한 것이 무엇임을 네게 보이셨나니 여호와께서 네게 구하시는 것이 오직 공의를 행하며 인자를 사랑하며 겸손히 네 하나님과 함께 행하는 것이 아니냐. 미가서 6:8

성령을 중심으로 한 두 가지 역사 중에 하나는 능력이요, 다른 하나는 확신입니다. 우리는 이 시간 우리의 삶을 바라보시는 하나님의 미소를 느껴야 합니다. 이 시간 하나님의 미소를 느끼면 우리에게 편안히 다가오시는 하나님의 섭리를 깨달을 수 있습니다.

평안 속에 우리에게 쏟아 부어주시는 하나님의 가열한 은혜를 체험해야 합니다. 하나님께서는 우리를 사랑하시기에 우리가 강하고 담대한 그리스도인의 삶을 살기를 원하십니다. 그런 삶을 살아가야 아직도 예수그리스도를 믿지 않는 많은 사람에게 하나님의 사람의 참다운 삶의 모습을 보여줄 수 있습니다.

예수그리스도는 하늘로부터 온 세상의 빛입니다. 그 빛이 들어오면 어둠이 사라지고 복잡하던 것들이 질서를 찾습니다. 공허한 삶이 풍성한 축복으로 가득 채워집니다. 하나님의 임재를 느낄 때 우리는 그리스도의 빛을 비추는 사명을 잘 감당하게 됩니다.

고달픈 사람은 미소로 숨을 고르고 풀이 죽은 사람은 미소로 기운을 되찾는다. 미소는 돈 주고 살 수 없다. 빌려다 쓸 수도 없다. 그렇다고 훔쳐 올 수도 없다. 나누어주고 선사해야만 값어치가 있다. 미소를 잃은 사람을 만나거든 너그러운 마음으로 그대의 미소를 전해주어라. **간디**

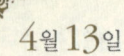
4월 13일

대화의 기적

> 우리가 우리 하나님 앞에서 너희로 인하여 모든 기쁨으로 기뻐하니 너희를 위하여 능히 어떠한 감사함으로 하나님께 보답할꼬 주야로 심히 간구함은 너희 얼굴을 보고 너희 믿음의 부족함을 온전케 하려 함이라. 데살로니가전서 3:9-10

인간은 누구나 서로 간에 감정적인 대립을 가질 수가 있습니다. 안타깝게도 사랑한다고 하는 사람들끼리도 마음이 달라 대립하기도 합니다. 이러한 대립의 관계에서 헤어날 수 있는 길은 오직 대화입니다.

대화와 사랑의 관계는 피와 몸의 관계로 비교할 수 있습니다. 우리 몸에 피가 돌지 않으면 몸은 죽을 수밖에 없습니다. 사랑하는 사람도 대화가 끊기면 멀어지게 됩니다. 그러나 대화는 멀어진 관계에서도 살아날 수 있습니다. 이것이 대화의 기적입니다. 대화는 인간관계를 새롭게 열어주는 사랑의 힘이 있습니다. 대화는 모든 면에서 필요합니다. 개인적, 사회적, 경제적, 정치적, 국가적, 국제적인 관계에 필요한 것입니다. 우리는 대화로 말미암아 새로운 믿음 속에 하나님이 함께하심을 알게 됩니다. 기도는 바로 대화이기 때문입니다.

대화의 진짜 기술은 올바른 자리에서 올바른 내용을 말하는 것뿐 아니라, 잘못된 것을 말하고 싶은 유혹의 순간에 입을 다물고 있는 것이다. **도로시 네빌**

믿음은 날마다 성장해야 합니다

> 오직 성령의 열매는 사랑과 희락과 화평과 오래 참음과 자비와 양선과 충성과 온유와 절제니 이 같은 것을 금지할 법이 없느니라. 갈라디아서 5:22-23

그리스도인의 믿음의 삶은 날마다 성장해야 합니다. 예수그리스도를 영접하고 그리스도인이 된다는 사실에서 끝나면 안 될 것입니다. 날마다 말씀과 찬양과 기도 속에서 믿음이 성장하고 자라서 열매를 맺어야 생명력이 있습니다. 예수 안에서 믿음이 자라지 않는다면 그들은 분명히 예수그리스도로부터 점점 더 멀어지는 자신을 발견하게 될 것입니다. 우리는 예수그리스도의 충만하심까지 자라나야 합니다.

예수그리스도는 그와 함께한 사람들이 순종할 것을 원하셨습니다. 그들이 뛰어나게 명석해야 한다는 조건도 없었습니다. 단지 주님의 뜻에 따르기만 하면 되었습니다. 이러한 모습은 그들의 삶이 세상에서 구별되는 것입니다. 그들은 '예수의 제자들'이라고 불리웠습니다. 그리고 오순절 성령 역사 이후 그분을 따르는 사람들을 '그리스도인'이라 부르기 시작했습니다. 예수그리스도를 믿고 따르는 사람들은 누구나 그분의 인격을 닮아가게 됩니다.

인간을 만드는 것은 안락이 아니라 노력이요, 편리함이 아니라 곤경이다. 삶이란 곤경을 극복하면서 성숙해나가는 과정이다. 눈앞에 직면한 곤경을 극복하기 위해 대비하고 부딪치는 가운데 진정 지혜로운 인간으로 성장하는 것이다. **스마일스**

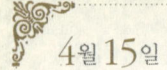
4월 15일

기도의 비결

> 종말로 형제들아 너희는 우리를 위하여 기도하기를 주의 말씀이 너희 가운데서와 같이 달음질하여 영광스럽게 되고 또한 우리를 무리하고 악한 사람들에게서 건지옵소서 하라. 믿음은 모든 사람의 것이 아님이라. **데살로니가후서 3:1-2**

기도의 비결은 바로 하나님께서 원하시는 것을 바라는 것입니다. 그것은 먼저 그의 나라와 그의 의를 구하는 것입니다. 그러므로 예수그리스도께서 강조하셨듯이 기도의 최우선 목표는 인간의 욕구를 채우는 것이 아니라 하나님의 이름을 거룩하게 하는 것입니다. 하나님의 나라가 임하여 그의 뜻이 하늘에서 이룬 것같이 땅에서도 이루어지도록 하는 것입니다. 영원토록 찬양받으시고 영광을 받으실 하나님의 뜻 안에서만 우리의 목적을 성취할 수 있습니다.

예수그리스도의 십자가의 보혈로 구원받은 우리가 주님의 이름으로 기도한다는 것은 그리스도인의 의무입니다. 우리는 예수그리스도의 이름을 믿고 기도해야 합니다. 믿음은 곧 기도의 생명과 같기 때문입니다. 기도는 어떤 시간, 어떤 장소에서든 구애받지 않고 드릴 수 있습니다. 우리가 기뻐할 때나 낙심할 때, 심지어 죄를 지었을 때에도 하나님을 아버지라고 부를 수 있다면 우리는 기도할 수 있습니다. 기도는 하나님께서 그의 자녀에게 주신 은혜이며 복입니다.

사람이 자기의 의견과 소원을 초월하여 자기의 마음을 향상시키고 자기의 주의를 하나님께 집중시키는 것이 기도의 제일 중요한 일이다. **어니스트 티틀**

구원의 길, 진리의 길로

너희 중에 누구든지 으뜸이 되고자 하는 자는 너희 종이 되어야 하리라. 인자가 온 것은 섬김을 받으려 함이 아니라 도리어 섬기려 하고 자기 목숨을 많은 사람의 대속물로 주려 함이니라. 마태복음 20:27-28

우리는 주님이 늘 우리를 생명의 길로 인도하심을 믿어야 합니다. 오직 주님만이 우리를 생명의 길, 구원의 길, 진리의 길로 인도하심을 믿어야 합니다. 우리를 사랑하시는 하나님은 우리를 손바닥에 새긴 듯 잊지 않고 계십니다. 불꽃 같은 눈으로 보호하시며 졸지도 주무시지도 않고 우리를 사랑으로 인도하십니다.

우리는 하나님을 찾아야 합니다. 그분은 우리를 만나기를 원하십니다. 아니, 그분이 우리를 먼저 찾으셨습니다. 우리는 마음의 문을 활짝 열고 하나님의 인도하심을 따르기만 하면 됩니다. 우리는 태어날 때 어머니의 피를 흘리게 했고, 죄를 용서받기 위해 예수그리스도의 피를 흘리게 했습니다. 사랑은 진정 아픔을 동반하고 있습니다. 사랑은 모든 것은 감싸줄 수 있는 능력이 있어야 합니다. 주님이 우리를 사랑하심에도 십자가의 고통이 있었습니다.

아픔을 사라지게 할 힘이 당신 자신 속에 있는지 조용히 정직한 목소리에 귀를 기울여봐라.
콜린 터너

4월 17일

진정한 행복은 주 안에 있습니다

이로써 그 보배롭고 지극히 큰 약속을 우리에게 주사 이 약속으로 말미암아 너희로 정욕을 인하여 세상에서 썩어질 것을 피하여 신의 성품에 참여하는 자가 되게 하려 하셨으니. 베드로후서 1:4

우리의 진정한 행복은 주 안에 있습니다. 우리가 복음을 듣고 예수그리스도를 영접하여 그분의 권세를 나타내는 삶을 살아가는 것은 놀라운 기회입니다. 이 기회를 놓쳐서는 안 됩니다. 하나님이 주신 기회를 잡으시기 바랍니다. 하나님께서는 우리 가운데서 역사하시는 능력대로 우리의 온갖 구하는 것이나 생각하는 것에 넘치도록 능히 하실 것입니다.

이 세상의 어떤 권세로도 하나님의 권세와 능력을 당해낼 수가 없습니다. 하나님은 전지전능하신 분이십니다. 하나님은 능력 그 자체이십니다. 우리는 분명하고 확실하게 하나님께서 시작하신 일에 믿음으로 화답할 준비가 되어 있어야 합니다. 우리가 하나님 앞에 무릎을 꿇고 온전하게 예배할 때가 가장 아름다운 성도의 모습일 것입니다.

우리는 누구입니까? 하나님의 자녀입니다. 예수그리스도의 권세가 우리의 권세입니다. 그러므로 우리가 할 수 있다고 믿으면 분명히 예수그리스도의 능력과 사랑을 통해 반드시 성공할 것입니다.

행복하려면 세속적인 욕망을 좇기보다는 집착과 욕망을 통제하고 타인에게 공정하며 쾌락을 절제하고 고난에 굴하지 않고 매사에 조심하는 법을 배워야 한다. **벤저민 프랭클린**

4월 18일

그리스도인의 바른 신앙관

> 여호와여 내게 응답하옵소서 내게 응답하옵소서 이 백성으로 주 여호와는 하나님이신 것과 주는 저희의 마음으로 돌이키게 하시는 것을 알게 하옵소서 하매 이에 여호와의 불이 내려서 번제물과 나무와 돌과 흙을 태우고 또 도랑의 물을 핥은지라. 열왕기상 18:37-38

신관이 뚜렷해야 합니다. 태초에 천지를 창조하신 하나님의 절대적인 주권을 인정해야 합니다. 가난한 자에게 자선을 베푸는 것으로, 청렴하고 거짓이 없는 것으로 만족하고 있다면 그것은 곤란합니다. 그것은 하나님의 절대성을 인정한 후에 있어야 하는 것입니다.

인간관이 분명해야 합니다. 강한 사람에게는 약하고 약한 사람에게는 강한 자가 가끔 있습니다. 그래선 안 됩니다. 아무리 약한 자라 해도 천하보다 귀하게 여겨 영적으로 유대 관계를 맺고 서로 어려움을 나누어야 합니다. 이것이 생활 속에 진실하게 나타날 때 바른 신앙이라고 할 수 있습니다.

소유관이 확실해야 합니다. 그 사람의 신앙 척도는 소유관의 옳고 그름에 달려 있습니다. 하나님을 상대적으로 생각하면 안 되는 것입니다. 자본주의 세상에서 물질주의가 되어버린다면 멸망의 길이 있을 뿐입니다. 우주의 충만한 모든 것을 우리 아버지 하나님의 것으로 믿을 때만이 생활 속에서 예수그리스도의 아름다운 향기가 진동할 것입니다.

그리스도인이란 그리스도가 생각하는 마음이며, 그가 사랑하는 가슴이고, 그가 말씀하는 음성이며, 그가 도와주는 두 손이다. **핍퍼트**

4월 19일

긍정적 사고

> 너의 평생에 너를 능히 당할 자 없으리니 내가 모세와 함께 있던 것 같이 너와 함께 있을 것임이라. 내가 너를 떠나지 아니하며 버리지 아니하리니 마음을 강하게 하라. 담대히 하라. 너는 이 백성으로 내가 그 조상에게 맹세하여 주리라 한 땅을 얻게 하리라. 여호수아서 1:5-6

긍정적 사고란 자신에게 활력을 불어넣는 자기와의 대화입니다. 운동선수나 연기자가 무대에 서기 전 자신을 다스리는 진정 효과와 비슷한 행위입니다. 아래의 예문을 되새기며 깊은 심호흡으로 자신을 세뇌해야 합니다.

1. 일이 시작되면 너무 즐겁습니다.
2. 신중하고 차분한 마음으로 일에 집중합니다.
3. 지금 하고 있는 일은 반드시 그 보상이 돌아오며 한번 해볼 만한 것입니다.
4. 시간 활용을 극대화하여 설정한 목표를 달성하겠습니다.
5. 늘 활력에 차 있어 힘이 넘치며 상쾌합니다.
6. 밝은 마음으로 늘 친절합니다.

생각의 꽃은 행동이며 기쁨과 고통은 생각의 열매다. 그 열매를 달고 풍성한 것으로 키울 것인지 볼품없고 쓴 것으로 만들 것인지는 모두 자신의 생각에 달려 있다. 꽃 피우고 열매 맺는 생각의 과수원이 바로 사람이다. **제임스 앨런**

4월 20일

물은 낮은 곳으로만 흐릅니다

그러므로 하나님의 능하신 손 아래서 겸손하라. 때가 되면 너희를 높이시리라. 베드로전서 5:6

물은 신비스럽습니다. 모양도 없고 냄새도 없습니다. 그런데 물은 0도에서 얼고 100도에서 증발합니다. 물은 자기 모양이 없습니다. 컵에 담으면 컵이 되고 사발에 담으면 사발이 되고 호수에 담으면 호수가 되고 강에 담으면 강이 되고 바다에 담으면 바다가 됩니다.

물은 모든 것을 수용합니다. 설탕을 타면 설탕물이 되고, 소금을 타면 소금물이 되고, 더러운 것을 섞으면 더러운 물이 되고, 빨간 물감을 타면 빨간 물이 되고, 노란 물감을 타면 노란 물이 됩니다.

물은 낮은 곳으로만 흐릅니다. 불은 높은 곳으로만 올라가려고 하지만 물은 낮은 자리만 찾아갑니다. 가장 낮은 자리가 물의 자리입니다. 물은 우리에게 삶의 모습을 보여줍니다.

교훈은 모래 위에 쓴 가르침으로 조수가 그 위를 한번 휩쓸고 지나가면 쓴 것이 모두 지워져 버린다. 모범은 반석 위에 새긴 글로서 그의 교훈은 결코 쉽게 지워지지 않는다. **윌리엄 엘러리 채닝**

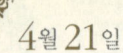
4월 21일

기도는 그리스도인의 삶입니다

> 믿음으로 말미암아 그리스도께서 너희 마음에 계시게 하옵시고 너희가 사랑 가운데서 뿌리가 박히고 터가 굳어져서 능히 모든 성도와 함께 지식에 넘치는 그리스도의 사랑을 알아 그 넓이와 길이와 높이와 깊이가 어떠함을 깨달아 하나님의 모든 충만하신 것으로 너희에게 충만하게 하시기를 구하노라. 에베소서 4:17-19

기도는 아름답고 바른 마음으로 해야 합니다. 기도는 우리 영혼의 성실한 욕망입니다. 우리 가슴속에 떨고 있는 숨겨진 불꽃 운동입니다. 마이크 클라크는 "나는 전쟁 중에도 매일 성경을 읽고 기도했다"라고 했습니다.

기도는 곧 그리스도인의 삶입니다. 하나님의 자녀들은 어떠한 상황에서도 기도하는 삶을 살아가야 합니다. 그것이 하나님께서 바라시는 삶이기 때문입니다. 우리는 기도하며 하나님의 목적을 위해 살아야 합니다. 기도의 참의미는 자신의 힘을 겸손히 쓰는 일이며, 모든 일을 저 멀리 보는 눈을 가지고 이미 시작한 어리석은 일은 끊고 오로지 하나님의 인도하심을 의뢰하는 것입니다. 진정한 기도는 환경도 죽음도 이기는 것입니다. 기도할 수 있다는 것은 하나님으로부터 받은 은총이며 하나님께 자신을 드리는 것입니다. 기도하는 사람은 하나님의 사랑을 알고 또 자신이 하나님으로부터 사랑을 받는다는 사실을 알고 있는 사람입니다.

하나님이 기도에 응답하지 않는다고 느껴질 때조차도 우리가 기도하는 동안 우리는 하나님의 자비, 용서, 그리고 사랑에 깊이 잠겨 있다. **지미 카터**

4월 22일

사랑의 공동체

> 우리가 시작할 때에 확실한 것을 끝까지 견고히 잡으면 그리스도와 함께 참예한 자가 되리라. _히브리서 3:14_

우리 주변에서 자기주장이나 개인적인 욕심이 지나쳐서 불행을 자초하는 사람들을 볼 수 있습니다. 단 한 번뿐인 삶이라고 욕망대로 살아서는 안 될 것입니다. 마음의 여유를 갖고 사는 것이 행복하고 풍요로워지는 길이라는 것을 우리는 분명히 알아야 합니다. 지상의 삶은 한정된 시간을 살아가는 것입니다. 우리는 하나님의 침묵을 배워야 할 것입니다. 그분의 침묵은 우리에게 언제나 가장 큰 대답으로 다가오기 때문입니다. 이웃을 사랑하지 않고 자기 자신만을 생각한다면 이는 곧 악인의 삶입니다.

그리스도인의 삶이란 바로 나 자신을 부인하는 삶입니다. 우리가 진정 주님을 사랑한다고 고백할 수 있다면 사람들과 함께 예수그리스도의 삶을 살아가야 합니다. 주님은 사랑의 공동체를 원하십니다.

내가 남을 사랑하면 그들은 나를 더욱더 사랑한다. 남들이 나를 사랑하면 할수록 나는 남들을 더욱더 사랑할 수 있다. 그러므로 사랑은 무한한 것이다. **브라운**

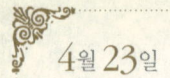

성공하는 사람들의 세 가지 공통점

하나님의 약속은 얼마든지 그리스도 안에서 예가 되니 그런즉 그로 말미암아 우리가 아멘 하여 하나님께 영광을 돌리게 되느니라. 고린도후서 1:20

성공의 요소에는 다음의 세 가지 공통점이 있습니다.

첫째, 성공하는 사람은 모두 열심을 지닌 사람들입니다. 비록 자기의 뜻과 적성이 맞지 않는 직책이라도 묵묵히 최선을 다해 수행하는 사람은 그것으로 인해 성공의 문을 열게 되는 것입니다.

둘째, 강하고 뚜렷한 목표를 가졌습니다. 불타는 꿈과 소원을 가진 사람은 놀라운 힘이 뒷받침되어 목적을 이루고야 맙니다.

셋째, 친절한 습관을 가지고 있습니다. 누구를 대하든지 교만해 보여서는 안 되며 냉소적으로 대해서도 안 됩니다. 한결같이 밝고 따스한 얼굴 표정과 친절한 습관이 사람들에게 호감을 주며 친구를 얻게 합니다. 좋은 사람을 얻을 수 있을 때 그는 성공하게 됩니다.

열심과 뚜렷한 목표와 훌륭한 습관은 성공의 3요소입니다.

성공한 사람들은 항상 마치 그 성공을 이룬 것처럼 살고, 행동하고, 생각한다. 그렇지 않다면 사람들은 결코 이룩할 수 없다. **프렌티스 멀포드**

4월 24일

마음을 만족시키는 행복

나 여호와가 말하노라. 너희를 향한 나의 생각은 내가 아나니 재앙이 아니라 곧 평안이요 너희 장래에 소망을 주려 하는 생각이라. 너희는 내게 부르짖으며 와서 내게 기도하면 내가 너희를 들을 것이요 너희가 전심으로 나를 찾고 찾으면 나를 만나리라. 예레미야서 29:11-13

하나님과 함께 지금 우리가 행복하다는 뜻은
사랑하는 것입니다
그분처럼 돕는 것입니다
그분처럼 주는 것입니다
그분처럼 구원하는 것입니다
그분과 함께 있는 것입니다
스물네 시간 그분께 도달하는 것입니다
끝까지 낮추신 고통의 인간,
예수그리스도의 모습을 되새기는 것입니다 테레사 수녀

진실로 마음을 만족시키는 행복은 우리의 온갖 능력을 힘껏 행사하는 데 있다. 또 우리가 살고 있는 세계가 완성되는 데서 생기는 것이다. 그러나 진정한 행복을 바라거든 무엇보다도 먼저 만사에 허욕을 부리지 말아야 할 것이다. **버트런드 러셀**

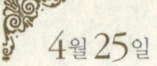
4월 25일

예수 안에서 하나의 공동체

> 그들이 내 이름으로 부르리니 내가 들을 것이며 나는 말하기를 이는 내 백성이라 할 것이요 그들은 말하기를 여호와는 내 하나님이시라 하리라. 스가랴서 13:9

그리스도인들은 예수 안에서 하나의 공동체를 이룹니다. 하나님이 우리에게 허락하신 공동체라는 선물은 얼마나 멋진 것입니까? 그들은 주님의 식탁에 함께 모여 기도합니다. 그리고 기뻐하며 감사하는 마음으로 모든 것을 나누기를 원합니다.

예수그리스도의 보혈로 씻긴 사람들이 함께 모여 공동체를 이룬다는 것은 곧 천국을 이루는 것입니다. 이 땅을 살아가는 모든 사람은 언제나 자신을 사랑하는 사람들과 함께 거하기를 원합니다. 그리스도인들은 예수 안의 기쁨의 충만함을 주고 또 주고 싶은 마음을 함께 나누기를 원합니다. 우리가 그리스도인이라면 날마다 새로운 날의 시작이 새로운 창조의 시작이라는 사실과 매 순간이 예수를 닮을 수 있는 절호의 기회라는 것을 알게 될 것입니다. 그리고 주변에 함께 거하는 이들에게 주의 복음을 전하는 기쁨이 얼마나 중요한 사명인가를 알게 될 것입니다.

그리스도가 문에서 노크하는 유명한 그림에서 화가 홀먼 헌트는 의도적으로 문고리나 손잡이를 그리는 것을 생략했다. 왜 그랬을까? 이는 안에서 문을 열어줄 수 있는 사람은 당신, 오직 당신밖에는 없기 때문이다. **조지 스위팅**

4월 26일

아름다운 당신

> 진실로 다시 너희에게 이르노니 너희 중에 두 사람이 땅에서 합심하여 무엇이든지 구하면 하늘에 계신 내 아버지께서 저희를 위하여 이루게 하시리라. 마태복음 18:19

모든 일에 최선을 다하는

당신은 아름답습니다

언제나 웃으며 친절하게 대하는

당신은 아름답습니다

베풀 줄 아는 마음을 가진

당신은 아름답습니다

아픔을 감싸주는 사랑이 있는

당신은 아름답습니다

약한 자를 위해 봉사할 줄 아는

당신은 아름답습니다

병든 자를 따뜻하게 보살피는

당신은 아름답습니다

아름다움은 인간을 타산적인 마음에서 벗어나게 한다. 인간을 그 본능에서 벗어나게 하므로 그것은 대단한 것이다. 이렇게 간접적으로 아름다움은 아무것도 가르치지 않으나 거대한 힘으로 도덕 교사가 된다. **파게**

4월 27일

마음에 여유를 가져야 합니다

내가 내 입으로 그에게 부르짖으며 내 혀로 높이 찬송하였도다. 내가 내 마음에 죄악을 품으면 주께서 듣지 아니하시리라. 그러나 하나님이 실로 들으셨으며 내 기도 소리에 주의하셨도다. 하나님을 찬송하리로다. 저가 내 기도를 물리치지 아니하시고 그 인자하심을 내게서 거두지도 아니하셨도다. 시편 66:17-20

우리는 마음에 여유를 가져야 합니다. 신경질적인 성격을 지닌 사람은 사소한 일에도 지나치게 걱정하고 고민합니다. 실패에 대한 불안 때문에 아무것도 못 할 정도로 소극적입니다. 타인의 시선을 지나치게 의식하면서 불안해합니다. 자신을 과소평가하는 경향이 강하기 때문에 스트레스에 시달려 노이로제에 걸리는 사람도 적지 않습니다. 이와 비슷한 성격으로 완벽주의자가 있습니다. 이들은 무슨 일이든지 완벽해야 직성이 풀립니다. 모든 일이 원칙대로 움직이지 않으면 초조해지기 때문에 역시 스트레스를 받기가 쉽습니다. 이는 일종의 강박증으로 타인을 피곤하게 만듭니다.

현대 그리스도인들의 약점 중의 하나는 하나님의 은혜를 너무 쉽게 생각한다는 것입니다. 자신을 파헤치는 경험 없이 죄지은 모습 그대로 하나님의 은혜를 받으려고 합니다. 우리가 반드시 알아야 할 것은 파고 또 파헤쳐서 깊은 곳까지 자신을 낮추지 않고서는 하나님의 은혜를 받을 수 없다는 것입니다.

인간의 육체는 마음에 좌우된다. 마음은 보고, 듣고, 기뻐하고, 굳어지고, 부드러워지고, 슬퍼하고, 두려워하고, 파괴하고, 거만해지고, 남에게 설득되고, 사랑하고, 미워하고, 부러워하고, 찾고, 반성한다. 가장 강한 인간은 마음을 조정할 수 있는 사람이다. 「탈무드」 중에서

4월 28일

주께서 이르시니

예수께서 이르시되 너는 나를 본 고로 믿느냐. 보지 못하고 믿는 자들은 복되도다 하시니라. 요한복음 20:29

너희, 날 주라 부르면서도 따르지 않고

너희, 날 빛이라 부르면서도 우러르지 않고

너희, 날 길이라 부르면서도 의지하지 않고

너희, 날 슬기라 부르면서도 배우지 않고

너희, 날 깨끗하다 하면서도 사랑하지 않고

너희, 날 부하다 하면서도 구하지 않고

너희, 날 영원이라 부르면서도 찾지 않고

너희, 날 존귀하다 하면서도 섬기지 않고

너희, 날 강하다 하면서도 존경하지 않고

너희, 날 의롭다 하면서도 두려워하지 않으니

그런즉 너희를 꾸짖어도 나를 탓하지 마라

한마디의 말이란, 말을 하는 사람에게는 대수롭지 않게 보인다 해도 그 말을 듣고 깊이 생각해 보는 사람에게는 매우 중대한 것인지도 모른다. **그라시안**

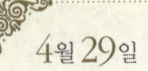 4월 29일

어려운 결단

여호와여 주의 도를 내게 보이시고 주의 길을 내게 가르치소서. 주의 진리로 나를 지도하시고 교훈하소서. 주는 내 구원의 하나님이시니 내가 종일 주를 바라나이다. 여호와여 주의 긍휼하심과 인자하심이 영원부터 있었사오니 주여 이것을 기억하옵소서. 시편 25:4-6

삶에는 세 가지의 어려운 결단이 필요할 때가 있으니
첫째는 누구와 일생을 살 것인가 하는 것이요,
둘째는 무엇을 하며 일생을 보낼 것인가 하는 문제요,
셋째는 영원을 어떻게 보낼 것인가 하는 문제입니다
첫째 문제가 결혼을 의미하고
둘째 문제가 직업을 의미한다면
셋째 문제는 신앙의 문제일 것입니다
그러나 이것은 상호 보완을 잘해야 합니다
셋째인 신앙의 문제가 먼저 확립되어야 합니다
그렇지 않으면 첫째와 둘째 문제는 뿌리째 흔들리고 말 것입니다

우리가 할 수 있다고 생각하는 것은 거의 다 할 수 있다. 무언가 획득하겠다고 결심하는 것이 종종 획득 그 자체가 되고 진지한 결단은 전능한 힘처럼 보일 때가 있다. **스마일스**

4월 30일

성령의 충만함 속에 사는 방법

> 사랑하는 자들아 너희는 너희의 지극히 거룩한 믿음 위에 자기를 건축하며 성령으로 기도하며 하나님의 사랑 안에서 자기를 지키며 영생에 이르도록 우리 주 예수그리스도의 긍휼을 기다리라. 유다서 1:20-21

성령 충만하게 살아가려면 믿음으로 성령 충만함을 받으라는 하나님의 말씀에 근거해야 합니다. 우리가 무엇을 구하든지 들으시고 응답하시는 하나님의 약속을 받아들임으로써 성령이 충만해짐을 확신해야 합니다. 성령이 당신의 삶 속에서 죄를 고백하도록 할 때마다 즉시 하나님 앞에서 당신의 죄를 고백하고 믿음으로 그의 용서를 받아들여야 합니다.

성령 충만하게 살아가려면 영적 싸움에 대비해야 합니다. 적은 실재하는 존재입니다. 세상과 육신과 사탄은 우리를 공격할 것입니다. 하나님의 자녀로서 당신의 특권을 알아야 합니다. 우리의 힘은 주님으로부터 나와야 합니다. 우리는 그 안에 거해야 합니다. 우리는 날마다 그의 힘과 지혜와 능력과 사랑을 의지하고 범사에 감사하면서 믿음으로 살아야 합니다.

성령의 세례를 받는다는 것은 하나님을 향한 진취적이고 위대한 모험을 시작하는 것이 아니라 우리가 어디 있든지 예수와 더불어 만족스런 인생을 살게 됨을 의미하는 것이다. **오즈월드 체임버스**

너의 하나님 여호와가 너의 가운데 계시니
그는 구원을 베푸실 전능자시라.
그가 너로 인하여 기쁨을 이기지 못하여 하시며
너를 잠잠히 사랑하시며 너로 인하여 즐거이 부르며
기뻐하시리라 하리라.

스바냐서 3:17

5월
May

행복이 가득한 가족

가족에 대한 가치관은 무엇인가? 무조건적인 사랑, 지속적인 격려와 응원, 용서, 관심의 중요성을 믿는가? 삶에서 중요한 사람들에게 일관되게 이런 가치를 실천하면 그러지 못한 사람보다 훨씬 더 행복하다. **브라이언 트레이시**

5월 1일

가정이란 행복을 저축하는 곳

> 네 헛된 평생의 모든 날 곧 하나님이 해 아래서 하나님이 네게 주신 모든 헛된 날에 사랑하는 아내와 함께 즐겁게 살지어다. 이는 네가 일평생에 해 아래서 수고하고 얻은 분복이니라. 전도서 9:9

결혼은 새장과 같습니다. 밖에 있는 새들은 그 속으로 들어가려 하고, 안에 있는 새들은 밖으로 나가려고 애씁니다. 가정이란 행복을 저축하는 곳입니다. 무언가를 얻기만을 바란다면 결혼은 무너지기 쉽습니다. 하지만 주기 위해서 이루어진 결혼은 행복합니다.

어떠한 상대를 만났어야 하는데 하는 후회는 결혼 전으로 되돌아가는 사고방식으로 아무런 효과를 얻지 못합니다. 결점이 있고 부족함이 있는 그대로의 아내나 남편이 어떻게 화합해나갈 것인가, 그것을 생각해야만 됩니다. 결혼 생활도 말하자면 하루하루 애써 쌓아 올려야 하는 하나의 큰 사업입니다. 애쓰지 않고 행복한 가정을 이룰 수는 없습니다. 행복한 결혼을 한다는 것은 '올바른 배우자를 찾는' 데 있기보다는 '올바른 배우자가 되는' 데 있습니다. 결혼은 50퍼센트씩 투자해서 이루어지는 기업이 아닙니다. 결혼을 순조로운 협동체로 만들려면 각자가 자기 자신을 백 퍼센트 기꺼이 주어야 합니다.

가정이란 항상 따뜻하게 맞아주는 곳이다. 진정 가정은 안식처다. 이상적인 가정에는 항상 온유와 사랑이 넘치기 마련이다. 그곳에는 아름다운 선율과 기쁨이 가득 차 있다. **로버트 프로스트**

부부가 화목해지는 비결

사람이 마음으로 자기의 길을 계획할지라도 그 걸음을 인도하는 자는 여호와시니라. 잠언 16:9

어느 상담자에게 한 여성이 찾아와 부부 싸움 한 이야기를 하며 실컷 남편 욕을 하고 그를 미워한다고 이야기했습니다. 그러나 이야기를 들은 상담자는 남편을 같이 흉보지 않고 도리어 남편의 좋은 점을 들어 칭찬해주었습니다. 여성이 돌아간 후 이번에는 남편이 찾아왔습니다. 그 남편은 상담실로 들어오자마자 말했습니다.

"선생님! 우리 마누라가 제 욕을 많이 했지요!"

"아닙니다. 남편은 좋은 사람인데 자신이 잘못했다고 했습니다. 이번 싸움도 다 자기 때문이라고 말하며 울었습니다."

"사실 제 아내는 나쁜 여자가 아닙니다. 다 제 잘못이지요!"

남편이 돌아가자 상담자는 여성에서 전화를 걸었습니다.

"조금 전에 남편이 왔다 갔는데 아내가 좋은 사람이라고 했습니다."

그날 저녁 부부는 화해를 했습니다.

부부가 진정으로 서로 사랑하고 있으면 칼날 폭만큼의 침대에서도 잠잘 수 있지만 서로 반목하기 시작하면, 10미터나 폭이 넓은 침대로도 너무 좁아진다. 「탈무드」 중에서

현명한 부부 사랑 방법

> 그는 정직한 자를 위하여 완전한 지혜를 예비하시며 행실이 온전한 자에게 방패가 되시나니. 잠언 2:7

부부 생활이란 3주는 서로 연구하고 3개월은 서로 사랑하고 3년은 싸움을 하고 30년은 참고 견디는 것이라 합니다. 화목한 가정을 유지하기 위해서는 서로의 성격 차이에서 비롯되는 부조화를 자기 자신의 싸움을 거쳐 조화를 이루도록 힘써야 합니다. 남자들은 알아야 합니다. 얼굴보다는 마음이 중요하고 마음보다는 정성이 담긴 솜씨가 중요하고, 무엇보다도 아름다운 믿음 속에 나타나는 사랑이 중요하다는 것을.

세 종류의 남편이 있다고 합니다. 첫 번째는 권위를 앞세우고 의논보다 명령을 하는 범 같은 남편입니다. 두 번째는 일꾼 같은 남편입니다. 자기의 일을 묵묵히 할 뿐 가정에 대한 의무감이 약한 남편입니다. 세 번째는 스승 같은 남편입니다. 제자를 가르치는 스승, 제자가 잘되기를 염려하는 스승 같은 남편입니다. 자녀에게 존경을 받고 가장으로서의 역할을 잘하는 남편은 스승 같은 남편입니다.

좋은 아내는 남편이 비밀에 붙이고 싶어하는 사소한 일을 언제나 모르는 척한다. 그것은 결혼 생활의 기본 예절이다. **윌리엄 서머싯 몸**

5월 4일

부부란 삶의 여행을 함께하는 동반자

> 너희는 이 세대를 본받지 말고 오직 마음을 새롭게 함으로 변화를 받아 하나님의 선하시고 기뻐하시고 온전하신 뜻이 무엇인지 분별하도록 하라. 로마서 12:2

"아내가 예뻐 보일 때가 행복하다"라는 말이 있습니다. 부부는 살면서 서로 닮아가기에 깊은 정이 생겨납니다. 이 세상에서 가장 행복한 사람은 사랑하는 사람과 결혼하는 사람입니다. 사랑은 표현하며 살아야 합니다. 부부 사이의 대화 속에서 사랑은 더 따뜻하고 아름답게 표현됩니다. 대화 속에서 사랑은 더 깊어갑니다. 사랑의 대화는 서로에게 더 많은 관심을 갖게 만듭니다.

행복한 결혼 생활의 비결은 서로가 양보하고 감싸주고 이해해주는 것입니다. 부부는 평생 삶이란 여행을 함께하는 동반자입니다. 부족하면 채워주고 넘치면 나누어야 합니다.

결혼, 그것은 하나의 것을 만들려고 하는 두 사람의 의지다. 단지 그 하나는 그것을 만드는 두 개 이상의 것이다. 이와 같은 의지를 의지하는 자로서 서로가 곤경을 지불하는 것을 나는 결혼이라고 부른다. **니체**

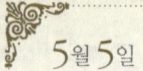
5월 5일

행복한 가정을 위하여

우리가 알거니와 하나님을 사랑하는 자 곧 그 뜻대로 부르심을 입은
자들에게는 모든 것이 합력하여 선을 이루느니라. 로마서 8:28

가정에는 세 종류가 있습니다. 첫 번째는 내가 태어난 가정, 두 번째는 결혼해서 이룬 가정, 세 번째는 하나님의 뜻으로 이루어진 가정입니다.

  가정은 인간 사회의 한 부분이라고 생각해 항상 상대에게 양보하는 마음을 가져야 합니다. 서로 존중하고 보살펴주는 분위기를 조성해야 합니다. 엄격하면서도 애정이 넘쳐야 합니다. 행복한 가정이 되려면 서로 신뢰하고 안정된 삶을 살아야 합니다. 또한 가정을 기쁨으로 가득 찬 분위기로 만들어야 합니다.

  여성은 행복의 요리사입니다. 요리를 만들어주는 것은 마음속에서 우러나오는 사랑이 있기 때문입니다. 오늘도 사랑으로 가정을 행복하게 만드는 요리사가 되어야 합니다. 어머니의 사랑의 손길로 자녀들을 키워야 합니다.

만족은 마음의 부요, 마음의 풍요다. 그런 풍요를 찾을 수 있는 자는 행복하다. **드라이든**

어느새 서로 닮아가는 부부

여호와 하나님이 가라사대 사람의 독처하는 것이 좋지 못하니 내가 그를 위하여 돕는 배필을 지으리라 하시니라. 창세기 2:18

부부는 살아갈수록 점점 더 닮아갑니다. 행복한 부부는 웃음이 넘칩니다. 결혼 초기에는 서로가 너무 많이 다르다는 것을 느끼지만 어느새 서로가 같아지는 것이 많아집니다. 좋아하는 음식도 취향도 점점 비슷해집니다.

삶은 모자이크와 같습니다. 우리가 어떤 모습으로 어떻게 삶을 만들어가느냐에 따라서 행복해질 수도 있고 불행해질 수도 있습니다. 이런 말이 있습니다.

"결혼 이전에는 눈을 크게 뜨고 결혼 후에는 반쯤 닫아라. 결혼의 3할은 사랑이고 7할은 용서다."

우리가 참을성과 인내력을 가지면 어떤 불행도 막을 수 있습니다. 행복한 결혼 생활의 비결은 삶의 변화에 따라 환경에 적응하는 법을 배우고 끊임없이 서로를 돕는 데 있습니다.

가정생활과 결혼 생활에서 가장 중요한 것은 인내다. **체호프**

5월 7일

꿈을 이루는 사람

> 복 있는 사람은 악인의 꾀를 좇지 아니하며 죄인의 길에 서지 아니하며 오만한 자의 자리에 앉지 아니하고 오직 여호와의 율법을 즐거워하여 그 율법을 주야로 묵상하는 자로다. 시편 1:1-2

꿈을 이루는 사람, 성공한 사람의 특징은 기다릴 줄 아는 것입니다. 곧게 자라는 대나무는 씨앗을 심은 후 첫 4년 동안은 죽순만 하나씩 돋아난다고 합니다. 하지만 그렇게 위로 죽순만 나오는 4년 동안 땅속에서는 뿌리가 잘 자라나 튼튼하게 뿌리를 박게 됩니다. 그리고 5년째 되는 해에는 대나무가 무려 25미터나 자랍니다.

4년을 기다리고 5년째가 되면 대나무가 자라듯 죽순으로 보내는 4년의 시간도 가치가 있습니다. 꿈을 가지고 그 꿈을 이루기 위해 기다리는 시간은 보람이 있습니다.

나는 지금까지 값어치 있는 일을 우연한 기회에 성취한 적이 없다. 내가 발명한 것 중에 그 어떤 것도 우연히 얻어진 것은 없다. 그것은 모두가 꾸준하고 성실히 일한 대가로 이루어낸 것들이다. 에디슨

5월 8일

둘이 만들어가는 사랑

빛의 열매는 모든 착함과 의로움과 진실함에 있느니라. 주를 기쁘시게 할 것이 무엇인가 시험하여보라. 에베소서 5:9-10

부부가 서로를 진정으로 사랑한다면 둘이 함께하는 시간을 즐거워하고 아름다운 어울림으로 함께 나누어야 합니다. 부부는 서로 필요한 것을 채워줄 수 있는 넓은 마음을 가져야 합니다. 사랑하는 부부라면 눈빛 하나만으로도 충분히 서로를 알 수 있어야 합니다. 결혼해서 세월이 흘러가면 날마다 똑같이 반복되는 일상에 지루함과 권태감을 느낄 수 있습니다. 그러므로 행복한 부부가 되려면 항상 새롭고 생동감 있는 삶을 살도록 노력해야 합니다.

　갈등이 없는 부부는 없을 것입니다. 부부가 진정 사랑하기를 원한다면 갈등을 잘 해결해 서로를 깊이 알게 되는 계기로 삼아야 합니다. 이 세상에 완전한 사랑은 없습니다. 사랑은 살아가는 날 동안 부족함을 채워가며 만들어가는 것입니다. 그런 사랑이라면 황혼이 짙어갈 때쯤엔 채워진 기쁨에 더 행복할 것입니다. 사랑은 혼자가 아닌 둘이 만들어가는 이 세상에서 가장 멋진 작품입니다.

부부가 화목하면 부부간의 배려와 사랑이 자연스럽게 가족으로 확장된다. 부부 관계가 원만하지 못하면 가족 관계도 나빠진다. **토니 험프러스**

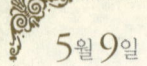
5월 9일

행복한 삶을 원한다면

그러므로 내가 그리스도를 위하여 약한 것들과 능욕과 궁핍과 핍박과 곤란을 기뻐하노니 이는 내가 약할 그때에 곧 강함이니라. 고린도후서 12:10

행복한 삶을 살기를 원한다면 먼저 마음이 너그러워야 합니다. 자기 자신과 다른 사람에 대해 여유를 가져야 합니다. 후회란 실수에서 오는 것이 아니라 최선을 다하지 않은 데서 옵니다. 결과를 염려하지 말고 자기가 할 수 있는 만큼 최선을 다하면 됩니다. 살다 보면 괴롭고 힘든 경우도 찾아오겠지만 그런 상황에서도 밝게 살고자 노력해야 합니다.

사람은 양식을 저장하듯이 행복도 모아두었다가 하나하나 소비할 수 있는 것으로 생각하고 싶어합니다. 그러나 이것은 크나큰 잘못입니다. 사람은 앞으로 나아가야지 한 자리에 앉아 있어서는 안 됩니다. 앞으로 나아가는 사람에게는 행복이 따르고 멈추는 사람에게는 행복도 멈추는 것입니다.

이 세상에는 여러 가지 기쁨이 있지만 그 가운데에서 가장 빛나는 기쁨은 가정의 웃음이다.
페스탈로치

5월 10일

나를 부르셨습니다

> 너희도 우리를 위하여 간구함으로 도우라. 이는 우리가 많은 사람의 기도로 얻은 은사로 인하여 많은 사람도 우리를 위하여 감사하게 하려 함이라. 고린도후서 1:11

주여, 당신은 사람들 가운데로 나를 부르셨습니다
자, 내가 여기 있습니다
나는 괴로워하고 사랑하나이다
나는 당신이 준 목소리로 말했고
당신이 우리 어머니 아버지에게 가르쳐주시고
또 그들이 내게 전해주신 말로 글을 썼습니다
나는 지금 장난꾸러기들의 조롱을 받으며 고개를 숙이는
무거운 짐을 진 당나귀처럼 길을 가고 있습니다
당신이 원하시는 때에
당신이 원하시는 곳으로 가겠습니다
삼종의 종소리가 울립니다 프랑시스 잠

자기 자신에게 영혼을 다 바쳐 의지하고 자기 자신 속에 모든 것을 소유하는 자가 행복하지 않은 법은 없다. **키케로**

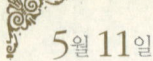
5월 11일

질서가 있는 가정

> 그의 신기한 능력으로 생명과 경건에 속한 모든 것을 우리에게 주셨으니 이는 자기의 영광과 덕으로써 우리를 부르신 자를 앎으로 말미암음이라. 베드로후서 1:3

가정에 신발이 잘 정돈되어 있는가를 보면 그 가정의 질서를 알 수 있습니다. 신발은 집안 식구들이 들어오고 나갈 때의 표정을 말해줍니다. 분위기가 좋고 질서 있는 가정은 신발이 잘 정돈되어 있습니다. 그러나 분위기가 좋지 않고 질서가 없는 가정은 역시 신발이 어지럽게 나뒹굴고 있는 것을 볼 수 있습니다. 질서는 가정에서부터 이루어집니다.

우리가 하나님의 뜻에 복종할 때 바로 하나님의 뜻을 발견할 수 있습니다. 내가 신중하게 행하고 내게 밝혀진 하나님의 뜻에 순종하는 정도에 따라서 그만큼 우리는 하나님의 뜻을 빨리 발견하게 됩니다.

우리는 그리스도인의 삶을 살면서 영적인 통찰력을 가진 지혜로운 사람이 되어야 합니다. 가정에도 신앙에도 질서가 있고 절차와 순서가 바르게 되어야 바른 위치를 찾을 수 있습니다. 언제나 정도를 벗어나면 잘못되는 것입니다.

오! 질서, 물질적 질서, 이지적 질서, 윤리적 질서, 그것은 얼마나 큰 마음의 위안이며 힘이고 경제인가. 자신의 목적지, 자신이 원하는 것을 알고 있는 것이 질서다. **아미엘**

5월 12일

진솔한 대화

> 우리가 너희를 위하여 기도할 때마다 하나님 곧 우리 주 예수그리스도의 아버지께 감사하노라. 이는 예수그리스도 안에 너희 믿음과 모든 성도에 대한 사랑을 들음이니라. 골로새서 1:3-4

부부 생활은 길고 긴 대화 같은 것입니다. 결혼 생활에서는 다른 모든 것은 변화해 가지만 대화는 함께 있는 동안 변하지 않습니다. 가장 아름다운 순간은 사랑을 표현하는 시간입니다.

앨리스 밀러가 이렇게 말했습니다.

"자기 자신을 있는 그대로 사랑할 수 없는 사람이 다른 사람을 진정으로 사랑한다는 것은 불가능하다. 적어도 자신의 내면을 성찰하며 살아가는 사람에게는 있을 수 없는 일이다. 자기 자신의 감정대로 살아가며 자신을 그렇게 받아들일 수 있는 가능성을 처음부터 갖지 못했다면 어떻게 다른 사람을 진정으로 사랑하는 일이 가능할 수 있단 말인가."

진솔한 대화는 이해심을 갖고 귀를 기울일 때 이루어진다. 즉, 말하는 사람의 생각을 그 사람의 관점에서 보고 그들이 어째서 그 문제에 대해 이야기를 하는지를 깨달아야 한다. **칼 로저스**

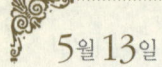

행복한 결혼 생활

주를 향하여 이 소망을 가진 자마다 그의 깨끗하심과 같이 자기를 깨끗하게 하느니라. 요한일서 3:3

결혼은 인생이라는 여행 속에서 가장 좋은 친구와 만나는 것입니다. 결혼은 축복입니다. 사랑하는 이를 만나고 사랑하는 이와 함께 가족을 이루고 평생토록 살아갈 수 있다는 것은 참으로 감사한 일입니다. 두 사람이 서로 사랑한다는 것을 처음 알았을 때 얼마나 기뻐했습니까? 보고 싶고, 함께 있고 싶어서 얼마나 결혼을 기다렸습니까?

　결혼은 행복입니다. 서로를 이해하고, 받아주고, 기다려줄 때 행복은 점점 더 커집니다. 두 사람의 마음이 하나가 될 때 사랑과 행복의 꽃은 날마다 더 오래도록 피어날 것입니다. 결혼은 일생을 사랑하는 이와 함께 떠나는 여행입니다. 어떤 어려움과 고통이 있더라도 평생을 통해 아름답게 만들어가야 하는 한 폭의 그림입니다. 그러므로 가정은 편히 쉴 수 있는 안식처가 되어야 합니다. 사랑하는 부부는 서로 닮아간다고 합니다. 그만큼 서로의 삶에 익숙해져 간다는 것입니다. 서로 이해하고 인정하고 칭찬해준다면 싸울 일이 없습니다. 행복은 그것을 원하는 사람에게 찾아오는 것이기 때문입니다. 행복한 결혼 생활, 이보다 더한 축복이 어디에 있겠습니까?

부부란 두 반신(半身)이 되는 것이 아니고 하나의 전체가 되는 것이다. **고흐**

5월 14일

부부는 평생 함께하는 친구

> 내가 또 내 마음에 합하는 목자를 너희에게 주리니 그들이 지식과
> 명철로 너희를 양육하리라. 예레미야서 3:15

이상적인 결혼 생활은 부부가 서로의 단점과 장점을 돕고 나누는 것입니다. 자신의 장점만 내세우고 상대의 약점을 들춘다면 행복은 깨지고 맙니다. 이것은 부부간을 비롯한 어느 인간관계에서도 마찬가지입니다. 상대의 좋은 점을 시기와 질투의 눈으로 보지 말고 자신의 약점을 숨기거나 속이지 말아야 합니다.

부부는 평생 함께하는 친구입니다. 함께하는 시간을 즐기고 취미를 나누며 함께 고민하고 기쁨을 나누는 그런 사이입니다. 진실하게 사랑하는 마음으로 서로 나누며 살아야 합니다. 아픔은 나누면 줄어들고 사랑은 나누면 점점 더 커지는 법입니다.

결혼 생활은 정신적인 교류와 열정적인 포옹만으로 되는 것이 아니다. 결혼 생활은 하루 세 끼의 식사를 하고 쓰레기를 내다 버리는 일을 잊지 않는 것이다. **조이스 브라더스**

5월 15일

가정은 행복의 보금자리

> 나는 마음이 온유하고 겸손하니 나의 멍에를 메고 내게 배우라. 그러면 너희 마음이 쉼을 얻으리니 이는 내 멍에는 쉽고 내 짐은 가벼움이라 하시니라. 마태복음 11:29-30

가정은 행복의 보금자리이며 사랑의 작은 공동체입니다. 가정이란 행복의 꽃밭입니다. 꽃밭은 잘 가꾸어야 꽃도 피고 열매도 맺힙니다. 가정이란 한 가족이 모여 공동생활을 하는 사회의 가장 작은 집단을 말합니다. 가정은 사랑하는 남녀가 결혼해 부부가 되면서 시작합니다. 그러므로 가정은 한 인간이 출행하는 첫 무대요, 삶을 이루어가는 밭이요, 울타리입니다. 가정은 사랑과 순종, 섬김과 봉사, 인내와 용서의 방법을 배우는 곳이요, 인간의 삶의 기본인 공동체 생활을 배우는 학교입니다.

 가정은 인간 교육의 현장입니다. 대부분의 사람들의 인격과 삶을 살아가는 기본이 가정에서 형성됩니다. 인생의 기본적인 가치관과 인격, 그리고 삶을 대하는 태도와 습관 등이 어려서부터 가정에서 형성되는 것입니다. 사람은 태어나서 부모를 통해 부모의 말과 행동을 그대로 보고, 듣고, 배웁니다. 어렸을 때 보고 들은 것은 좀처럼 지워지지 않습니다. 그러므로 가정이 무너지면 인간의 기본이 무너지는 것입니다. 부모의 삶이 흔들리기 시작하면 자녀의 삶도 흔들립니다. 그들은 보고 들은 것을 그대로 하기 때문입니다.

"예의가 사람을 만든다", "마음이 사람을 만든다" 이런 격언보다도 더 진실한 격언은 "가정이 사람을 만든다"다. **스마일스**

5월 16일

가족 사랑 만들기

> 자녀들아 우리가 말과 혀로만 사랑하지 말고 오직 행함과 진실함으로 하자. 이로써 우리가 진리에 속한 줄을 알고 또 우리 마음을 주 앞에서 굳세게 하리로다. 요한일서 3:18-19

가정이 행복하려면 부부 사이가 회복되어야 합니다. 결혼식 때 서약한 그대로 살아가겠다는 각오가 있어야 하고 첫사랑의 그 순수한 감정을 간직하여 사랑하는 마음으로 살아야 합니다. 부부 사이는 가정의 행복과 불행을 좌우합니다. 부부가 행복해야 자녀들이 본받기 때문입니다. 부부는 서로를 믿고 신뢰해야 합니다.

행복한 가정이 되려면 부모와 자녀 관계가 회복되어야 합니다. 요즘 많은 가정이 자녀와 부모 간의 대화의 상실, 문화적 차이로 갈등을 겪고 있습니다. 그러나 좀 더 머리를 맞대고 마음과 마음으로 다가가면 충분히 이해하고 사랑할 수 있습니다.

어떤 시대든 세대 간에 대화나 문화적 갈등은 있었습니다. 부모와 자식은 같은 피가 흐르고 있기 때문에 서로 관심을 갖고 사랑해주면 가족은 언제나 행복하게 살아갈 수 있습니다. 이 세상에 무너지지 않는 벽이 어디에 있겠습니까? 가족 간의 벽도 하나씩 무너뜨리면 되는 것입니다.

가족에게 대할 때는 쾌활하게 해라. 가족들이 화목하게 지낼 때는 특히 즐겁고 유쾌한 이야기를 하도록 힘쓰는 것이 필요하다. 아이들을 함부로 꾸짖거나 비난하거나 잔소리를 퍼부어서는 안 된다. **모스**

5월 17일

장미와 그리스도

> 우리가 소망으로 구원을 얻었으매 보이는 소망이 소망이 아니니 보는 것을 누가 바라리요. 만일 우리가 보지 못하는 것을 바라면 참음으로 기다릴지니라. 로마서 8:24-25

덩굴장미 속에 바라보는 주님
바람 소리조차 외로움에 몸부림치던 겟세마네에 올라
고독을 피처럼 흘려 꽃피운 사랑 어찌 감당하오리까

붉은 장미 속에 바라보는 주님
골고다 언덕에 홀로 서서
외마디로 휘장을 찢어
붉게 흘린 피 이 몸을 적시고도
온 세상을 흐르오니 어찌 감사하오리까

백 장미 속에 바라보는 주님
저주도 조소도 끝나버린 날
가시도 어쩔 수 없어 꽃 피움처럼
찬란히 부활하신 주님
이 세상에서 가장 고귀한 언어
사랑을 주신 예수여 어찌 찬양하오리까

당신의 생각이 평온할 때 당신은 예수그리스도에 관해 객관적으로 이야기한다. 그러나 일단 위험한 골짜기에 들어가게 되면 당신은 예수그리스도를 직접 이야기하게 될 것이다. **무디**

5월 18일

성령 충만한 가정

사랑하는 자들아 만일 우리 마음이 우리를 책망할 것이 없으면 하나님 앞에서 담대함을 얻고 무엇이든지 구하는 바를 그에게 받나니 이는 우리가 그의 계명들 지키고 그 앞에서 기뻐하시는 것을 행함이라. **요한일서 3:21-22**

좋은 가정 없이는 좋은 신앙이 있을 수 없고, 좋은 신앙 없이는 좋은 교회도 기대할 수가 없습니다. 행복한 가정을 만들려면 마음이 아름다워야 합니다. 우리의 내면에 있는 아름다움이 참아름다움입니다. 진실한 사랑, 이해와 관용이 있으면 얼마든지 서로 조화를 이룰 수 있습니다. 서로 신뢰하면서 행복의 열매를 찾기 위해 노력하는 마음이 있어야 아름다운 가정을 이룰 수가 있습니다.

　남편과 아내는 서로 사랑하며 부부의 도리를 지켜야 합니다. 남편은 지혜롭게 아내를 사랑하고 아내는 돕는 배필의 역할을 잘할 때 좋은 가정을 이룰 수 있습니다. 행복한 가정을 만들기 위해서는 부부간에 긍정적인 사고로 서로를 신뢰하고 위로하고 붙들어주어야 합니다. 서로를 존귀하게 여겨주어야 합니다.

아무리 바쁘더라도 일주일에 하루를 정해 가족과 즐거운 시간을 가져라. 가족은 압박감에 저항할 힘을 주는 최고의 원군임을 알게 될 것이다. **레인 네메스**

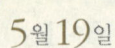
5월 19일

대화의 효과

> 너희는 우리로 말미암아 나타난 그리스도의 편지니 이는 먹으로 쓴 것이 아니요 오직 살아 계신 하나님의 영으로 한 것이며 또 돌비에 쓴 것이 아니요 오직 육의 심비에 한 것이라. 고린도후서 3:3

결혼은 많은 방을 가진 커다란 저택에 사는 것에 비유할 수 있습니다. 보통 우리가 마음 편한 집에서 그러는 것처럼 부부도 그 많은 방을 마음껏 사용해보고 싶은 마음에 부풀어 있으며 장차 그들의 삶을 나눌 수 있는 활동을 해나갑니다. 그러나 많은 경우 방의 문은 굳게 닫혀 있습니다. 굳게 닫힌 문은 부부가 그들의 관계에서 함께 찾아 나설 수 없는 영역이 있음을 보여주는 것입니다.

문을 열어보려는 시도는 실패하고 따라서 좌절합니다. 꼭 맞는 열쇠를 도무지 찾을 수가 없습니다. 그래서 부부는 열리지 않는 방들은 내버려 둔 채 쉽게 문이 열리는 몇몇 방에서 함께 살아가게 됩니다. 그러나 모든 문을 열 수 있는 단 하나의 열쇠는 분명 있습니다. 물론 그것은 찾기가 쉽지 않습니다. 그 열쇠는 부부가 함께 달구고 두들겨서 만들어야 하는 것입니다. 그 열쇠는 바로 부부간의 '대화'라는 위대한 기술입니다. 부부 사랑은 대화를 통해 확인할 수 있고 대화를 통해 무르익는 것입니다.

상대의 말을 듣는 것, 그것이 사람과 사람을 연결하는 통로다. **시로야마 사부로**

5월 20일

사랑할 때

우리가 너의 승리를 인하여 개가를 부르며 우리 하나님의 이름으로 우리 기를 세우리니 여호와께서 네 모든 기도를 이루시기를 원하노라. 시편 20:5

주여!
사랑에는 두 가지밖에 없습니다
자신을 사랑하는 것과
하나님과 이웃을 사랑하는 것입니다
자신만을 사랑할 때
하나님과 이웃에 대한 사랑이 작아집니다
그것은 사랑의 크나큰 손실입니다
사랑은 자기를 초월하여
다른 사람에게로 향하도록 만들어졌습니다
그러므로 자기에게만 행해질 때
그것은 시들고 썩고 말라버릴 것입니다 미셸 퀴에스트

사랑은 당신이 가치 있는 사람이라고 속삭인다. 사랑은 당신의 자신감과 자부심을 키워준다. 자신이 사랑받고 있다는 사실을 알고 있을 때 당신의 능력 발휘는 한계를 뛰어넘는다. 사랑받고 있다는 사실을 미심쩍어하면 당신의 능력은 추락한다. **잭 캔필드**

5월 21일

웃음 넘치는 행복한 가정

> 마음의 즐거움은 얼굴을 빛나게 하여도 마음의 근심은 심령을 상하게 하느니라. 잠언 15:13

행복한 가정에는 웃음이 있습니다. 사도 바울이 감옥에서도 기쁨의 복음을 전한 것은 자신의 삶에 확신을 가지고 있었기 때문입니다. 삶에 지쳐 있으면 웃음이 사라집니다. 우리의 삶은 조화를 잘 이루어야 합니다. 아무리 부유한 가정이라 해도 그 가정에 웃음과 기쁨이 없다면 불행한 가정입니다. 만일 자신의 삶이 자신만 즐겁고 다른 사람에게 감명을 주지 못하는 것이라면 행복이 될 수 없습니다. 진정한 행복은 흥미와 즐거움이 있어야 합니다.

그리스도인이 예배드리는 기쁨과 남을 섬기는 기쁨을 누릴 줄 안다면 언제나 웃음꽃이 활짝 피어날 것입니다. 웃음은 마음이 따뜻한 사람에게 찾아옵니다. 고정관념에 사로잡히지 않고 늘 새로움을 추구할 줄 아는 사람이 웃을 수 있는 여유를 지닙니다.

웃음은 양약보다 낫다. 웃음은 최상의 약인 것이다. 무엇을 하든 삶에 대해 웃는 법을 배워라. 웃음을 당신 것으로 만들면 주변의 모든 사람도 삶을 그다지 심각하게 받아들이지 않을 것이다. **존 맥스웰**

영원한 사랑

> 너희가 전에는 어두움이더니 이제는 주 안에서 빛이라. 빛의 자녀들처럼 행하라. 에베소서 5:8

진정한 사랑은 나누는 사랑이고 가치 있는 사랑은 오직 한 사람에 대한 사랑이며 헌신적인 사랑은 되돌려받을 생각이 없는 사랑입니다. 소중한 사랑은 영원히 간직하고픈 사람과 나누는 사랑이고 행복한 사랑은 마음의 일치에 의해 나누는 사랑이며 뿌듯한 사랑은 주는 사랑입니다. 포근한 사랑은 정으로 나누는 사랑이고 아름다운 사랑은 두 영혼이 하나가 되는 사랑입니다.

건강한 사랑은 부부끼리 나누는 사랑이고 용기 있는 사랑은 사랑하고픈 사람과 나누는 사랑이며 끈끈한 사랑은 핏줄에 대한 사랑입니다. 감격적인 사랑은 오랫동안 떨어졌다 다시 만난 사랑이고 때 묻지 않은 사랑은 첫사랑입니다. 순간의 사랑은 마음이 배제된 사랑이고 영원한 사랑은 마음이 합치된 사랑이며 끝없는 사랑은 죽음에 이르기까지의 사랑입니다.

시대를 못 믿게 될수록, 인간이 일그러지고 메말랐다는 생각이 들수록 나는 그러한 비극을 극복하는 데 그만큼 더 사랑의 마력이 필요하다는 사실을 믿는다. **헤르만 헤세**

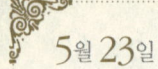

사랑의 이유

> 여호와의 교훈은 정직하여 마음을 기쁘게 하고 여호와의 계명은 순결하여 눈을 밝게 하도다. 시편 19:8

왜 사랑을 해야만 하겠습니까?

사랑은 모든 허물을 덮어주기 때문입니다

사랑은 부부간의 문제도 해결해줍니다

부자간의 문제도 해결해줍니다

사제 간의 문제도 해결해줍니다

정치 문제도 해결해줍니다

교회 문제도 해결해줍니다

친구 문제도 해결해줍니다

사업 문제도, 나라 문제도, 어떤 삶의 문제도 해결해줍니다

진짜 유일한 마술, 유일한 힘, 유일한 구원, 유일한 행복, 사람들은 이것을 소위 사랑하는 것이라고 부른다. **헤르만 헤세**

사랑은 나누는 것

하나님은 한 분이시요 또 하나님과 사람 사이에 중보도 한 분이시니 곧 사람이신 그리스도 예수라. 디모데전서 2:5

사랑을 나누면 배가 되고, 슬픔을 나누면 반이 됩니다. 사랑과 애정을 받아야 할 필요가 없을 정도로 완전한 사람은 없습니다. 사랑이란 무엇입니까? 우리는 그것을 어떻게 정의할 수 있습니까? 사랑이란 사랑의 하나님으로 가득 차는 것입니다. 그것은 범사에 예수그리스도를 뿜어내는 것입니다. 우리가 예수께서 사랑하신 것처럼 서로 사랑해야 하는 이유가 거기에 있습니다.

우리가 마음과 목숨과 뜻과 힘을 다해 하나님을 사랑하는 것은 예배와 동일하다고 말할 수 있습니다. 왜냐하면 그것은 우리가 영광을 받으시기에 합당하신 하나님을 경배하고 찬양하는 것이기 때문입니다. 우리가 하나님을 사랑하는 것은 우리가 선하고 사랑이 많은 존재이기 때문이 아니라 하나님께서 모든 사람으로부터 찬양과 경배를 받으시기에 합당하신 분이시기 때문입니다.

사람들은 사랑에 의해 살고 있다. 그러나 자기에 대한 사랑은 죽음의 시초이며, 신과 만인에 대한 사랑은 삶의 시초다. **톨스토이**

5월 25일

우리의 신앙

> 오직 성령이 너희에게 임하시면 너희가 권능을 받고 예루살렘과 온 유대와 사마리아와 땅 끝까지 이르러 내 증인이 되리라 하시니라.
>
> 사도행전 1:8

우리는 성령을 받을 때 예수그리스도로 인해 충만해집니다.

승리하는 삶과 열매 맺는 증거를 위해 우리의 힘과는 비교할 수 없는 커다란 능력이 우리 안에서 넘쳐나는 것입니다.

성령의 능력과 인도하심 없이 그리스도인은 초자연적인 삶의 기쁨을 체험할 수 없습니다.

어떤 사람이 자기 자신이 가치가 있다고 느끼며, 자신을 창조하신 위대한 하나님의 자녀임을 스스로 고백하면 누구도 그를 비참하게 만들 수 없습니다.

신앙은 신의 선물이다. 논리의 선물이라고 생각해서는 안 된다. 다른 여러 가지 종교는 자신들의 신앙에 대해 이렇게 말하지 않는다. 그들은 신앙에 이르기 위해서는 논리만으로 족하다고 하는데, 논리는 결코 신앙으로 인도하지 않는다. **파스칼**

5월 26일

하나님을 위한 바이올린

항상 우리를 그리스도 안에서 이기게 하시고 우리로 말미암아 각처에서 그리스도를 아는 냄새를 나타내시는 하나님께 감사하노라. 고린도후서 2:14

'스트라디바리'는 오늘날 최고급 바이올린으로 불리는 명품입니다. 이 유명한 바이올린을 만든 사람은 안토니오 스트라디바리입니다. 그는 이렇게 말했습니다.

"나의 손을 늦춘다면 나는 하나님을 훔치는 것입니다. 하나님께서는 안토니오 없이 안토니오 스트라디바리 바이올린을 만드실 수 없습니다."

그는 자신에게 재능을 주신 하나님을 위해 이 놀라운 바이올린을 만들고 있다고 담대하게 말하는 것입니다.

하나님께서는 하나님의 견지에서만 설명될 수 있는 일방적이고 무조건적이며 아름다운 사랑으로 우리를 사랑하십니다. 우리도 그리스도인이라면 우리가 기도하는 의무에 마음을 기울이도록 해야만 합니다. 무엇을 하든지 기도를 게을리 해서는 안 되는 것입니다. 기도를 게을리 하면 우리의 영이 충만할 수 없습니다. 기도는 아침에는 열쇠가 되고 저녁에는 빗장이 되도록 해야 합니다. 우리의 삶을 삶답게 사는 방법은 믿음으로 살아가는 것입니다.

하나님은 실의에 빠진 자를 일으켜 세우는 수천 가지 방법을 알고 계신다. 때때로 우리의 모습은 겨울 들판에 서 있는 앙상한 나무일 때도 있다. 그 황량한 모습을 바라보면서, 이듬해 봄이 오면 이 나뭇가지에 파란 싹이 나고 꽃이 피고 열매가 열릴 거라고 생각할 사람이 누가 있겠는가? 하지만 그것은 머지않은 미래에 실제로 일어날 일이다. **괴테**

5월 27일

예수그리스도의 제자

또 나를 위하여 구할 것은 내게 말씀을 주사 나로 입을 벌려 복음의
비밀을 담대히 알리게 하옵소서 할 것이니. 에베소서 6:19

예수그리스도의 제자들은 하나님의 이름으로 파송된 사람들입니다. 주님으로부터 파송되어 온 세상 끝까지 복음을 전하는 사명을 받은 것입니다. 전도는 우리 생활에서 선택의 여지가 있는 사항이 아닙니다. 전도는 우리가 부르심을 받은 우리의 생명과 사역을 위해 필요한 모든 것 중 가장 중요한 심장부입니다.

전도는 교회에서 주어지는 지상명령이며 이 명령을 순종할 때 그리스도의 이름으로 행해지는 놀라운 기적의 역사를 이루게 되는 것입니다. 이는 곧 하나님의 뜻을 영광스럽게 성취하는 것입니다.

예수그리스도께서 전한 복음의 주제는 하나님의 나라에 있습니다. 그분이 말하는 하나님의 나라는 하늘에서만 있는 것이 아니라 이 땅에서도 이루어지는 것입니다. 예수그리스도의 제자들은 자기를 완전히 포기한 사람들입니다. 정과 욕심은 십자가에 못 박고 오직 자신 안에 예수그리스도만 거하시게 했기 때문입니다. 자신을 겸손히 할 때 우리의 삶은 주 안에서 풍성해지고 부요하게 될 것입니다.

예수그리스도의 제자가 된다는 것은 그를 믿고 따르며 그의 뜻을 받아들인다는 의미다. 이는 우리가 과거 이기적인 죄의 삶에 대해 "아니요"라고 하며 예수그리스도에게는 "예"라고 말하는 것이다. 내적인 신앙은 외적인 순종을 동반해야 한다. 순종이 없다면 진정한 믿음도 제자도 없다. **데이비드 왓슨**

5월 28일

축복의 말씀

> 여호와께서 복을 주시므로 사람으로 부하게 하시고 근심을 겸하여 주지 아니하시느니라. 잠언 10:22

성경에는 '축복'이라는 말이 열여섯 가지로 표현되어 있습니다. 그러므로 성경은 축복으로 가득 찬 책입니다.

성경에서 축복을 하나하나 찾아서 마음에 새기면 그 축복이 나 자신의 것이 됩니다. 이 열여섯 개의 축복의 말씀 중 대표적인 축복의 말씀 세 가지가 있습니다. 하나는 '아쉬레'이고, 또 하나는 '토브'이고 나머지 하나는 예수그리스도께서 직접 사용하신 '마카리오스'라는 말입니다. 아쉬레란 한순간이 아닌 우리의 삶을 통해 하나님의 은총이 계속 내려지는 것을 말합니다. 코브란 재앙에서 벗어나는 것, 즉 죄악에서 해방되어 행복한 상태에 이르는 것을 말합니다. 마카리오스는 근심 없는 평안, 걱정에서 해방을 받은 상태, 영적인 축복과 구원을 받은 것 등 여러 가지 뜻을 포함하고 있습니다. 우리는 하나님의 축복을 받는 그리스도인의 삶을 살아야 합니다.

좋은 사람을 만나는 것은 신이 주는 축복이다. 그 사람과의 관계를 지속시키지 않으면 축복을 저버리는 것과 같다. **데이비드 팩커드**

5월 29일

하나님의 사랑 앞으로

그런즉 믿음 소망 사랑 이 세 가지는 항상 있을 것인데 그중의 제일은 사랑이라. 고린도전서 13:13

믿음도 위대하지만 사랑은 더 위대합니다. 믿음도 시급하지만 사랑은 더 시급합니다. 믿음은 시작이지만 사랑은 궁극의 목표입니다. 믿음은 인간의 영혼을 하나님과 연결해주지만 하나님은 사랑 그 자체입니다. 믿음은 우리를 하나님의 사랑 앞으로 데려가기 위해 그분께서 사용하시는 수단이라 할 수 있지만 그 믿음에 사랑이 없다면 아무런 의미가 없습니다.

사랑이 결핍된 곳에서는 그 모든 덕목의 아름다움도 겉치레요, 공허한 소리입니다. 사랑은 머리로 키우지 않고 마음으로 키웁니다. 능력이 많을수록 자랑할 필요를 느끼지 않습니다. 능력이 적은 사람이 그걸 가지고 더 큰 소리로 떠들고 싶어합니다. 하나님은 우리로 하여금 하나님의 시선으로 자신을 보게 해주며 다른 사람에게 겸손한 태도로 나가게 해줍니다.

우리는 살아가는 동안 많은 에너지를 얻는다. 특히 누군가를 사랑할 때마다 많은 에너지를 얻는다. 또한 거기서 받은 에너지의 일부를 누군가에게 제공한다는 것은 참으로 멋진 일이다.
빌 오히언

예수그리스도의 권능

> 하나님도 표적들과 기사들과 여러 가지 자기 능력과 자기 뜻을 따라 성령의 나눠주신 것으로써 저희와 함께 증거하셨느니라. 히브리서 2:4

어떤 사람은 그리스도인의 삶이 자전거를 타는 것과 같다고 말합니다. 즉, 앞으로 달려야 한다는 것입니다. 뒤돌아보지 말고 주님과 더불어 계속 앞으로 나가야 한다는 것입니다.

악을 멀리해야 합니다. 진리 안에서 기뻐해야 합니다. 믿음을 위해서 싸우고 기도하고 섬겨야 합니다.

사람들은 자기가 어떤 축복을 받았다는 것을 의식할 때 그것에 대해서 너무 많이 이야기하지 않는 것이 좋습니다. 만일 그리스도의 생명이 거기에 있다면 그것은 얼굴의 영광과 감촉의 부드러움과 모든 사람에 대한 새로운 사랑을 통해 나타날 것입니다.

우리가 예수그리스도의 권능을 가장 훌륭하게 증거하는 방법은 계속해서 그분의 삶을 살되 우리 자신의 노력으로 하는 것이 아니라 우리 안에 있는 예수그리스도의 생명의 추진력에 의해서 하는 것입니다.

세상은 단순한 윤리만이 아니다. 하나의 도덕만도 아니다. 이는 생명 자체다. 바로 하나님이시다. **김수환**

5월 31일

하나님의 눈길

> 내가 그를 나의 성산으로 인도하여 기도하는 내 집에서 그들을 기쁘게 할 것이며 그들의 번제와 희생은 나의 단에서 기꺼이 받게 되리니 이는 내 집은 만민이 기도하는 집이라 일컬음이 될 것이라. 이사야서 56:7

기도란 본질적으로 하나님께 자기의 의식을 집중하는 것입니다. 기도를 할 때 주위의 세계를 뛰어넘지 않으면 참된 기도를 할 수 없습니다. 하나님은 우리의 손으로 만져보고 눈으로 볼 수 있는 분이 아닙니다. 그리고 우리의 지성만으로 이해할 수 있는 분도 아닙니다. 기도할 때 우리는 눈으로도 손으로도 확인할 수 없고 마음이나 지성으로도 이해할 수 없는 하나님의 세계를 여행할 수 있습니다. 걸으면 걸을수록 나아가면 나아갈수록 감지할 수 없는 하나님의 본질 속으로 들어가는 것입니다.

기도하면 할수록 우리는 자기의 진실에 더욱더 깊이 직면하게 됩니다. 자기의 허무를 적나라한 모습으로 골똘히 생각하게 됩니다. 어떠한 현실 속에서도 확고하게 하나님의 사랑의 힘을 계속 믿기만 한다면 기도의 응답은 분명하게 이루어질 것입니다. 기도란 하나님의 눈길을 자각하고 이에 보답하려는 인간의 마음 자세입니다. 하나님의 눈길과 그 초대에 응하는 우리 마음의 눈길, 이것이 기도입니다.

경험이나 교육을 통해서가 아니라 계시를 통해 하나님을 알려고 해라. 하나님을 앎이 어떤 경험이나 교육에 근거한다면 어린 사람들은 하나님을 알 수 없을 것이며 나이 든 사람이 그분을 가장 잘 알게 될 것이다. 그러나 그것은 모두 진실이 아니다. **놀란 볼**

6월
June

우리를 기억하시는 하나님

나는 오늘도 하나님께 감사한다. 하나님은 내가 안간힘을 쓰며 매달리는 모든 것에서 완전히 손을 떼게 됨으로써 하나님밖에는 아무것도 남지 않게 되는 그 어렵고 쓰라린 자기 연마의 시간을 주신다. **찰스**

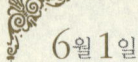 6월 1일

땀 흘리는 즐거움

> 손을 게으르게 놀리는 자는 가난하게 되고 손이 부지런한 자는 부하게 되느니라. 여름에 거두는 자는 지혜로운 아들이나 추수 때에 자는 자는 부끄러움을 끼치는 아들이니라. 잠언 10:4-5

여름이 시작되는 계절입니다. 여름 하면 사람들은 더위를 떠올리곤 합니다. 우리는 땀 흘리는 삶의 기쁨을 알아야겠습니다. 열심히 땀 흘리며 일한 후에 느끼는 휴식의 보람과 바람의 상쾌함은 비할 바가 없기 때문입니다.

계절을 계절답게 느끼고 살아가는 사람은 언제나 자신의 삶에 최선을 다합니다. 자신의 일에 몰입하는 즐거움도 삶의 즐거움에서 빼놓을 수 없는 것입니다. 여름날의 뜨거운 햇살은 열매를 익어가게 하는 힘이 있습니다. 우리의 삶도 마찬가지입니다. 더욱 열심히 땀 흘리며 살아갈 때 삶의 열매가 탐스럽게 익어갈 것입니다. 올해는 땀 흘리는 즐거움으로 일하며 더위를 멋지게 이겨냈으면 좋겠습니다. 올여름은 뜨거운 태양의 열기만큼이나 뜨겁게 일하는 즐거움을 가져야겠습니다.

시작하고 실패하는 것을 계속해라. 실패할 때마다 무엇인가 성취할 것이다. 네가 원하는 것은 성취하지 못할지라도 무엇인가 가치 있는 것을 얻게 되리라. **앤 설리번**

6월 2일

웃음 가득한 행복한 나날

사라가 가로되 하나님이 나로 웃게 하시니 듣는 자가 다 나와 함께 웃으리로다. 창세기 21:6

태양의 열기가 뜨거운 것처럼 우리의 삶도 열정적으로 살아간다면 더욱더 행복한 나날이 될 것입니다. 세상의 모든 나무와 풀이 꽃을 피웁니다. 사람들이 피울 수 있는 꽃은 웃음꽃입니다. 이 세상에서 가장 행복하고 아름다운 꽃은 무슨 꽃이겠습니까? 바로 웃음꽃입니다.

웃음을 싫어하는 사람은 없을 것입니다. 웃음은 성공을 부르는 멋진 표정입니다. 사람들은 누구나 웃음이 있는 사람을 좋아합니다. 가정 내에서, 친구 사이에서, 직장에서 유머가 있는 사람은 그곳의 분위기를 좋게 만듭니다. 어떤 사람이 잘 웃겠습니까? 첫째는 마음이 따뜻한 사람입니다. 둘째는 관심이 있는 사람입니다. 셋째는 삶이 즐거운 사람입니다. 웃음은 우리를 건강하게 만들어주는 최고의 보약입니다. 유머는 사람들을 웃게 만들어줍니다. 유머는 웃음이라는 땅에 아름답게 지어진 집이며 웃음으로 만드는 아주 맛있는 요리입니다. 많이 웃으며 삽시다.

유머 감각이 없는 사람은 스프링 없는 마차와 같다. 스프링 없는 마차는 길 위의 모든 조약돌을 지날 때마다 삐걱거린다. **헨리 워드 비처**

6월 3일

행복한 여름맞이

> 네가 자기 사업에 근실한 사람을 보았느냐. 이러한 사람은 왕 앞에 설 것이요 천한 자 앞에 서지 아니하리라. 잠언 22:29

모든 계절은 저마다 의미가 있고 계절마다 피는 꽃도 저마다 의미를 가집니다. 올해 우리에게 다가오는 여름도 우리에게 새로운 의미를 가져다줄 것입니다. 여름이 시작되는 이 계절에 우리의 생각부터 잘 정돈해야겠습니다.

덥다고 투정을 부리고 짜증을 낸다고 더위가 사라지는 것이 아닙니다. 삶 속에서 보람을 느끼면 더위는 그다지 큰 문제가 되지 않습니다. 주어진 환경을 탓하기보다는 주어진 환경 속에서 새로운 변화를 위해 땀 흘릴 줄 아는 사람이야말로 이 시대에 꼭 필요한 사람입니다. 언제나 땀 흘릴 줄 아는 사람이 인생을 제대로 알고 멋지게 살아갑니다. 열심히 일한 사람에게는 삶을 즐길 특권도 있는 것입니다. 이번 여름을 즐겁고 상쾌한 마음으로 맞이하겠다는 마음이 있다면 올여름은 행복한 시간을 우리에게 선물할 것입니다.

큰 재주를 가졌다면 근면은 그 재주를 더 낫게 해줄 것이며, 보통의 능력밖에 없다면 근면은 부족함을 보충해줄 것이다. **J. 레이놀즈**

6월 4일

삶에 내리는 행복이라는 단비

하나님은 모든 사람이 구원을 받으며 진리를 아는 데 이르기를 원하시느니라. 디모데전서 2:4

더운 날이면 하늘에서 시원하게 장대비를 한줄기 뿌려주었으면 하는 생각이 간절해집니다.

살아가면서 누구나 비에 관한 사연이 한둘은 있을 것입니다. 그러나 비는 너무 많이 와도 걱정, 너무 오지 않아도 걱정입니다. 너무 적게 오면 가물고 너무 많이 오면 피해를 입힙니다. 우리는 비를 통해 삶의 의미와 교훈도 깨닫게 됩니다. 모든 것이 지나쳐도 안 되고 모자라서도 안 된다는 것을 말입니다. 올해 때에 맞게 비가 내려 사람들의 마음도 촉촉하게 적셔주고 농사를 짓는 농부들이 좋아하도록 농사도 잘되었으면 좋겠습니다.

비 오는 날 사랑하는 사람과 우산을 쓰고 같이 걷는 것도 참 기분 좋은 일입니다. 왠지 빗속을 거닐면 더 정겨워지고 마음이 가까워짐을 느낄 수 있습니다. 여름에 내리는 비는 단비입니다. 우리의 삶에 날마다 행복이라는 단비가 내렸으면 좋겠습니다.

행복은 오히려 우리가 행복에 대해 생각하지도 못하거나 어떠한 일에 열중해 있을 때 찾아온다. 다른 사람에 대한 염려로 자기 자신을 미처 돌볼 겨를도 없을 때 찾아오는 것, 그것이 바로 행복이다. 다시 말하자면 어떤 상황, 어떤 인간관계에서 자기 자신을 까마득히 잊었을 때 진정으로 행복하다는 뜻이다. **루이제 린저**

6월 5일

성공하는 삶

> 시험을 참는 자는 복이 있도다. 이것에 옳다 인정하심을 받은 후에 주께서 자기를 사랑하는 자들에게 약속하신 생명의 면류관을 얻을 것임이니라. 야고보서 1:12

지금 당신의 모습을 살펴보십시오.

당신은 세계에서 성공한 사람들과 똑같은 손을 가지고 있습니다.

당신은 세계에서 성공한 사람들과 똑같은 발을 가지고 있습니다.

당신은 세계에서 성공한 사람들과 똑같은 눈을 가지고 있습니다.

당신은 세계에서 성공한 사람들과 똑같은 입을 가지고 있습니다.

당신은 세계에서 성공한 사람들과 똑같은 귀를 가지고 있습니다.

당신은 성공한 사람들이 갖고 있는 모든 것을 다 가지고 있습니다.

당신이 성공하겠다는 마음을 갖고 열정을 쏟는다면 당신은 성공하는 삶을 살 수 있습니다.

강하고 담대하게 외쳐보십시오.

"나는 할 수 있다!"

우리는 성공할 운명을 타고났다. 의사가 증상을 보고 병을 진단하듯이 우리는 성공과 실패도 진단할 수 있다. 왜냐하면 성공과 실패는 그저 단순히 발견되거나 우연히 마주치는 것이 아니기 때문이다. 우리는 우리의 인격과 성격에 성공의 씨를 뿌리고 우리의 사고와 행동이라는 습관으로 그것을 가꿔나간다. **맥스웰 몰츠**

주님과의 약속

여호와를 경외함이 곧 지혜의 근본이라. 그 계명을 지키는 자는 다 좋은 지각이 있나니 여호와를 찬송함이 영원히 있으리로다. 시편 111:10

생각을 살펴보십시오. 굳은 결심은 악을 행하지 않습니다. 생각을 살펴보십시오. 믿음과 지혜는 빛을 가져다줍니다. 생각을 살펴보십시오. 참되게 하시기 바랍니다. 하나님을 바라보십시오. 그분이 다스립니다. 하나님의 사랑은 우리로 하여금 하나님의 시선으로 자신을 보게 해주며 다른 사람에게 겸손한 태도로 나가게 해줍니다.

기도의 깊이가 그 사람의 생활 태도에 비례한다고 하는 것은 맞는 말입니다. 그 사람의 태도를 보면 그 사람의 기도를 알 수 있습니다. 마찬가지로 그 사람의 기도를 보면 그 사람의 생활 태도를 알 수 있습니다. 우리의 구원이 되시는 예수그리스도는 안전하게 우리를 인도하실 것을 약속하셨습니다. 비록 풍랑이 울부짖고 폭풍이 노도처럼 밀려들지라도 우리는 주님의 약속을 굳게 믿고 의지해야 합니다.

나는 사람들에게 당장 긍정적인 생각을 하고 싶지 않다면 그래도 괜찮다고 말한다. 단지 마음속에 있는 모든 부정적인 생각을 버리라고 한다. 그러면 좋은 것만 남게 된다. **밥 로텔러**

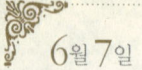 6월 7일

가장 복된 사람

하나님께 가까이함이 내게 복이라. 내가 주 여호와를 나의 피난처로 삼아 주의 모든 행사를 전파하리이다. 시편 73:28

생명은 가장 귀하고 중요한 것입니다. 그리고 생명에 의미를 부여할 수 있는 최후의 의미 그것은 바로 믿음, 곧 신앙입니다. 신앙이라는 것은 모든 필요한 여러 가지 중의 하나를 말하는 것이 아닙니다. 신앙이라는 것은 세상과 바꿀 수 없는 오직 하나입니다. 가장 고귀하고 값진 진리를 의미합니다. 가장 복된 사람은 바로 이 진리의 소유자입니다.

예수그리스도를 믿는다는 것은 무엇을 의미합니까? 그것은 그리스도를 주님으로 모시고 그리스도 안에서 살아가는 것을 의미합니다. 돌아온 탕자와 같은 참된 회개가 있을 때 진정 예수그리스도를 믿고 새사람이 되는 것입니다.

이 세상에서 가장 위대한 일은 하나님의 사랑의 통로가 되는 일입니다. 이 세상에서 가장 큰 일은 하나님을 사랑하고 사람을 사랑하는 것입니다. 이것을 항상 잊지 말아야 합니다. 하나님은 사람을 사랑하십니다. 우리도 하나님을 사랑해야 합니다.

우리 주는 우리 안에 거하니 영원토록 은혜를 새로이 하여 섬김의 진리를 사랑하며 기념하여 복되게 해라. **페트슨**

6월 8일

언제나 만나고 싶은 사람

> 믿음의 주요, 또 온전케 하시는 예수를 바라보자. 저는 그 앞에 있는 즐거움을 위하여 십자가를 참으사 부끄러움을 개의치 아니하시더니 하나님 보좌 우편에 앉으셨느니라. 히브리서 12:2

어느 날 문득 누군가를 떠올릴 때 미소가 지어지며 기분 좋은 추억이 생각난다면 참으로 행복한 사람입니다. 참된 삶을 살아가는 사람은 아름다운 추억을 만들어놓습니다. 인생이란 만남과 헤어짐 속에 이루어집니다. 어떤 사람을 어떻게 만나느냐에 따라 사람이 전혀 다른 모습으로 나타나게 되는 것입니다.

우리는 지나간 것을 추억 속에 담아두고 그리워하며 살아갑니다. 우리의 추억 속에는 숨겨두고 싶은 이야기도 있지만 언제나 꺼내보고 이야기하고 싶은 추억이 많습니다.

삶 속에 아름다운 추억을 만드는 사람은 마음에 여유가 있는 사람입니다. 매일의 삶을 소중하게 생각하고 가족과 주변 사람들을 늘 사랑하며 살아야겠습니다. 언제나 만나고 싶은 사람, 함께 있고 싶은 사람, 만나면 편안한 사람이 되어야 합니다.

추억은 현실보다 오래간다. 나는 꽃을 말려서 여러 해 보관해보았지만 열매는 그렇게 보관할 수 없었다. **셰익스피어**

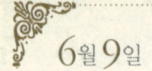
6월 9일

기도란 그리스도인의 호흡입니다

형제들아 너희가 자유를 위하여 부르심을 입었으나 그 자유로 육체의 기회를 삼지 말고 오직 사랑으로 서로 종 노릇 하라. 갈라디아서 5:13

기도는 천국 발전소의 스위치를 누르는 것입니다
기도는 천국을 향한 영혼의 간절한 소망입니다
기도는 회개한 마음에서 피어나는 달콤한 향기입니다
기도는 주님의 현존을 체험하는 것입니다
기도는 하나님과의 대화 속에서 우리의 마음을 표현하는 것입니다
기도는 교회의 원동력입니다
기도는 영혼이 향하는 가장 원숙한 기술입니다
기도는 불타는 열정이며 진실한 삶이고 그리스도인의 호흡입니다
기도는 하나님의 전능하심을 배우는 간절함입니다
기도는 조용히 문을 열고서 하나님이 계시는 곳으로 들어가는 것입니다

기도는 우리의 심장의 고동에로, 우리가 호흡하는 속으로, 우리가 생각하고 듣고 보고 만나는 정서 속으로 하나님이 들어가도록 한다. **헨리 나우웬**

6월 10일

우리를 기억하시는 하나님

> 우리 가운데서 역사하시는 능력대로 우리의 온갖 구하는 것이나 생각하는 것에 더 넘치도록 능히 하실 이에게 교회 안에서와 그리스도 예수 안에서 영광이 대대로 영원무궁하기를 원하노라 아멘. 에베소서 3:20-21

타인과의 비교를 너무 의식하는 사람은 불행을 더 많이 느낄 수 있습니다. 우리의 삶에는 타인과 비교하지 않아도 좋을 것이 많습니다. 타인과 비교하고 싶어하고 타인에게 나타내 보이고 싶어할 때 교만이 생기기도 합니다. 하나님은 모든 사람에게 그들만이 가질 수 있는 고유한 축복을 주셨다는 사실을 우리는 먼저 깨달아야 할 것입니다. 이는 곧 우리의 삶에는 우리 삶 나름대로의 달란트가 있다는 것입니다. 우리는 하나님의 그 놀랍고 고귀한 사랑을 누리게 될 것입니다.

지상의 삶이 존재하는 한 계층의 형성은 언제나 계속될 것입니다. 가진 자와 못 가진 자, 부리는 자와 부림을 당하는 자가 있을 것입니다. 우리는 지금 어떤 상황에 있습니까? 자신이 있는 위치에서 그리스도인다운 삶을 살기를 원해야 할 것입니다. 삶의 마지막 순간일지라도 주님에게 기억되기를 원했던 강도의 마음을 가져보는 것입니다. 누군가 우리를 기억해주기만 해도 좋은데 하나님이 우리를 기억하신다면 얼마나 행복한 일입니까?

중요한 일은 다만 자기에게 지금 부여된 길을 한결같이 똑바로 나아가고, 그것을 다른 사람들의 길과 비교하지 않는 것이다. **헤르만 헤세**

6월 11일

모든 것을 받아주시는 하나님

> 내가 너희를 생각할 때마다 나의 하나님께 감사하며 간구할 때마다 너희 무리를 위하여 기쁨으로 항상 간구함은 첫날부터 이제까지 복음에서 너희가 교제함을 인함이라. 너희 속에 착한 일을 시작하신 이가 그리스도 예수의 날까지 이루실 줄을 우리가 확신하노라. 빌립보서 1:3-6

예수그리스도는 우리 심령의 주인으로 계신 분입니다. 우리에게 손님으로 왔다가 가시는 분이 아닙니다. 주님은 우리의 마음과 인생을 주장하시고 인도하시는 분입니다.

우리가 하나님 앞에 서 있을 때 우리는 깨질 수밖에 없습니다. 하나님 앞에 설 때 우리의 자화상은 깨집니다. 하나님 앞에 설 때 우리의 본래의 모습을 발견합니다. 진정 불꽃같은 여호와의 눈앞에 설 때 우리는 자신을 보게 되고 하나님 영광 앞에서 예전의 자기를 포기하게 될 것입니다. 하나님은 순수한 우리의 모습을 원하십니다. 하나님 앞에 겸손히 나갈 때 그분은 우리의 모든 것을 받아주십니다.

우리 안에는 개발되지 않은 위대함의 씨앗이 있다. 재능, 능력, 특권, 지능, 기회라는 탄생의 선물은 스스로의 결단과 노력을 통하지 않고는 열리지 않는다. 그래서 인간은 무한한 능력을 갖고 있는 것이다. 그러나 우리는 사람이 얼마나 많이 성취할 수 있는지 모른다. **스티븐 코비**

6월 12일

성숙한 그리스도인

> 형제들아 우리가 너희에게 구하노니 너희 가운데서 수고하고 주 안에서 너희를 다스리며 권하는 자들을 너희가 알고 저의 역사로 말미암아 사랑 안에서 귀히 여기며 너희끼리 화목하라. 데살로니가전서 5:12-13

우리가 날마다 묵상할 수 있다면 영혼에 커다란 유익이 될 것입니다. 묵상이 습관처럼 된다면 더욱 좋을 것입니다. 주님도 습관처럼 기도하셨기에 승리하셨습니다. 우리의 삶이 주님을 닮을 수 있다면 그보다 더한 행복이 어디 있겠습니까?

고난을 통해 예수그리스도는 승리를 얻으셨습니다. 주님은 하나님이 허락하시는 승리의 즐거움을 아셨습니다. 이는 우리를 주님께로 이끄는 즐거움입니다. 이 일을 위해 주님은 그 모든 고통을 이겨내셨습니다. 그리스도가 우리의 삶에 들어오실 때 그분은 우리의 삶을 변화시키십니다. 그리스도에게 우리의 가치관 형성을 맡길 때 중요하고 놀라운 변화가 우리의 생각과 행동 속에 분명히 나타납니다.

성숙한 그리스도인은 기쁨 속에서 도움을 주며 사는 사람입니다. 성숙한 그리스도인의 삶은 믿지 않는 사람들에게 지속적인 감화를 끼칠 것입니다. 우리가 성숙한 그리스도인이 되기 위해서는 우리의 삶을 하나님, 성령, 말씀과 그의 뜻에 복종하는 훈련을 해야 합니다.

당신이 자신보다 다른 사람에 대해 관심을 더 많이 가질 때 성숙하기 시작하는 것이다. **로이드 코리**

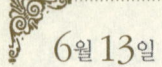
6월 13일

만족하며 사는 삶

하나님이 우리를 구원하사 거룩하신 소명으로 부르심은 우리의 행위대로 하심이 아니요 오직 자기의 뜻과 영원 전부터 그리스도 예수 안에서 우리에게 주신 은혜대로 하심이라. 디모데후서 1:9

삶 속에서 하나님이 함께하심을 믿고 순종하며 사는 사람은 만족한 삶을 살아가는 그리스도인이 될 수 있습니다. 만족한 삶을 사는 사람이 되려면 조건이 있습니다.

만족하는 삶을 살아가는 사람은 분명한 삶의 방향과 뜻을 가진 사람입니다. 인생을 헛되게 살았다고 후회하거나 실망하지 않는 사람입니다. 만족하는 삶을 살아가는 사람은 몇 가지 장기적인 계획을 세우고 그것을 성취하는 사람입니다. 누군가를 무척 사랑하고 있는 사람입니다. 친구가 많은 사람입니다. 만족하는 삶을 살아가는 사람은 성격이 발랄한 사람입니다. 자기에 대한 평가에 지나치게 신경 쓰지 않는 사람입니다. 만족하며 살아가는 사람은 늘 친절하고 겸손한 사람입니다. 사랑을 줄 줄 알고 받을 줄 아는, 마음에 여유가 있는 사람입니다.

만족한 삶을 위해서는 일을 즐길 수 있을 정도의 건강, 필요를 충족할 수 있을 정도의 부, 죄를 고백하고 버릴 수 있을 정도의 은혜, 행복을 이룰 때까지 노력할 정도의 끈기, 다른 사람에게 도움이 되는 사람이 될 수 있을 정도의 사랑, 하나님의 말씀을 현실로 만들 수 있을 정도의 믿음, 미래에 대한 걱정을 없앨 수 있을 정도의 희망이 있어야 한다. **괴테**

6월 14일

예수의 흔적

누가 주의 마음을 알아서 주를 가르치겠느냐. 그러나 우리가 그리스도의 마음을 가졌느니라. 고린도전서 2:16

골고다 십자가 고통이 있었던 자리
예수의 흔적에서
언제나 죄의 아픔을 넘어 구원의 기쁨을 느낀다

주님의 십자가를 바라보면
그 사랑에 눈물이 나고
눈을 감고 있으면 가슴이 벅차온다
주님 예수로 인해 거듭난 삶 변화된 인생의 길이
더욱 새롭게 열린다

잊는다 해도 영원히 잊을 수 없는 구원의 은혜로
살아감 속에 드려지는 찬양과 경배
오늘 나는 예수의 흔적을 가졌어라
십자가의 상처
누구에게든 자랑할 수 있는 상처를 가졌어라
나는 예수의 흔적을 가졌어라

2천 년 전 세상에는 가장 위대하게 산 사람이 있었다. 모든 지식인은 그를 신이라고 불렀다.
프레드릭 로버트슨

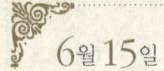 6월 15일

하나님의 은혜

우리 주 예수그리스도의 은혜를 너희가 알거니와 부요하신 자로서 너희를 위하여 가난하게 되심은 그의 가난함을 인하여 너희로 부요케 하려 하심이라. 고린도후서 8:9

하나님이 한 영혼을 채우려 하실 때에는
먼저 그것을 비우십니다
하나님이 한 영혼을 부요하게 하실 때에는
먼저 그것을 가난하게 하십니다
하나님이 한 영혼을 높이려 하실 때에는
먼저 그것으로 하여금
자신의 비참과 결핍과 무를 느끼게 하십니다 **플라벨**

우리는 자기가 은혜를 입히고 있는 사람을 보면 곧 생각해내지만 자기가 은혜를 입고 있는 사람은 잘 기억하지 못한다. 하나님은 능력 있는 자가 아니라 순종함으로 열려 있는 자를 선택하신다. 그리스도의 일꾼으로 우리를 택하시는 것도 하나님의 은혜의 한 부분이다. **조이스 마이어**

6월 16일

우리에게 필요한 것들

> 이스라엘의 하나님 여호와의 말씀이 나 여호와가 비를 지면에 내리는 날까지 그 통의 가루가 떨어지지 아니하고 그 병의 기름이 없어지지 아니하리라 하셨느니라. 열왕기상 17:14

사람이 살아가며 성장하려면 알아야 할 것이 있습니다. 소유보다 중요한 것은 생명입니다. 행복은 얼마나 성취했느냐 얼마나 만족하느냐에 달려 있습니다.

친절함이 주는 기쁨과 사소한 일의 가치를 알아야 합니다. 열린 마음을 가지고 있어야 하며 모든 이를 사랑하는 가슴을 가져야 합니다. 자신에게 솔직하면서 자신을 신뢰하고, 실패에서 일어서는 힘과 미래를 준비하는 의지와 꿈꾸는 마음과 강인한 영혼, 확고한 목표와 끝없는 인내, 인간에 대한 신뢰와 하나님에 대한 믿음을 가져야 합니다.

우리는 꿈이 있어야 합니다. 꿈은 아침에 우리를 침대에서 벌떡 일어나게 할 것이며 우리의 분별력을 향상시키고 창조적인 활력을 불어넣어 줄 것입니다. 꿈은 당신을 고양하고 매일의 삶에 맛을 더해줄 것입니다. 꿈은 위대한 목표를 정하고 거기에 도달하도록 하는, 하나님께서 주신 선물입니다.

당신은 당신에게 필요한 것들 중에 하나님이 채우지 못하실 것이 있다고 생각하는가? 당신의 마음속에 하나님이 당신의 필요의 80퍼센트 혹은 90퍼센트 정도만 채우실 것이라고 생각하지 않는가? 하나님은 그런 분이 아니시다. 우리를 향한 하나님의 공급의 풍성함은 우리가 요구하는 것 이상이다. **찰스 스탠리**

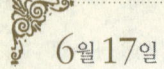
6월 17일

하나님을 찾아

오직 우리의 시민권은 하늘에 있는지라. 거기로서 구원하는 자 곧 주 예수그리스도를 기다리노니 그가 만물을 자기에게 복종케 하실 수 있는 자의 역사로 우리의 낮은 몸을 자기 영광의 몸의 형체와 같이 변케 하시리라. 빌립보서 3:20-21

하나님의 일꾼들은 하나님이 자유로이 움직일 수 있는 여백을 남겨두어야 합니다. 우리는 계산을 하고 재어보면서 이런저런 일이 진행될 것이라고 말하지만 하나님이 선택하여 들어오실 수 있는 여지는 남겨두지 않습니다. 우리가 전혀 예상하지 않았던 일에, 예컨대 우리의 집회나 설교의 시간에 하나님이 홀연히 나타나신다고 생각하지는 말아야 합니다. 하나님이 어떤 특이한 방법으로 나타나실 것이라고 생각하지 말고 하나님을 찾아야 합니다.

십자가를 앞에 놓고 기도하신 예수그리스도는 구원의 신비를 실현하여 마침내 교회를 건설하셨습니다. 그러나 기도를 하지 못한 제자들은 도망치고 말았습니다. 기도야말로 나약하여 현실 사회에 먹혀버리기 쉬운 인간이 그 나약함을 극복하고 하나님의 뜻을 확신하며 살아갈 수 있는 길입니다. 우리는 우리의 삶 속에서 하나님을 찾고 만나야 합니다. 하나님은 우리를 사랑하십니다. 우리도 사랑해야 합니다. 우리는 모두를 사랑해야 합니다. 기도한다는 것은 하나님 앞에 몸과 마음 전부를 여는 것입니다. 기도는 자신을 드러내는 것이기 때문입니다.

인간이란 무엇인가를 사랑해야만 한다. 그러나 진실로 인간이 사랑할 수 있는 것은 악한 것을 전혀 포함하지 않은 것뿐이다. 그러니까 악한 것을 전혀 가지고 있지 않은 것이 존재해야만 한다. 이렇듯 악한 것을 전혀 가지지 않은 것이 하나 있다. 바로 하나님이다. **톨스토이**

그리스도인의 죄의 자백

> 너희가 서로 거짓말을 말라. 옛사람과 그 행위를 벗어버리고 새사람을 입었으니 이는 자기를 창조하신 자의 형상을 좇아 지식에까지 새롭게 하심을 받은 자니라. 골로새서 3:9-10

우리가 죄를 자백하려면 이 세상 그 어느 곳보다 하나님 앞에 자백해야 합니다. 누가 대신 자백하는 것이 아니라 우리 스스로 우리의 입술로 자백해야 합니다. 자백에는 세 가지 유형이 있습니다.

첫째, 사적인 자백입니다. 죄를 지었는데 그것이 하나님에 대한 죄이고 다른 사람들이 전혀 알지 못하는 것이라면 하나님께 자백하면 해결됩니다.

둘째, 대인적인 자백입니다. 어떤 사람에 대해 지은 죄를 하나님께 자백할 뿐 아니라 당사자에게도 자백해야 합니다.

셋째, 공개적인 자백은 온 교회에 대해 지은 죄 등 많은 사람이 이미 알고 있는 죄에 대한 자백입니다. 모든 사람 앞에서 공개적으로 자백해야 하며, 그러지 않으면 그 잘못이 처리되지 않습니다. 그러나 모든 죄를 용서해주시는 분은 하나님이십니다.

우리가 하나님 앞에 우리의 모든 것을 내려놓고 자백할 때 하나님은 예수그리스도의 보혈로 우리의 모든 죄를 눈과 같이 희게 씻어주실 것입니다.

죄는 증오할 것이지만 회개한 죄는 세상에 있어 아름다운 것이다. **오스카 와일드**

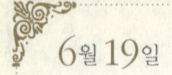

6월 19일

그리스도인의 마음

예수께서 우리를 위하여 죽으사 우리로 하여금 깨든지 자든지 자기와 함께 살게 하려 하셨느니라. 그러므로 피차 권면하고 덕을 세우기를 너희가 하는 것같이 하라. 데살로니가전서 5:10-11

다른 사람을 인정하고 칭찬하는 사람은 마음에 평안이 있습니다. 예수그리스도께서 비판하지 말라고 하신 것은 옳고 그름을 분별하지 말라는 뜻이 아닙니다.

사람은 잘못 판단하기가 쉽습니다. 내가 보기엔 틀려도 하나님이 보시기에는 옳은 일도 있고, 현재는 틀려 보이는 일이 나중에는 옳은 것으로 판명되기도 합니다. 겉으로 좋아 보여도 속으로는 나쁠 수도 있습니다.

겸손히 자기를 살펴야 합니다. 남을 비판하는 만큼 자기도 비판을 받게 되고 남에게 너그러우면 자기도 너그러운 판단을 받게 됩니다. 겸손한 사람, 많이 아는 사람은 남을 날카롭게 비판하지 않습니다. 손가락 하나로 남을 가리키면 세 개는 자신을 향하게 된다는 사실을 알아야 합니다. 우리는 다른 사람을 함부로 비판하기보다는 이해하고 감싸주고 용서해주는 예수그리스도의 마음을 가져야 합니다. 이런 너그러운 마음이 곧 그리스도인의 마음입니다.

비판은 마치 저울과 같고 증거는 추와 같다. 그러나 의지의 손이 저울을 붙들고 있는 것이요, 많은 경우에 있어서 저울이 조금만 오르고 내려도 경중을 알 수 있듯이, 비판은 비판자의 인격적 경중을 쉽게 알 수 있게 만든다. **리처드 워틀리**

6월 20일

구원의 증거

> 주의 사랑하는 형제들아 우리가 항상 너희를 위하여 마땅히 하나님께 감사할 것은 하나님이 처음부터 너희를 택하사 성령의 거룩하게 하심과 진리의 믿음으로 구원을 얻게 하심이니 이를 위하여 우리 복음으로 너희를 부르사 우리 주 예수그리스도의 영광을 얻게 하려 하심이니라. 데살로니가후서 2:13-14

우리는 모든 사람이 나를 위해서 살며 모든 사람이 자기 자신을 사랑하는 것 이상으로 나를 사랑하기를 바랍니다. 우리의 이 바람을 성취할 수 있는 방법이 꼭 하나 있습니다. 즉, 모든 사람이 남의 행복 때문에 살며 자기를 사랑하는 이상으로 남을 사랑하는 것입니다.

그런 경우에 비로소 우리도, 다른 사람도 모든 사람으로부터 사랑을 받게 되고 모두가 함께 바라는 행복을 얻게 될 것입니다.

모든 사람이 자기를 사랑하기보다 남을 더 사랑함으로써 행복이 실현되는 것이라면 살아 있는 존재인 그대로 자기를 사랑하는 것 이상으로 남의 존재를 사랑해야 할 것입니다. 왜냐하면 사랑이 없는 곳에는 생명도 없기 때문입니다. 하나님의 사랑과 영혼 구원은 떼어놓을 수 없는 관계입니다. 만약 우리가 하나님의 사랑을 소유하고 있다면 영혼 구원에 관한 하나님의 명령에 순종할 것입니다. 이는 우리가 구원의 확신을 가졌음을 확증해주는 하나의 증거가 됩니다.

당신이 완전히 새로운 방식으로 살기 시작했다는 증거로 감정을 내세우지 마라. 그분이 당신을 얻기 위해서 지불하신 엄청난 대가만으로도 충분한 증거가 된다는 것을 기억해라. **빌리 그레이엄**

사랑은 허다한 허물을 덮어줍니다

> 대답하여 가로되 네 마음을 다하며 목숨을 다하며 힘을 다하며 뜻을 다하여 주 너의 하나님을 사랑하고 또한 네 이웃을 네 몸과 같이 사랑하라 하였나이다. 예수께서 이르시되 네 말이 옳도다. 이를 행하라. 그러면 살리라 하시니. 누가복음 10:27-28

하나님을 잘 모르는 사람들은 하나님을 두려워해야 한다고 말합니다. 그러나 그것은 틀린 생각입니다. 하나님을 두려워해서는 안 됩니다. 우리는 하나님을 사랑해야 합니다. 두려운 것은 사랑할 수가 없습니다. 더구나 하나님은 사랑이십니다.

어찌 사랑을 두려워할 수가 있겠습니까? 하나님을 두려워하지 말고 하나님을 사랑하시기 바랍니다. 하나님은 사랑 그 자체이십니다. 하나님은 사랑의 하나님이시기에 우리를 구원하시고 사랑으로 함께하시는 것입니다.

사랑이 없어서 다투고 헐뜯고 미워하고 시기하고 질투를 합니다. 사랑은 허다한 허물을 덮어줍니다.

하나님은 우리 안에서 우리를 통해 일하신다. 하나님과 더 깊은 교제를 통해 우리는 에너지를 충전하고 여행의 안내자를 얻게 된다. 그분 안에서의 휴식, 우리는 이 시간을 통해 우리가 앞으로 가야 할 길을 천천히 바라보는 기회를 항상 가져야 한다. **마이클 린버그**

6월 22일

예수그리스도 안에서 다시 태어나야 합니다

> 오직 우리 주 곧 구주 예수그리스도의 은혜와 저를 아는 지식에서 자라가라. 영광이 이제와 영원한 날까지 저에게 있을지어다. **베드로후서 3:18**

어느 날 토마스 아퀴나스가 하나님께 간절히 기도드렸을 때 하나님께서 그에게 응답하셨습니다.

"내가 네게 무엇을 줄까?"

그때 토마스 아퀴나스는 말했습니다.

"저는 아무것도 원하지 않습니다. 단지 그리스도만 원할 뿐입니다."

순수한 마음은 예수그리스도와 함께하는 길을 만들어줍니다. 세속적인 이해타산과 가치 기준 때문에 순수성을 잃고 산다면 우리에게 오시는 예수그리스도를 내쫓는 셈이 됩니다. 하나님의 말씀에 순수하게 응답하는 순종이 구원 역사에 절대적인 것입니다.

우리는 예수그리스도 안에서 다시 태어나야 합니다. 이와 같이 거듭나는 진통을 겪지 않고서는 결코 예수께서 추구하신 하나님의 나라를 이해할 수 없습니다. 예수그리스도는 물질적이고 육적인 면에서만의 구원과 사회 개혁, 또는 그 반대로 영적인 면에서만의 구원과 사회 개혁, 그 어느 쪽도 완강하게 거부하셨습니다. 하나님의 나라는 영혼과 물질적인 삶 전체가 죄악에서 해방되어 하나님의 뜻이 이 땅에 이루어지는 것입니다.

> 그리스도는 세계 역사의 위대한 중심적 사실이다. 그에게는 모든 것이 앞으로 보이거나 뒤로 보이기도 한다. 모든 역사의 기록은 그에게로 모아지고 하나님의 섭리의 모든 진전은 그에 의해 인도된다. 세계 역사가 기록하고 있는 가장 위대하고 가장 순간적인 사실은 그리스도의 탄생 사실이다. **스퍼전**

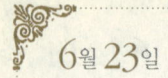
6월 23일

이웃과 나누며 살아가야 합니다

이 세상도 그 정욕도 지나가되 오직 하나님의 뜻을 행하는 이는 영원히 거하느니라. 요한일서 2:17

성령께서 친히 우리의 마음을 주관하신다면 우리는 믿음, 소망, 사랑, 기쁨을 가지게 됩니다. 우리 마음에 평안이 없을 때 우리의 마음이 하나님의 마음에 합한가를 점검해봐야 합니다.

우리의 쓸데없는 고집이 하나님의 일을 막아버리는 경우가 종종 있습니다. 그러나 기억할 것은 하나님은 그들 가운데서도 역사하신다는 것입니다.

우리가 예수그리스도의 마음을 가졌다면 마음껏 사랑하며 살아야 합니다. 우리의 삶은 예수그리스도로 말미암아 구원받은 너무나 소중한 삶이기 때문입니다. 우리가 사랑을 받았다면 사랑의 마음을 이웃과 나누며 살아가야 합니다. 이 모습이 바로 그리스도인의 삶의 모습입니다.

마음의 진정한 가치를 알 수 있는 가장 좋은 방법은 마음을 사용할 수 없을 때 삶이 어떤가를 깨닫는 것이다. **잭 캔필드**

6월 24일

참된 그리스도인

> 종말로 형제들아 무엇에든지 참되며 무엇에든지 경건하며 무엇에든지 옳으며 무엇에든지 정결하며 무엇에든지 사랑할 만하며 무슨 덕이 있든지 무슨 기림이 있든지 이것들을 생각하라. 빌립보서 4:8

참된 그리스도인은 하나님이 선하고 위대하시다는 사실을 알고 있습니다. 또 느끼고 있습니다. 그는 자기가 가진 모든 것이 하나님께로부터 온 것임을 알고 있습니다. 그는 하나님께서 말씀하신 바를 행해야 한다는 것을 알며 또 그렇게 행하려고 노력합니다. 그는 항상 하나님을 기쁘시게 하려고 애를 씁니다. 이것이 바로 진정한 그리스도인의 모습입니다.

1. 참된 그리스도인은 사물을 보는 데 있어서 새로운 관점을 가지고 있습니다.
2. 참된 그리스도인은 그 마음을 하나님께 둡니다.
3. 참된 그리스도인은 자기가 죄에서 구원받았다는 사실을 결코 잊지 않습니다.
4. 참된 그리스도인은 자기가 손해를 보더라도 늘 진실합니다.
5. 참된 그리스도인은 지극히 신실합니다.

진정한 그리스도인만큼 행복하고 사리 분별이 뚜렷하고 상냥한 사람은 없다. 그 자신이 하나님께 연합된 것을 믿고 있으면서도 결코 허영을 느끼지 않는다. 그는 자신이 이 땅의 벌레에 불과하다고 느끼고 있더라도 결코 낙담하지 않는다. **파스칼**

6월 25일

주님 안에서 믿음 속에 살아야 합니다

> 내가 너희에게 이르노니 이와 같이 죄인 하나가 회개하면 하늘에서는 회개할 것 없는 의인 아흔아홉을 인하여 기뻐하는 것보다 더하니라. 누가복음 15:7

어떤 철도 사업가가 임종을 맞이하게 되었습니다. 그는 수많은 종업원을 거느린 철도 왕국을 이루었고 수천만 달러의 돈을 벌어들였습니다. 그러나 죽음을 앞둔 이 사업가는 아들의 손을 잡고 말했습니다.

"아들아! 너는 지금 이 세상에서 가장 비참한 실패자의 손을 잡고 있다."

"아버지! 무슨 말씀이세요! 아버지가 실패자라니요. 그건 말이 안 됩니다."

"나의 사랑하는 아들아! 결코 그렇지 않단다. 이 일을 하는 동안 나는 주님을 멀리 떠나 있었다. 예수그리스도 안에 있지 않으면 모든 것이 다 실패란다."

우리가 그리스도인이라면 주님 안에서 믿음 속에 살아야 합니다. 주님 안에 있지 않은 우리의 삶과 모든 행위는 아무리 대단해도 실패한 것입니다. 예수그리스도 안에서 하나님이 기뻐하시는 삶을 살았을 때 우리는 하나님으로부터 칭찬을 받을 것이고 그분의 나라에 초대될 것입니다.

하나님과 성경 없이는 이 세계를 옳게 다스릴 수 없다. **조지 워싱턴**

6월 26일

생각한 대로 이루어집니다

예수께서 대답하여 가라사대 진실로 진실로 네게 이르노니 사람이 거듭나지 아니하면 하나님 나라를 볼 수 없느니라. 요한복음 3:3

예수그리스도처럼 생각하고 행동하면 그리스도인이 됩니다

건강한 사람처럼 생각하고 행동하면 건강해집니다

환자처럼 생각하고 행동하면 환자가 됩니다

착실한 사람처럼 생각하고 행동하면 착실해집니다

술고래처럼 생각하고 행동하면 술고래가 됩니다

부자처럼 생각하고 행동하면 부자가 됩니다

거지처럼 생각하고 행동하면 거지가 됩니다

영웅처럼 생각하고 행동하면 영웅이 됩니다

겁쟁이처럼 생각하고 행동하면 겁쟁이가 됩니다

성공한 사람처럼 생각하고 행동하면 성공한 사람이 됩니다

인간의 행동은 마음속의 강한 욕구로부터 생긴다. 따라서 가정에서나 학교에서나 정계에서나 장차 지도자가 되고자 하는 사람은 다른 사람의 마음에 강한 욕구를 불러일으키게 해라. 그것을 할 수 있는 사람은 전 세계를 얻을 수 있고, 그렇게 할 수 없는 사람은 외로운 길을 걷게 된다. **해리 A. 오버스트리트**

6월 27일

자아의 성숙

> 아무것도 염려하지 말고 오직 모든 일에 기도와 간구로 너희 구할 것을 감사함으로 하나님께 아뢰라. 그리하면 모든 지각에 뛰어난 하나님의 평강이 예수그리스도 안에서 너희 마음과 생각을 지키시리라. 빌립보서 4:6-7

인간에는 두 종류가 있습니다. 하나는 앞을 못 보는 인간이고 다른 하나는 눈을 뜬 영적인 인간입니다. 앞을 못 보는 인간은 먹고 마시고 일하고 쉬며 시계태엽처럼 살아갑니다. 그러나 눈을 뜬 영적인 인간은 모든 일을 하나님의 뜻에 따라 순종하며 살아가 하나님께 영광을 돌립니다.

우리가 그리스도인이라면 예수그리스도 안에 있는 부르심의 상을 얻기 위해 푯대를 행해 달음질해야 합니다. 우리에게 닥치는 모든 폭풍, 모든 시험, 모든 유혹이 우리에게 유익이 되도록 사랑의 하나님께서 우리에게 언제나 평안과 기쁨을 주시기를 기도해야 합니다.

우리가 당하는 모든 고통과 시험이 천국을 더욱 바라게 하고 세상을 더욱 멀리하게 만들기를 바랍니다. 하나님의 사랑이 우리 안에 심길 때 우리는 성숙하여 진정한 그리스도인이 될 수 있습니다. 사랑이 우리의 자아를 변화시킵니다.

인간은 세 종류로 나눌 수 있다. 지혜를 사랑하는 자, 명예를 사랑하는 자, 이익을 사랑하는 자다. **플라톤**

세 종류의 사람

> 악을 행하는 자마다 빛을 미워하여 빛으로 오지 아니하나니 이는 그 행위가 드러날까 함이요 진리를 좇는 자는 빛으로 오나니 그 행위가 하나님 안에서 행한 것임을 나타내려 함이라 하시니라. **요한복음 3:20-21**

사람은 세 종류로 구별할 수 있습니다.

첫째, 하나님을 찾고 봉사하는 사람으로 이들은 명랑하고 행복합니다.

둘째, 하나님을 찾지도 못하고 찾으려고도 하지 않는 사람으로 이런 사람은 지혜가 없으며 행복하지도 않습니다.

셋째, 하나님을 찾아낼 능력은 없지만 하나님을 찾으려고 애쓰는 사람입니다. 이 사람은 지혜는 있을지 몰라도 아직은 행복하지 않습니다.

사람은 즐거운 생각을 하고 있거나 아름다운 장면을 떠올리고 있을 때 시력이 향상되며 맛의 감각은 물론 냄새 맡는 힘, 듣는 힘까지도 향상되고 또 촉각도 예민해져 피부에 닿는 물체의 미세한 부분까지도 그 다른 점을 식별해낸다. **윌리엄 제임스**

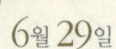
6월 29일

인간의 성품을 변화시키는 예수

> 누구든지 등불을 켜서 움 속에나 말 아래 두지 아니하고 등경 위에 두나니 이는 들어가는 자로 그 빛을 보게 하려 함이니라. 네 몸의 등불은 눈이라 네 눈이 성하면 온몸이 밝을 것이요 만일 나쁘면 네 몸도 어두우리라. 그러므로 네 속에 있는 빛이 어둡지 아니한가 보라. 누가복음 11:33-35

세상은 밖에서 안으로 끌어들이는 일을 합니다.
예수그리스도는 안에서 밖으로 이끌어내는 일을 하십니다.
세상은 사람들을 슬럼가로 들어가게 합니다.
예수그리스도는 사람들을 슬럼가에서 빼어내십니다.
그러면 사람들은 스스로 슬럼가에서 빠져나오게 됩니다.
세상은 환경을 바꿈으로써 사람을 변화시키려고 합니다.
그래서 사람들은 자신의 환경을 바꾸는 일에 몰두합니다.
그러나 예수그리스도는 사람을 먼저 변화시키십니다.

변화와 마주칠 때 대부분의 사람들은 극단적인 반응을 보인다. 어떤 사람은 자기 입장을 고수하는가 하면 어떤 사람은 변화에 굴복해서 휘말리기도 한다. 이때 융통성을 발휘하면 이처럼 역효과가 발생하는 극단적인 행동을 피할 수 있다. 뿐만 아니라 몸과 마음의 균형을 유지하고 변화의 가치라는 지적 자산을 만들 수 있다. **피터 코헨**

찬양 예배

여호와는 광대하시니 우리 하나님의 성 곧 거룩한 산에서 극진히 찬송하리로다. 터가 높고 아름다워 온 세계가 즐거워함이여 큰 왕의 성 곧 북방에 있는 시온 산이 그러하도다. 시편 48:1-2

우리가 드리는 예배에서 찬양이 더욱 부각되어야 합니다. 찬양은 단지 예배에 늦게 들어온 사람들이 빈자리를 찾아 앉을 수 있도록 배려하여 끼워 넣어진 순서가 되어서는 안 됩니다.

찬양은 일종의 서곡으로 사람들이 영적인 가르침을 듣기 위한 분위기를 조성하는 역할에 한정되어서는 안 됩니다. 찬양 그 자체가 중요성을 가지고 있습니다. 성경적인 예배는 음악을 많이 사용해야 합니다. 찬양이 결여된 예배는 진정한 의미에서의 예배가 아닙니다. 찬양은 우리의 입술로 하나님을 경배하고 영광을 돌리는 것입니다.

예배는 생활에 추가되는 것이 아닙니다. 예배는 생활의 핵입니다. 받으실 만하게 하나님께 예배드리지 않는 사람은 하나님을 신뢰하지 않는 사람입니다. 예배는 우리가 하나님께 무엇을 받기 위해서 드리는 것이 아니라 신령과 진정으로 하나님께 영광을 돌리기 위해 드리는 것입니다.

찬양은 그 무엇보다도 고귀한 일이다. 우리가 하나님께 찬양드릴 때 무슨 일이 일어나는가? 우리는 하나님을 보좌에 계신 왕으로 인정하게 된다. 그리고 하나님께서 자기 백성을 구원하신 것을 깨닫게 된다. **맥스 루케이도**

내가 너를 내 손바닥에 새겼고

너의 성벽이 항상 내 앞에 있나니 네 자녀들은 속히 돌아오고

너를 헐며 너를 황폐케 하던 자들은 너를 떠나가리라.

이사야서 49:16-17

7월
July

행복한 얼굴 만들기

햇빛은 누구에게나 따뜻한 빛을 준다. 그리고 사람의 웃는 얼굴도 햇빛과 같이 친근감을 준다. 인생을 즐겁게 지내려면 찡그린 얼굴을 하지 말고 웃어야 한다. 슈바프

7월 1일

꿈이 있는 사람

> 여호와 하나님은 해요 방패시라. 여호와께서 은혜와 영화를 주시며 정직히 행하는 자에게 좋은 것을 아끼지 아니하실 것이니이다. 만군의 여호와여 주께 의지하는 자는 복이 있나이다. 시편 84:11-12

꿈이란 바라는 것입니다. 마음속에서 지속적으로 일어나는 소원이 바로 꿈입니다. 꿈은 보이지 않는 능력입니다. 꿈은 구체적인 목표입니다. 성공하는 사람은 자신의 꿈을 분명히 갖고 있습니다. 누가 물어봐도 그는 확신에 찬 눈빛으로 정확하게 말합니다. 성공한 사람은 자신이 원하던 꿈을 이루어낸 사람입니다. 사람들은 꿈을 가지고 있을 때 긍지를 갖고 삶을 멋지게 만듭니다. 그러므로 꿈을 향해 나가야 합니다. 꿈이 있는 사람과 없는 사람은 얼굴빛부터 다릅니다. 행동도 다르고 삶의 방식도 전혀 다릅니다.

꿈을 잃은 사람은 여러 가지를 잃게 될 수 있습니다. 의욕을 잃게 되고 신뢰를 잃게 되고 품격을 잃게 되고 사랑하는 마음마저 잃게 됩니다. 우리는 꿈을 먹고 삽니다. 우리는 꿈을 통해서 자신이 살아 있음을 깨닫게 됩니다. 꿈은 우리로 하여금 새로운 미지를 향해 나아가게 합니다. 꿈이 있는 사람은 두려움이 없습니다. 꿈은 우리를 강하게 만들어주고 앞으로 전진하게 해줍니다.

꿈을 향해 자신 있게 나아가면서 꿈대로 살기 위해 진지하게 노력한다면 어느덧 성공은 눈앞에 와 있다. **헨리 데이비드 소로**

성공의 비결

> 어리석은 자의 퇴보는 자기를 죽이며 미련한 자의 안일은 자기를 멸망시키려니와 오직 나를 듣는 자는 안연히 살며 재앙의 두려움이 없이 평안하리라. 잠언 1:32-33

성공의 비결은 실패를 피하는 것이 아니라 실패를 통해서 배우는 것입니다. 어린아이는 걸음마를 배울 때 수없이 넘어지는 경험을 통해서 온전하게 걷게 됩니다. 모든 예술 분야도 마찬가지입니다. 처음부터 훌륭한 작가나 연주가는 없습니다. 실패를 통해서 성공이 이루어지는 것입니다. 우리는 실패나 시련을 새로운 사고방식으로 받아들여야 합니다. 즉, 실패를 외면하지 말고 일종의 상황으로 인정할 필요가 있습니다. 실패는 다시 일어서기 위한 필수 조건입니다. 삶은 시련과 역경을 통해 더욱더 성숙하고 성장하게 됩니다. 실패는 도전을 창출하고 도전은 변화를 창조하며 변화는 성공을 위해 꼭 필요한 것입니다. 변화와 도전이 없다면 성장과 발전이 불가능하고 성공할 수도 없습니다. 변화하기를 원하는 사람은 늘 실패를 경험합니다. 실패를 겪지 않는 사람은 포기한 사람입니다. 실패하는 데에는 분명한 원인이 있습니다. 그 원인을 알고 극복하면 실패를 극복할 수 있습니다. 가장 중요한 것은 확고한 마음입니다. 기적이란 신앙이 낳는 사건을 말합니다. 믿음을 강하게 하고 실행에 옮기면 하나님의 인도하심 속에 기적이 일어나는 것입니다.

가끔이라도 실패하지 않는다는 것은 언제나 안이하게만 산다는 증거다. **우디 앨런**

7월 3일

성공과 실패의 갈림길

오직 여호와를 앙망하는 자는 새 힘을 얻으리니 독수리의 날개 치며 올라감 같을 것이요 달음박질하여도 곤비치 아니하겠고 걸어가도 피곤치 아니하리로다. 이사야서 40:31

성공과 실패에는 분명한 갈림길이 있습니다. 긍정적인 마음과 가능성을 찾아내는 눈이 있느냐 없느냐에 따라 성공과 실패가 갈라집니다. 특히 가능성을 찾아내는 눈은 성공하는 데 매우 중요합니다. 가능성은 꿈을 찾는 것입니다. 꿈은 마음으로 강력하게 원해야만 현실이 됩니다. 즉 자신감을 갖고 앞으로 이루어질 일을 기대하며 끈기 있게 실천해나갈 때 가능성은 현실이 됩니다.

우리는 유행이나 상황에 흔들려서는 안 됩니다. 다른 사람의 부속품처럼 살아서도 안 됩니다. 엔진이 되어서 주체적으로 움직여야 합니다. 그래야 살맛 나는 인생을 살 수 있습니다. 우리의 삶에서 성공할 수 있는 기회가 적은 것은 아닙니다. 그것을 볼 줄 아는 눈과 붙잡을 수 있는 의지가 발휘되기까지 기회는 잠자고 있는 것입니다. 재난도 그것을 휘어잡을 의지가 있는 사람 앞에서는 도리어 가능성이 되는 것입니다. 우리는 성공적인 삶을 살기 위해서 항상 기도로 시작해야 합니다. 무릎을 꿇기 전에는 아무 일도 할 수 없다는 신앙을 가져야 합니다.

지금까지 어떤 좋은 기회가 없었던 사람은 하나도 없다. **윌리엄 서머싯 몸**

웃음 가득한 얼굴

> 우리 강한 자가 마땅히 연약한 자의 약점을 담당하고 자기를 기쁘게 하지 아니할 것이라. 우리 각 사람이 이웃을 기쁘게 하되 선을 이루고 덕을 세우도록 할지니라. 로마서 15:1-2

보통 사람을 처음 만나면 어디를 제일 먼저 보게 됩니까? 가장 중요한 것은 그 사람의 얼굴에 나타나는 빛깔과 느낌입니다. 얼굴 표정이 밝고 빛이 나는 사람, 웃음이 가득한 사람은 성공적이고 희망이 있습니다. 얼굴 표정이 어둡고 늘 찡그리는 사람은 그만큼 쉽게 좌절합니다.

얼굴 표정과 마음은 바로 연결되어 있습니다. 마음이 어두우면 얼굴 표정도 어둡습니다. 마음이 밝으면 얼굴 표정도 밝습니다. 밝은 얼굴은 행복하다는 증거입니다. 마음속에 꿈과 비전을 간직하면 행복한 사람이 됩니다. 불행을 생각하는 사람보다는 행복을 꿈꾸며 이를 이루어가는 사람의 표정이 밝습니다. 행복한 얼굴은 행복한 삶을 만들어갑니다.

사람은 슬퍼서 우는 것이 아니라 울기 때문에 슬퍼지며, 즐거워서 웃는 것이 아니라 웃기 때문에 즐거워진다. **랑케**

7월 5일

최선을 다하는 삶

> 그리스도께서 나를 보내심은 세례를 주게 하려 하심이 아니요 오직 복음을 전하게 하려 하심이니 말의 지혜로 하지 아니함은 그리스도의 십자가가 헛되지 않게 하려 함이라. 고린도전서 1:17

젊은 날에 흘리는 땀과 눈물은 참으로 귀한 결과를 가져옵니다. 꿈과 비전이 분명하고 삶의 목적이 분명한 젊은이라면 시련을 뛰어넘고 더 나아가 원하던 삶을 이루어냅니다. 어느 분야에서든 성공한 사람들은 성공한 만큼 시련과 역경을 잘 이겨낸 사람들입니다.

대부분의 사람들이 자기 능력의 15퍼센트만 사용하고 있다는 것은 너무나 잘 알려진 사실입니다. 자기 능력을 개발해낸 사람은 스스로도 놀랄 만큼 뛰어난 능력을 드러내며 일을 성취합니다. 이것은 바로 자신감과 도전 정신과 열정의 결과입니다.

미국 시인 휘티어는 이렇게 말했습니다.

"말이나 글로 표현할 수 있는 말 가운데 가장 슬픈 말은 '그렇게 될 수도 있었는데'라는 것이다."

최선을 다하는 삶에 후회 따위는 없습니다. 우리는 늘 최선을 다해야 합니다.

최선을 다하고 있다면 우리는 우리의 삶에, 혹은 다른 사람의 삶에 기적이 일어났음을 알아차리지 못한다. 그들에게 기적은 당연한 결과이기 때문이다. 헬렌 켈러

성공의 문

> 너희가 믿음에 있는가. 너희 자신을 시험하고 너희 자신을 확증하라. 예수그리스도께서 너희 안에 계신 줄을 너희가 스스로 알지 못하느냐. 그렇지 않으면 너희가 버리운 자니라. 고린도후서 13:5

우리는 살면서 수많은 문을 만나게 됩니다. 성공의 문은 삶에 자신을 온전히 투자하는 사람에게 분명히 열립니다. 생명이 없는 나무토막은 흐르는 물을 따라 떠내려가지만 살아 있는 작은 물고기는 급류를 거슬러 올라갑니다. 우리 안에 살아 있는 열정이 있다면 우리 마음속에 기대감도 함께 있을 것입니다.

브라우닝이 이런 말을 했습니다.

"저급한 목표로 성공을 거두기보다 차라리 난 고상한 목표로 당당하게 실패하겠다."

실패할 때 실패하더라도 문을 활짝 열어봅시다. 꿈을 활짝 펼쳐봅시다. 인류 역사의 무대 위에 오직 한 사람 모든 것을 가장 완벽하게 이루신 분이 십자가에 달리셨습니다. 우리에게 구원이라는 문을 열어주시기 위해서입니다.

행복의 한쪽 문이 닫히면 다른 한쪽이 열린다. 하지만 종종 우리는 닫힌 문을 너무 오래 바라보기 때문에 우리에게 열려 있는 다른 문을 보지 못한다. **헬렌 켈러**

7월 7일

믿는다는 것은

> 네가 보거니와 믿음이 그의 행함과 함께 일하고 행함으로 믿음이 온전케 되었느니라. 야고보서 2:22

믿음은
어떤 방향도 바꾸어놓을 수 있습니다
어두운 곳을 광명으로 바꾸어놓을 수 있으며,
쓰라린 고통을 기쁨으로 바꾸어놓을 수 있으며,
전쟁을 평화로 바꾸어놓을 수 있으며,
악의를 우정으로 바꾸어놓을 수 있으며,
지옥을 천국으로 바꾸어놓을 수 있습니다

나는 믿음은 힘을 솟구치게 한다고 확신한다. 그리고 사람을 움직이는 최초의 힘은 믿음이라고 확신한다. 따라서 이 힘을 빌린다면 어떤 문제도 해결할 수 있다고 믿는다. **조지 싱**

따뜻하고 사랑스러운 포옹

두 사람이 함께 누우면 따뜻하거니와 한 사람이면 어찌 따뜻하랴. 한 사람이면 패하겠거니와 두 사람이면 능히 당하나니 삼 겹 줄은 쉽게 끊어지지 아니하느니라. 전도서 4:11-12

게오프 가드비는 포옹에 대해 이렇게 말했습니다.

"포옹이야말로 마음의 병을 치료하는 지름길이다. 포옹은 스트레스와 싸울 수 있는 훌륭한 무기로서 따뜻하고 사랑스러운 포옹은 상대방으로 하여금 마음을 든든하게 하고 편안함을 느끼게 하며 포옹하는 순간 긴장 수치는 수직 강하하여 외부에 대한 감정의 변화가 긍정적으로 된다. 포옹은 혈압을 급상승시키고 긴장감을 불러일으키는 분노의 감정도 맥도 못 추게 만드는 효력이 있으며, 고독과 외로움을 달래줄 수 있는 탁월한 정신 치료제다. 배우자나 가족들과 관계를 지속하고 싶으면 주저 말고 부드럽게 껴안아라. 포옹은 상대방과 가장 밀접하게 관련을 맺고 있다는 하나의 증거다."

포옹이 순간적으로 만들어내는 친밀감은 따뜻하면서도 즐겁다. 다른 때 같았으면 절대 하지 않았을 사람들도 포옹을 많이 하면 할수록 자신감이 생겨난다. 인간의 삶에서 포옹이 얼마나 중요한지 새롭게 깨달을 수도 있다. **잭 캔필드**

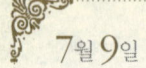
7월 9일

친밀감을 나누며

사랑은 이웃에게 악을 행치 아니하나니 그러므로 사랑은 율법의 완성이니라. 로마서 13:10

친밀감이란 사랑하는 관계에서 서로 가깝게 맺어졌다고 느끼는 감정을 말합니다. 친밀감의 대표적인 징표는 다음과 같습니다.

1. 사랑하는 사람의 행복을 증진시키고자 하는 욕망이 생겨납니다.
2. 사랑하는 사람과 함께 있을 때 행복을 느낍니다.
3. 사랑하는 사람에 대해 존중하는 마음을 갖습니다.
4. 어려울 때 사랑하는 사람에게 의지합니다.
5. 사랑하는 사람과는 서로 이해합니다.
6. 자기 자신 및 자신의 소유물을 사랑하는 사람과 함께 나누어 갖고 싶습니다.
7. 사랑하는 사람과 정서적 지원을 주고받습니다.
8. 사랑하는 사람에게 다정하게 대합니다.

하나님은 친밀감을 나누려고 우리를 창조하셨고, 우리가 그분께 등을 돌렸을 때도 우리를 위해 오시겠다고 약속하셨다. **존 엘드리지**

7월 10일

진정한 친구

> 하나님 우리 아버지와 우리 주 예수는 우리 길을 너희에게로 직행하게 하옵시며 또 주께서 우리가 너희를 사랑함과 같이 너희도 피차 사랑이 더욱 많이 넘치게 하사 너희 마음을 굳게 하시고 우리 주 예수께서 그의 모든 성도와 함께 강림하실 때에 하나님 우리 아버지 앞에서 거룩함에 흠이 없게 하시기를 원하노라. 데살로니가전서 3:11-13

친구란 함께 있으면 편하고 함께 있으면 즐거운 사람입니다. 친구란 당신을 도와줄 뿐만 아니라 당신이 믿고 의지할 사람입니다.

진정한 친구는 당신의 삶의 모든 것을 함께 나누고자 하는 사람입니다. 우정의 나눔을 통해 기쁨이 커집니다. 친구는 당신과 함께 웃습니다. 그리고 당신의 성공을 위해 기도해줍니다. 친구는 가장 어려울 때 함께 해줄 수 있는 사람입니다. 친구란 이 세상의 모든 것이 다 당신을 떠나도 찾아오는 사람입니다.

친구는 당신의 마음을 당신보다 더 잘 알아주는 사람입니다. 친구는 당신과 생각을 나누며 지적으로 함께 성숙해나가는 사람입니다.

예수그리스도는 우리의 친구라고 말씀하십니다. 예수그리스도와 우정을 나누시기 바랍니다.

한 사람의 진실한 친구는 천 명의 적이 우리를 불행하게 만드는 그 힘 이상으로 우리를 행복하게 만든다. **에센바흐**

7월 11일

나누는 사랑

> 사랑하는 자들아 하나님이 이같이 우리를 사랑하셨은즉 우리도 서로 사랑하는 것이 마땅하도다. 어느 때나 하나님을 본 사람이 없으되 만일 우리가 서로 사랑하면 하나님이 우리 안에 거하시고 그의 사랑이 우리 안에 온전히 이루느니라. 요한일서 4:11-12

우리는 사랑을 온몸으로 받아들일 수 있는 넓은 마음을 가져야 합니다. 사랑은 우리의 마음을 풍요롭게 하고 삶에 대한 책임을 뿌듯하게 느끼도록 만듭니다. 세상의 모든 것을 가졌다 해도 사랑이 없다면 아무런 소용이 없는 것입니다.

사랑은 속이 다 비쳐도 부끄럼이 없도록 투명해야 합니다. 사랑은 욕심을 내는 것이 아니라 나누는 것입니다. 나눔을 통해 마르지 않는 샘과 같이 신선한 느낌을 갖는 것입니다. 사랑이 없는 삶은 메마른 삶입니다. 우리의 삶은 때로는 헝클어진 실타래와 같습니다. 사랑은 모든 것을 제자리로 가게 하고 엉킨 것들을 잘 풀어놓습니다.

진실한 사랑은 마음의 문을 활짝 열어주고 바른 생각과 바른 행동을 하게 만듭니다. 진실한 사랑은 우리의 마음에 깊이 새겨집니다. 사랑은 어떤 곳에서도 어떠한 상황 속에서도 장소와 때를 가리지 않고 숨쉴 수 있습니다. 사랑은 어떠한 비참한 상황 속에서도 꽃을 피우는 것입니다. 세상에는 사랑을 질식시킬 수 있는 힘이 없습니다. 예수그리스도의 진실한 사랑은 영원한 사랑입니다.

진실은 언제나 우리의 가장 가까운 곳에 있다. 다만 사람들이 그것에 주의하지 않을 뿐이다. 항상 진실을 찾아야 한다. 진실은 늘 우리를 기다리고 있다. **파스칼**

빛과 소금 같은 성도의 삶

> 저희가 다 성령의 충만함을 받고 성령이 말하게 하심을 따라 다른 방언으로 말하기를 시작하니라. 사도행전 2:4

우리는 우리가 무엇을 구하든지 들으시고 응답하시는 하나님의 약속을 받아들임으로써 성령이 충만해짐을 확신해야 합니다.

성령이 당신의 삶 속에서 죄를 고백하도록 할 때마다 즉시 하나님 앞에서 당신의 죄를 고백하고 믿음으로 그의 용서하심을 받아들여야 합니다.

영적 싸움을 대비해야 합니다. 적은 실재합니다. 세상과 육신과 사탄은 당신을 공격할 것입니다. 하나님의 자녀로서 당신의 특권을 알아야 합니다. 우리의 힘은 주님으로부터 나옵니다. 우리는 그 안에 거해야 합니다. 날마다 그의 힘과 지혜와 능력과 사랑을 의지하고 범사에 감사하면서 믿음으로 살아야 합니다. 우리가 예수그리스도의 피로 구원을 받았다면 삶 자체가 신앙이 되어야 합니다. 그것이 바로 빛과 소금 같은 성도의 삶을 살아가는 것입니다.

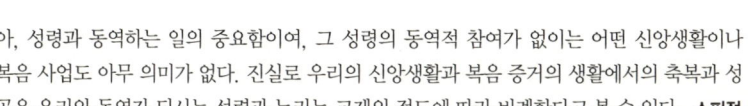

아, 성령과 동역하는 일의 중요함이여, 그 성령의 동역적 참여가 없이는 어떤 신앙생활이나 복음 사업도 아무 의미가 없다. 진실로 우리의 신앙생활과 복음 증거의 생활에서의 축복과 성공은 우리와 동역자 되시는 성령과 누리는 교제의 정도에 따라 비례한다고 볼 수 있다. **스펄전**

7월 13일

성경은 나의 중심

내 형제들아 너희가 스스로 선함이 가득하고 모든 지식이 차서 능히 서로 권하는 자임을 나도 확신하노라. 로마서 15:14

피로할 때 성경은 나의 침상이 되었습니다
어두울 때 성경은 나의 등불이 되었습니다
주릴 때 성경은 나의 만나가 되었습니다
두려울 때 성경은 나의 무기가 되었습니다
일할 때 성경은 나의 연장이 되었습니다
찬송할 때 성경은 나의 악기가 되었습니다
무지할 때 성경은 나의 지혜가 되었습니다
방황할 때 성경은 나의 길이 되었습니다
연약할 때 성경은 나의 힘이 되었습니다
죽을 때 성경은 나의 구원이 되었습니다

내가 낙방하고 피로할 때 아내는 하던 일을 치우고 마치 어린아이 눈꺼풀에 잠이 오듯 내게 평화가 깃들어 자리 잡도록 성경을 가져다 읽어주었다. **윌리엄 서머싯 몸**

7월 14일

가장 값진 기도

> 너는 기도할 때에 네 골방에 들어가 문을 닫고 은밀한 중에 계신 네 아버지께 기도하라. 은밀한 중에 보시는 네 아버지께서 갚으시리라.
> 마태복음 6:6

우리가 하나님께 기도를 드릴 때 장소가 중요한 것은 좋은 장소가 진실한 기도를 드리는 데 도움이 되기 때문입니다. 좋은 기도 장소는 효과적으로 기도의 문을 열 수 있는 열쇠 중 하나입니다.

가장 값진 기도는 올바른 정신으로 기쁘게 하나님과 대면하는 것입니다. 그것은 전능하고 전지하신 하나님을 경배하는 마음으로 만나는 것이기 때문입니다.

역사를 통틀어 인류는 항상 갈림길 앞에서 선택을 해야 했다. 어떤 길은 우리를 절망으로 인도했고, 또 어떤 길은 우리를 완전히 파멸로 인도했다. 우리는 항상 올바른 길을 선택할 수 있도록 지혜를 달라고 하나님께 기도해야 한다. **우디 앨런**

7월 15일

성경은 사랑의 편지

모든 성경은 하나님의 감동으로 된 것으로 교훈과 책망과 바르게 함과 의로 교육하기에 유익하니 이는 하나님의 사람으로 온전케 하며 모든 선한 일을 행하기에 온전케 하려 함이니라. 디모데후서 3:16-17

사람은 누구나 사랑을 원합니다. 사랑은 사람을 아름답고 행복하게 만들어주기 때문입니다. 그러므로 사랑하는 사람이 편지를 보냈다면 그 편지를 안 읽어보는 사람은 없을 것입니다.

우리는 그리스도인입니다. 우리는 예수그리스도를 사랑합니다. 예수그리스도께서도 우리를 너무나 사랑하셨기에 우리의 죄를 대속해주시기 위해 십자가에 달리셨습니다. 그분의 사랑의 편지가 바로 성경입니다.

진정 예수를 사랑하십니까? 그러면 사랑의 편지인 성경을 읽으십시오. 성경은 하나님이 우리에게 보내주신 우주에서 가장 위대한 사랑의 편지입니다. 이 편지를 읽은 사람은 행복한 사람입니다. 이 편지를 읽고 사랑에 빠진 사람은 축복받은 사람입니다. 우리는 모두 이 편지를 읽고 하나님의 사랑에 초대된 기쁨을 누리며 살아야 합니다. 우리의 삶 속에 그분이 주시는 사랑과 기쁨과 평안이 더욱더 충만해질 것입니다.

내가 아무리 어려움에 처하더라도 성경은 나에게 항상 빛과 힘을 주었다. 로버트 E. 리

7월 16일

예수그리스도의 선한 본성

> 육으로 난 것은 육이요 성령으로 난 것은 영이니 내가 네게 거듭나야 하겠다 하는 말을 기이히 여기지 말라. 요한복음 3:6-7

예수그리스도를 믿는 모든 성도의 영혼 속에는 예수그리스도의 본성이 접붙어 있습니다. 그러므로 사도 바울은 "너희는 이 마음을 품으라. 곧 그리스도 예수의 마음이니"(빌립보서 2:5)라고 말했습니다. 예수그리스도의 마음에서 선한 본성이 싹튼다는 것입니다. 그것을 따르면 다음과 같은 결과를 얻게 됩니다.

첫째, 죄악의 어두움에 있던 사람이 빛 가운데서 하나님과 교제를 하게 됩니다.

둘째, 원죄 가운데서 하나님께 불순종하던 자들이 죄를 용서받고 하나님께 순종하는 자녀가 됩니다.

셋째, 마귀의 유혹을 물리치고 하나님을 기쁘시게 하는 새사람으로 변화됩니다.

하나님께서 당신의 옛 본성을 다루실 때, 그분은 당신이 가장 소중히 붙들고 있는 바로 그것의 한가운데를 향해 곧장 타격을 가하신다. 그럴 때 하나님께서 당신의 존재 중심에 십자가를 두시도록 해라. **페늘롱**

7월 17일

하나님이 주신 선물

찬송하리로다. 하나님 곧 우리 주 예수그리스도의 아버지께서 그리스도 안에서 하늘에 속한 모든 신령한 복으로 우리에게 복 주시되.

에베소서 1:3

그리스도인들에게 항상 필요한 것은 믿음 속에 자신감을 가지고 살아가는 것입니다. 이 세상의 주인은 바로 우리의 아버지 하나님이십니다.

우리의 삶에 하나님이 모든 것을 다 허락해주셨다는 사실만으로도 그리스도인들은 삶에 용기와 소망이 생겨날 것입니다. 하나님은 우리에게 모든 것을 허락하셨습니다. 우리의 주님 예수께서 십자가에 못 박히사 구원을 선물로 주신 것입니다. 이제는 우리가 하나님께 드려야 할 시간입니다.

하나님께서는 우리가 구하는 것보다 더 주고자 하십니다. 아무리 우리가 열심히 구해도 주시려는 하나님의 열심에는 비할 바가 못 됩니다. 하나님을 찾고 문을 두드리면 하나님은 가장 좋은 선물을 예비하고 계십니다.

하나님은 우리에게 많은 선물을 주셨다. 하지만 우리는 그 선물을 뜯어보거나 소유하려고 하지 않는다. 천하고 보잘것없는 것을 주는 자는 그 선물보다 더 천해진다. **요하나 카스퍼 라바터**

7월 18일

주님의 거룩한 삶을 닮아가야 합니다

> 우리가 다 하나님의 아들을 믿는 것과 아는 일에 하나가 되어 온전한 사람을 이루어 그리스도의 장성한 분량이 충만한 데까지 이르리니 이는 우리가 이제부터 어린아이가 되지 아니하여 사람의 궤술과 간사한 유혹에 빠져 모든 교훈의 풍조에 밀려 요동치 않게 하려 함이라. 에베소서 4:13-14

인간 없이도 하나님은 항상 하나님이십니다. 그러나 하나님 없이는 인간은 아무것도 아닙니다. 우리는 교만하지 않습니까? 그렇다면 가슴을 활짝 열어젖히고 온갖 교만을 훌훌 털어버리시기 바랍니다. 그리고 낮아짐을 배우고 예수그리스도의 겸손을 마음의 가장 깊은 곳에서부터 받아들여 활짝 핀 웃음으로 친절과 사랑의 꽃을 피워보시기 바랍니다.

우리는 이 시간부터 교만을 없애고 친절한 마음으로 살아가야 합니다. 예수그리스도를 알리고 예수그리스도를 소개하는 것은 바로 천국 가는 길을 알려주는 친절입니다. 이 친절은 곧 주님의 뜻을 이 땅에 이루는 것입니다.

예수그리스도의 의는 그리스도인에게는 필수적인 요소입니다. 의란 바른 삶, 하나님과의 바른 관계를 의미합니다. 의롭게 되기 위해서는 주님과 올바른 관계를 가져야 하고 죄와 유혹을 거부해야 합니다. 우리 자신의 의는 하나님을 기쁘시게 못 합니다. 우리는 예수그리스도로 옷 입고 그분의 거룩한 삶을 닮아가야 합니다.

나는 이런 질문은 질색이다. "얼마나 노력하면 구원받는가?" 그것은 가치 없는 질문이다. 우리가 수시로 자문해야 할 것은 "그리스도의 뜻은 무엇이며 나는 나의 동료 그리스도인들에게 어떤 모범을 보여야 하는가?"다. **로버트 쿡**

7월 19일

단 한 사람, 그 이름 예수

> 아들을 낳으리니 이름을 예수라 하라. 이는 그가 자기 백성을 저희 죄에서 구원할 자이심이라 하니라. **마태복음 1:21**

한 사람, 단 한 사람
아무도 돌을 던질 수 없는 이
사랑인 그분

지금, 여기 내 가슴에 찾아오시는 이
가장 처절하게 죽어갔으나
가장 사랑받으며
찬양받으시는 그분

한 사람, 단 한 사람
이 세상 누구에게도
부끄럼이 없는 이

사랑인 그분
언제나 당신의 마음에 찾아가시는 이

예수를 가장 기쁘게 했던 성도는 항상 재능이 뛰어난 사람이 아니었다. 그들은 언제나 헌신하는 사람들이었다. **윌리엄 부스**

7월 20일

그리스도인은 어떤 사람입니까?

나의 계명을 가지고 지키는 자라야 나를 사랑하는 자니 나를 사랑하는 자는 내 아버지께 사랑을 받을 것이요 나도 그를 사랑하여 그에게 나를 나타내리라. **요한복음 14:21**

하나님을 찬양하는 사람들은 믿음의 눈을 그분께 고정하고 있습니다. 이에 반하여 침묵하는 성도는 단지 자기 자신만을 바라봅니다. 하나님이 삶의 중심에 계실 때 우리는 매일 하나님을 찬양할 수 있습니다. 왜냐하면 우리의 환경이 어려울지라도 언제나 하나님이 주신 은혜와 축복을 발견할 수 있기 때문입니다.

   그리스도인은 어떤 사람입니까? 책임감이 강한 사람입니다. 친화력이 있는 사람입니다. 전체를 볼 줄 아는 사람입니다. 그리스도인은 말씀을 사모하는 사람입니다. 꿈과 비전을 가진 사람입니다. 개척 정신이 있는 사람입니다. 기도의 사람입니다.

   그리스도인은 섬김을 받으려고 태어난 것이 아니라 섬기기 위해 태어난 사람입니다. 예수그리스도 주님도 섬기기 위해 이 땅에 오셨습니다.

   우리가 그리스도인이라면 예수그리스도의 삶을 본받아 이웃을 섬기는 삶을 살아야 합니다. 그리스도인의 생활은 주어진 사명과 의무를 감당할 때 사랑과 성실한 마음씨를 갖고 임하는 생활이 되어야 합니다.

그리스도인이 되는 것은 세상에서 가장 가치 있는 것이다. 그리스도인이 되기 전에는 사람의 모든 야망은 엉터리요, 사람의 모든 상처는 헛된 것이다. **헨리 드러먼드**

7월 21일

회개를 부끄러워해서는 안 됩니다

> 이로써 그리스도를 섬기는 자는 하나님께 기뻐하심을 받으며 사람에게도 칭찬을 받느니라. 로마서 14:18

그리스도인의 얼굴은 두 가지가 있습니다. 하나는 영광스러운 얼굴이요, 또 하나는 부끄러운 얼굴입니다. 영광스런 얼굴이란 외모에 있는 것이 아닙니다. 하나님의 영광을 반사하는 얼굴입니다. 그 마음이 예수그리스도의 마음을 품었기에 예수그리스도의 광채가 얼굴에서 나는 것입니다. 그 마음에는 양심이 살아 있고 평화와 사랑이 있습니다.

그러나 부끄러운 얼굴은 양심의 가책을 받으며 마음에 항상 어두운 그림자가 있는 얼굴입니다. 그리스도인이 되려면 무엇보다도 회개가 필요하다는 것을 분명히 알아야 합니다. 회개하지 않으면 세례를 받을 자격도 복음을 받을 자격도 주어지지 않습니다. 회개를 통해 예수그리스도와의 온전한 믿음이 이루어질 때 성도의 모습을 갖출 것입니다. 이 순서가 잘못된다면 형식적인 신앙생활을 하는 종교인이 되고 말 것입니다.

예수그리스도의 사랑을 받기 위해서는 회개가 앞서야 하지만 회개를 하기 위해서는 희생이 필요합니다. 자신을 부인하고 자기의 십자가를 질 줄 아는 희생이 있어야 합니다. 또한 모든 일에 자기보다 예수그리스도를 나타내야 합니다.

잘못을 부끄러워해라. 그러나 그 잘못을 회개하는 것은 부끄러워하지 마라. **루소**

7월 22일

영광스러운 부활의 아침을 맞으며

하나님의 나라는 말에 있지 아니하고 오직 능력에 있음이라. 너희가 무엇을 원하느냐. 내가 매를 가지고 너희에게 나아가랴 사랑과 온유한 마음으로 나아가랴. 고린도전서 4:20-21

많은 그리스도인이 외바퀴 손수레를 닮았습니다. 밀어주지 않으면 아무런 쓸모가 없습니다. 어떤 그리스도인들은 배를 닮았습니다. 그들은 노를 저어주어야만 갈 수가 있습니다. 어떤 이들은 연을 닮았습니다. 줄로 매달아 두지 않으면 멀리 날아가 버립니다. 어떤 이들은 풍선을 닮았습니다. 바람으로 가득 차서 터져버릴 기회만 기다립니다. 어떤 이들은 축구공을 닮았습니다. 어느 방향으로 튕겨 나갈지 알 수가 없습니다.

그러나 하나님을 찬양할 것입니다. 시계 같은 훌륭한 그리스도인이 훨씬 더 많기 때문입니다. 활짝 열린 얼굴과 바쁜 손으로 그들은 시간에도 잘 맞추며 선한 일로 충만해 있습니다. 이런 그리스도인은 모든 교회의 중추적인 역할을 합니다. 그리스도인은 세상 속에서 중심을 이루며 살아야 합니다. 고난과 역경을 이겨내야 합니다. 겟세마네 눈물 뒤에는 영광스러운 부활의 아침이 있습니다. 이는 예수그리스도께서 이루신 것입니다. 십자가 뒤에는 분명한 면류관이 있습니다.

그리스도인은 자기 안에 살지 않고 그리스도와 이웃 가운데서 산다. 그렇지 않다면 그리스도인이 아니다. **마르틴 루터**

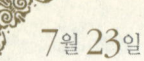
7월 23일

영적으로 충만한 그리스도인

내가 그리스도를 본받는 자 된 것같이 너희는 나를 본받는 자 되라.
고린도전서 11:1

우리는 누구나 건강에 관해서는 관심이 대단히 많습니다. 마실 물을 먼 데서 떠 오고 매일 운동을 하고 먹는 음식도 가려 먹습니다.

옛 어른들이 밥이 가장 보약이라고 했습니다. 왕성한 식욕은 건강의 청신호입니다. 영적인 면에서도 성경을 읽는 일이나 말씀을 듣는 맛을 잃으면 영적으로 병든 상태라고 할 수 있습니다. 영적으로 충만한 그리스도인에게는 주님의 일을 하고 싶은 의욕이 생기는 것입니다.

하나님의 작정하신 선택 속에 있는 우리의 모습을 보시기 바랍니다. 우리 자신의 선한 행동이나 자랑 때문에 우리가 구원받은 것은 아닙니다. 구원은 전적으로 하나님의 은혜입니다. 타락의 수렁에 깊이 빠진 인류 가운데서 믿음으로 구원을 얻게 해주신 하나님의 은혜는 놀랍고 위대합니다. 우리는 기도와 말씀 속에 영적으로 충만한 그리스도인의 삶을 살아야 합니다.

성경의 진리를 믿는 데에는 많은 학식이 필요하지 않다. 다만 여기에는 정직한 마음과 하나님께 복종하겠다는 마음만 있으면 된다. **앨버트 바네스**

하나님의 약속

7월 24일

> 보라. 내가 새 하늘과 새 땅을 창조하나니 이전 것은 기억되거나 마음에 생각나지 아니할 것이라. 이사야서 65:17

유익한 그릇은 우리만을 위해 간직하는 것이 아닙니다. 우리가 서로 나누어야 하는 것입니다. 이것은 우리가 소유하는 것이 아니라 따로 떼어주는 것입니다. 이것은 우리가 꽉 쥐는 것이 아니라 놓아주는 것입니다. 이것은 우리가 감춰두는 것이 아니라 사용하는 것입니다. 주님께서 우리에게 만들어주시는 그릇은 크든지 작든지 항상 큰 기쁨과 평화가 채워지며 주님의 뜻에 순종하는 그릇인 것입니다.

고난은 어디에나 있습니다. 높은 산 움막이든, 대도시 저택이든 사람들이 사는 곳에는 고난이 따르기 마련입니다. 그 이유는 이 세상이 죄악으로 깨어진 세상이기 때문입니다. 하나님께서는 다시 그 조각들을 모아 새로운 것을 만들고 계십니다. 하나님께서는 우리에게 새 하늘과 새 땅을 약속하셨습니다. 하나님은 약속을 이룰 것입니다.

신뢰란 서로 관계를 쌓아가는 데 있어 주춧돌이며 약속을 지키는 것은 그 접착제이고 신뢰의 기초에 금이 가지 않도록 막아주는 것은 우리 인격의 실체다. **빌 닉스**

7월 25일

인생의 길 위에서 만나는 사람들

이제 내가 사람들에게 좋게 하랴 하나님께 좋게 하랴 사람들에게 기쁨을 구하랴. 내가 지금까지 사람의 기쁨을 구하는 것이었더라면 그리스도의 종이 아니니라. 갈라디아서 1:10

우리는 삶을 살며 세월을 따라갈 때에 한 사람을 만나게 될 것입니다. 그 사람이 친절하고 온유한 사람이 될지, 아니면 이기적이고 요구가 많은 사람이 될지는 오늘 우리가 어떤 일을 하는가에 달려 있습니다. 만일 우리가 삶에서 무엇인가를 얻기 위해서만 살아간다면 그 사람은 매우 까다롭고 자기중심적인 사람이 될 것입니다. 그러나 우리가 열린 마음으로 남에게 베푸는 삶을 살아간다면 그 사람은 친절하고 개방적이며 관대한 사람이 될 것입니다.

우리가 누구를 만나는가, 무슨 일에 동참하는가에 따라 우리 인생의 결과는 판이하게 달라집니다. 우리는 꼭 만나야 할 사람을 만나게 해달라고 기도해야 합니다. 우리는 삶에서 꼭 해야 할 일을 할 수 있게 해달라고 기도해야 합니다. 그리고 그 일은 최선을 다해서 해야 합니다. 삶의 길을 따라가다가 언젠가 만나게 될 사람은 바로 나이 든 우리입니다. 내일 우리가 어떤 모습이 될지는 오늘 우리가 어떤 삶을 사느냐에 달려 있습니다. 모든 날, 모든 일에 있어서 우리는 점점 우리 자신의 미래를 만들어가고 있는 것입니다.

성공의 지름길은 자신의 마음을 다스리는 데 있다. **지그 지글러**

7월 26일

죄와 보혈

하늘에 있는 자들과 땅에 있는 자들과 땅 아래 있는 자들로 모든 무릎을 예수의 이름에 꿇게 하시고 모든 입으로 예수그리스도를 시인하여 하나님 아버지께 영광을 돌리게 하셨느니라. 빌립보서 2:10-11

세상에서 제일 악한 사람은 자신만이 가장 바르게 살고 있다고 생각하는 사람입니다. 또한 정당하게 나쁜 사람은 다른 사람들과 비교해서 자신이 별로 나쁘지 않다고 생각하는 사람입니다. 그리고 선한 사람일수록 자신을 악함을 깨닫고 산다고 했습니다. 성경에서는 모든 사람이 죄인임을 확실하게 말하고 있습니다.

죄는 우리를 불안하게 하고 우리에게 지옥과 같은 고통을 주지만 자신의 껍데기를 벗고 주님 앞에서 "나는 죄인입니다"라고 회개를 하면 우리의 영혼은 온전히 깨끗하게 씻음을 받습니다. 인간은 스스로 몸과 환경과 정신과 행동의 더러움을 제거하여 깨끗해지고자 끊임없는 노력을 하지만 마음의 더러움을 씻어낼 그 어떤 것도 만들 수 없습니다. 오직 예수그리스도의 보혈만이 우리를 깨끗하게 할 수 있습니다. 주님의 보혈이 우리의 모든 죄를 세탁하고 죄로 인해 변색된 우리의 마음을 보호할 수 있는 것입니다. 우리는 오직 예수그리스도의 보혈의 은혜, 곧 그분의 세탁 방법으로만 깨끗해질 수가 있습니다. 예수그리스도만이 우리를 사랑해주실 것입니다.

골고다의 아람어 '굴갈타'는 헬라어 음역으로 '해골'이란 말이다. 해골의 정수리에 꽂힌 십자가를 통해 예수그리스도의 보혈이 해골 위로 흘러내린다. 그 보혈을 타고 하나님의 영원한 참 생명이 해골에 임한다. 마침내 생명의 보혈로 수혈받은 해골이 생명을 얻고 되살아난다. 확실히 해골의 정수리에 꽂힌 십자가보다 더 강렬한 복음의 상징은 없다. **이재철**

7월 27일

나누라고 주신 것

> 그러므로 너희가 그리스도 예수를 주로 받았으니 그 안에서 행하되 그 안에 뿌리를 박으며 세움을 입어 교훈을 받은 대로 믿음에 굳게 서서 감사함을 넘치게 하라. 골로새서 2:6-7

우리에게는 남에게 줄 수 있는 선물이 있습니다.

우리에게는 부를 수 있는 노래가 있습니다.

우리에게는 남에게 말할 수 있는 친절한 이야기가 있습니다.

우리에게는 간구할 수 있는 기도가 있습니다.

우리 모두에게는 남에게 줄 수 있는 사랑과 기쁨이 있습니다.

하나님께서 우리에게 함께 나누라고 주신 것을 온 세상 모두와 나누어야 할 것입니다.

선물이 있다면 가져다줍니다. 노래가 있다면 불러줍니다. 재능이 있다면 사용합니다. 사랑이 있다면 널리 베풉니다. 기쁨이 있다면 함께 나눕니다. 행복이 있다면 남에게 줍니다. 믿음이 있다면 믿음대로 삽니다. 기도가 있다면 간구합니다.

하나님의 선물은 값진 선물이 아니라, 우리를 치유하고 완성시켜주며 온전하게 해주는 선물이다. 앨리스터 맥그래스

많이 베풀수록 마음의 평화가 가득해집니다

가난한 자를 불쌍히 여기는 것은 여호와께 꾸이는 것이니 그 선행을 갚아주시리라. 잠언 19:17

남을 돕는 것에 대한 사람들의 태도에는 네 가지 형태가 있습니다.

첫째는 스스로 나아가 사람들에게 돈이나 물건을 주지만 다른 사람이 똑같이 자선을 베푸는 것을 보면 즐거워하지 않습니다.

둘째는 다른 사람이 자선을 베풀기를 바라면서도 자기 자신은 전혀 베풀지 않습니다.

셋째는 자기도 기쁘게 자선을 베풀고 남도 자선을 베풀기를 바랍니다.

넷째는 자기가 자선을 베푸는 것도 싫어하고 남이 자선을 베푸는 것도 좋아하지 않습니다.

첫 번째는 질투심이 많은 사람이고, 두 번째는 자신을 격하하는 사람이며, 세 번째는 선한 사람이고, 네 번째는 완전히 악한 사람입니다. 자선을 많이 베풀면 베풀수록 그만큼 마음의 평화가 가득해집니다.

믿음과 희망에 대해서는 세상 사람들의 의견이 각각이겠지만 자선에 대해서는 인류 전체의 관심이 일치할 것이다. **괴테**

7월 29일

예수그리스도의 향기

우리는 구원 얻는 자들에게나 망하는 자들에게나 하나님 앞에서 그리스도의 향기니 이 사람에게는 사망으로 좇아 사망에 이르는 냄새요 저 사람에게는 생명으로 좇아 생명에 이르는 냄새라. 누가 이것을 감당하리요. 고린도후서 2:15-16

향수는 향기가 아닙니다. 향수는 장식적이지만 향기는 본질적입니다. 향기는 냄새가 아닙니다. 흔히 냄새라는 단어는 수상한 경계의 상황을 연상시킵니다. 그래서 우리는 냄새를 피우는 사람, 너와 나를 갈라놓고 눈살을 찌푸리게 하는 악취를 발산하는 사람이 되지 말아야 합니다.

우리는 예수그리스도의 향기를 풍기는 사람이 되어야 합니다. 향기는 향기를 느끼는 사람을 그 향기로 모여들게 합니다. 나비와 벌이 꽃으로 날아드는 이유가 향기 때문인 것처럼 외모만 화려한 조화가 아닌 향기를 내뿜는 사람이 되어야 합니다.

현재 우리가 발산하고 있는 것은 냄새입니까, 향기입니까? 우리는 냄새로 살고 있습니까, 향기로 살고 있습니까? 우리의 관심은 항상 예수그리스도의 향기로 모아져야 합니다.

향기가 인간의 정신을 상쾌하게 하듯 기도는 인간의 마음에 희망을 북돋아준다. **괴테**

7월 30일

주님의 능력 아래

주께서 내 곁에 서서 나를 강건케 하심은 나로 말미암아 전도의 말씀이 온전히 전파되어 이방인으로 듣게 하려 하심이니 내가 사자의 입에서 건지웠느니라. 주께서 나를 모든 악한 일에서 건져내시고 또 그의 천국에 들어가도록 구원하시리니 그에게 영광이 세세 무궁토록 있을지어다. 디모데후서 4:17-18

우리는 예수그리스도로 말미암아 선택되었습니다.
예수그리스도의 피로 말미암아 죄 사함을 받았습니다.
예수그리스도로 말미암아 하나님과 은혜로운 관계가 되었습니다.
예수그리스도로 말미암아 하나님께서는 우리의 기도와 간구를 들어주십니다.
예수그리스도로 말미암아 우리를 의롭게 하시고 거룩하게 하시며 완전하게 해주십니다.
하나님과 우리의 관계는 예수그리스도로 말미암아 이루어진 것입니다.
모든 것이 예수그리스도로 말미암아 온 것이며 우리가 바라는 것은 주님의 능력 아래 있습니다.

여기 작은 신조 속에 진리가 있다. 모든 길이 충분히 다 통한다는 사랑 속에는 우리에게 필요한 모범이 들어 있다. 그리스도 속에는 우리가 아는 모든 하나님이 다 들어 있다. **에드윈 마컴**

7월 31일

지금으로서의 최선

> 양의 큰 목자이신 우리 주 예수를 영원한 언약의 피로 죽은 자 가운데서 이끌어내신 평강의 하나님이 모든 선한 일에 너희를 온전하게 하사 자기 뜻을 행하게 하시고 그 앞에 즐거운 것을 예수그리스도로 말미암아 우리 속에 이루시기를 원하노라. 영광이 그에게 세세 무궁토록 있을지어다. 히브리서 13:20-21

만일 당신이 산꼭대기에 있는 소나무가 될 수 없다면 골짜기의 나무가 되어라. 그러나 골짜기에서 제일 좋은 나무가 되어라. 만일 당신이 나무가 될 수 없다면 나뭇가지가 되어라. 나뭇가지가 될 수 없다면 다른 사람을 위해 무엇인가를 해주는 한 줌의 잔디가 되어라.

우리는 모두가 선장이 될 수는 없는 법이다. 누군가는 선원이 되어야 한다. 여기 우리 모두를 위한 크고 작은 일이 있다. 그리고 우리가 해야 할 일은 가까이에 있다.

고속도로가 될 수 없으면 오솔길이 되어라.

태양이 될 수 없으면 별이 되어라.

네가 승리하거나 실패하는 것은 일의 규모에 달려 있지 않다. 네 모습 그대로 최선을 다해라. 더글러스 멜로크

최선을 다해라. 그러면 신이 그 나머지를 하리라. 당신을 둘러싸고 있는 상황 속에서 최선을 다해라. **그라시안**

8월
August

예수는 우리의 희망

우리는 오직 예수그리스도를 통해서만 삶과 죽음을 안다. 예수그리스도를 떠나서는 우리의 생명이 무엇이며 우리의 죽음이 무엇인가를 알 수 없고, 신도 모르고 우리 자신도 모른다. 예수그리스도가 그 유일한 대상인 성경을 떠나서는 우리는 아무것도 알지 못하며, 신에 관해서도 우리 자신의 본성에 관해서도 모호함과 혼란 이외에 아무것도 볼 수 없다. **파스칼**

8월 1일

부자가 되는 법

부자 되기에 애쓰지 말고 네 사사로운 지혜를 버릴지어다. 잠언 23:4

부자의 비밀은 무엇입니까? 루이 헤이스의 여론조사에 따르면 부자의 비밀은 중년 이상의 나이로 한결같이 가족의 소중함과 노동의 윤리성을 갖고 있다는 것이라고 합니다. 83퍼센트가 결혼을 했으며 96퍼센터는 부단한 노력으로 부자가 되었습니다. 그들은 자신만의 순수한 가치를 가지고 있었습니다. 그들은 그들 나름대로 탁월한 인생의 자질을 소유하고 있었습니다. 인내, 노력, 자기 단련, 그리고 열정입니다. 우리는 그들처럼 세속적인 부자가 되고자 합니다.

그러나 진정한 부자는 따로 있습니다. 하나님의 축복에 감사하며 이웃과 나누는 사람이 최고의 부자입니다.

 부자가 되고 싶다는 일념 하나로 출발한다면 성공하지 못한다. 보다 큰 뜻을 가져라. 사업으로 성공하는 비결은 지극히 간단하다. 그날의 일을 미루지 말고 규칙을 지키면 성공은 보장된 것이다. **존 록펠러**

8월 2일

돈으로 살 수 없는 것들

> 우리가 그리스도로 말미암아 하나님을 향하여 이 같은 확신이 있으니 우리가 무슨 일이든지 우리에게서 난 것같이 생각하여 스스로 만족할 것이 아니니 우리의 만족은 오직 하나님께로서 났느니라. 고린도후서 3:4-5

돈이란 참으로 필요한 존재입니다. 그러나 돈으로 침대는 살 수 있지만 편안한 잠은 살 수 없습니다. 돈으로 좋은 책은 살 수 있지만 지식은 결코 살 수 없습니다. 돈으로 맛있는 음식은 살 수 있지만 식욕은 살 수가 없습니다. 돈으로 아름다운 옷과 예쁜 장신구는 살 수 있지만 참된 아름다움은 살 수 없습니다. 돈으로 좋은 집은 살 수 있지만 행복한 가정은 살 수 없습니다. 돈으로 사치를 부릴 수는 있지만 문화는 살 수 없습니다. 돈으로 향락은 누릴 수 있지만 만족은 누릴 수가 없습니다. 돈으로 종교 생활은 할 수 있겠지만 생명은 결코 돈으로 구할 수가 없습니다.

당신이 삶의 질을 높이기 위해 살아간다면 당신의 삶의 수준은 분명 향상될 것이다. 그렇게 되면 당신은 인생이라는 여정의 마지막 길목에 다다랐을 때 돈으로 살 수 있는 것 이상을 가지고 있는 자신의 모습을 발견하게 될 것이다. **지그 지글러**

8월 3일

가난도 때로는 축복일 수 있습니다

돈을 사랑치 말고 있는 바를 족한 줄로 알라. 그가 친히 말씀하시기를 내가 과연 너희를 버리지 아니하고 과연 너희를 떠나지 아니하리라 하셨느니라. 히브리서 13:5

인간에게는 누구나 갖가지 역경과 고통이 있습니다. 이것을 참지 못하고 받아들이지 못하여 불평하거나 타인에게 떠넘기는 사람도 있습니다. 우리는 물질 때문에 예수그리스도를 거부하는 일이 없어야 합니다. 천국은 부에 따라 들어가는 것이 아닙니다. 예수그리스도로 말미암아 들어가는 것입니다.

물질적인 부요가 곧 하나님의 척도는 아닙니다. 가난도 때로는 축복일 수 있습니다. 물질 때문에 세상과 타협하지 말아야 합니다. 물질 때문에 정신적, 영적인 것을 값으로 따지지 말아야 합니다. 스승의 은혜, 부모의 사랑, 하나님의 축복까지 값으로 따지는 곳은 지옥입니다. 구원은 전적으로 하나님께 달려 있고 재물과 무관한 것입니다. 물론 물질을 버리기가 쉽지는 않을 것입니다.

그리스도인은 어려운 고난 중에서도 주님의 십자가를 생각하면서 인내하고 순종하는 삶을 삽니다. 이는 곧 십자가를 질 줄 아는 삶입니다. 그리스도인이 하나님께 경배하는 것은 삶 속에서 일어나는 가장 중대하고 시급하며 영광스러운 일입니다.

구원은 살아 있는 사망에서 사망 없는 생명으로 옮겨진 것이다. **로이드 코리**

오직 주님만이 내 꿈을 이루어주시리라

> 나의 하나님이 그리스도 예수 안에서 영광 가운데 그 풍성한 대로 너희 모든 쓸 것을 채우시리라. 하나님 곧 우리 아버지께 세세 무궁토록 영광을 돌릴지어다. 빌립보서 4:19-20

내가 아닌 그리스도께서 영광과 존귀를 받으시고 사랑을 받으소서
내가 아닌 그리스도께서 보이고 알려지고 들리소서
내가 아닌 그리스도께서 모든 생각과 말 속에 계시옵소서
내가 아닌 그리스도께서 겸손하고도 조용한 노력 속에 계시옵소서
내가 아닌 그리스도께서 겸허하고도 성실한 수고 속에 계시옵소서
과장도 아니고 허식도 아니며 오직 그리스도께서만이 버려진 자를 불러 모으시나이다
그리스도 오직 그리스도께서만이 머지않아 내 꿈을 이루어주시리라
곧 다가올 풍성한 영광, 완전한 영광을 내가 보리니, 그리스도 오직 그리스도께서만이 내 모든 소원을 이루며 나의 전부가 되시리

그리스도는 생애를 통해 어떻게 살 것인가를 보여주셨다. 죽음을 통해 희생을 보여주셨다. 부활을 통해 승리를 보여주셨다. 승천을 통해 왕권을 보여주셨다. **마르틴 루터**

8월 5일

예수는 우리의 희망

> 허물로 죽은 우리를 그리스도와 함께 살리셨고 또 함께 일으키사 그리스도 예수 안에서 함께 하늘에 앉히시니 이는 그리스도 예수 안에서 우리에게 자비하심으로써 그 은혜의 지극히 풍성함을 오는 여러 세대에 나타내려 하심이니라. 에베소서 2:5-7

우리에게 꿈이 있습니까? 희망이 있습니까? 우리 마음이 꿈과 희망에 차 있어야 합니다. 꿈과 희망이 있는 사람은 참 행복한 사람입니다. 우리에게 희망이 없다면 아무런 약속도 없는 삶을 살고 있는 것과 마찬가지입니다. 목적도 없이 무작정 떠나는 여행과도 같습니다. 꿈과 희망이 있는 사람의 삶의 모습은 아름답습니다.

꿈과 희망이 없으면 우리의 삶은 내던져 진 꼴이 되고 맙니다. 희망이 있는 사람, 꿈이 있는 사람의 얼굴은 밝게 빛을 발합니다. 희망이 있는 사람은 삶에 의미가 있습니다. 생기가 넘치고 발랄합니다. 삶에 기쁨이 넘치고 열정이 넘칩니다. 희망이 없는 사람은 삶이 무의미하기에 무료하고 무엇에도 흥미를 느끼지 못합니다. 희망이 있는 사람은 삶을 긍정적이고 적극적으로 살아가기에 함께 있으면 힘이 나고 기분이 좋아집니다. 희망이 있는 사람은 오늘의 삶뿐만 아니라 내일까지도 소망 속에 살아가는 멋진 사람입니다.

희망은 잠자고 있는 인간의 꿈이다. 인간의 꿈이 있는 한 이 세상은 도전해볼 만하다. 어떠한 일이 있더라도 꿈을 잃지 마라. 꿈은 희망을 버리지 않는 사람에게 선물로 주어진다. **아리스토텔레스**

8월 6일

자족할 줄 아는 삶

야곱아 너를 창조하신 여호와께서 이제 말씀하시느니라. 이스라엘아 너를 조성하신 자가 이제 말씀하시느니라. 너는 두려워 말라. 내가 너를 구속하였고 내가 너를 지명하여 불렀나니 너는 내 것이라. 이사야서 43:1

우리는 보다 큰 희망, 보다 큰 소망 속에 살아가는 믿음의 담력이 있어야 합니다. 삶은 마음먹기에 달렸습니다. 우리의 마음에 희망이 가득해야 합니다. 예수그리스도는 우리의 필요를 아시고 채워주십니다. 예수그리스도께서는 우리에게 아무것도 염려하지 말고 담대하게 구하라고 말씀하셨습니다. 우리에겐 바로 이러한 믿음이 필요합니다. 우리가 믿고 희망을 향해 한 걸음 한 걸음 힘차게 내딛을 때 변화가 시작되는 것입니다.

　예수그리스도는 우리의 희망이므로 믿음 속에 자족할 줄 아는 삶을 살아가야 합니다. 어떠한 시련과 고통이 다가와도 믿음으로 이겨내는 삶을 살아가야 합니다. 우리는 어떤 형편과 상황 속에서도 도도히 흐르는 강물처럼 헤쳐 나갈 수 있는 믿음을 가져야 합니다. 왜냐하면 예수는 우리의 희망이기 때문입니다. 우리의 삶 속에서 예수의 희망을 전달해야 합니다.

삶이란 배움을 위한 실험실과 같다. 구체적인 행동 목표에만 초점을 맞추는 학습 계획보다는 자신의 이상적 자아와 현실적 자아를 비교한 결과를 바탕으로 세운 학습 계획이 훨씬 더 효과적이라는 사실을 명심해야 한다. **대니얼 골먼**

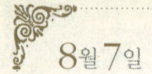

꿈은 희망을 가져다줍니다

예수께서 이르시되 할 수 있거든이 무슨 말이냐. 믿는 자에게는 능치 못할 일이 없느니라 하시니. 마가복음 9:23

우리가 구원을 받았다면 예수그리스도를 구주로 시인하고 예수그리스도가 우리의 희망임을 알아 마음 판에 확실하게 새겨야 합니다. 죽음의 소식과 절망의 소식이 가득한 이 시대에 예수그리스도만이 우리의 희망이요, 빛입니다. 우리가 예수그리스도 주님의 생애를 기억하고 그분이 우리의 구주이심을 확신한다면 우리의 삶은 달라질 것입니다. 우리는 분명히 소망 속에 살아갈 것입니다. 우리는 주님을 닮기 원하기 때문입니다. 주님은 소망과 사랑이 가득하신 분입니다. 주님은 지금도 하나님 보좌 우편에서 우리를 위해 기도해주십니다. 우리를 지키시고 인도해주십니다.

피카소는 "나는 그림을 그리고 있으면 행복하다"라고 했습니다. 우리에게는 꿈과 희망이 있어야 합니다. 꿈과 희망은 우리에게 자유를 줍니다. 꿈과 희망은 내일의 삶에 기대를 갖게 합니다. 우리는 자신이 하고자 하는 일에 기쁨을 가져야 합니다.

희망은 산과 같은 것이다. 저쪽에서는 기다리고, 이쪽에서는 틀림없이 찾아갈 수 있다. 그러나 길을 찾아 올라가야 한다. 마음을 단단히 먹고 떠난 사람은 모두 산꼭대기에 도착할 수 있다. 산은 올라가는 사람에게만 정복된다. **알랭**

다시금 새 출발을 합니다

> 너는 내게 부르짖으라. 내가 네게 응답하겠고 네가 알지 못하는 크고 비밀한 일을 네게 보이리라. 예레미야서 33:3

오, 주님!
우리는 꿈꾸는 자들과 같습니다
어제 우리는 비탄에 잠겼습니다
오늘 우리는 웃습니다
어제 우리는 신음했습니다
오늘 우리는 기쁨의 함성을 지릅니다
어제 우리는 큰 슬픔 중에 눈물을 흘렸습니다
오늘 우리는 감사의 눈물을 흘립니다
어제 우리는 주님을 의심했습니다
오늘은 당신께서 우리를 본향으로 인도하십니다
어제 우리의 발걸음은 술취한 자의 비틀거림이었습니다
오늘 우리는 바른길을 성큼성큼 걷습니다
어제 우리는 종말을 맞이했습니다
오늘 우리는 다시금 새 출발을 합니다 필리스 코올

내 비장의 무기는 아직 이 손안에 있다. 그것은 희망이다. **나폴레옹**

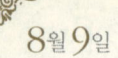
8월 9일

희망은 영원한 기쁨입니다

여호와는 네게 복을 주시고 너를 지키시기를 원하며 여호와는 그 얼굴로 네게 비취사 은혜 베푸시기를 원하며 여호와는 그 얼굴을 네게로 향하여 드사 평강 주시기를 원하노라. 민수기 6:24-26

날마다 희망을 이야기하며 희망을 나누며 희망을 이루며 살아갑시다. 희망은 우리의 삶을 어둠에서 빛으로 인도해줍니다. 희망을 이야기하면 기대감에 가슴이 설레는 것입니다. 하나님께서 우리를 어떻게 인도하시고 어떻게 사용해주시는지가 기대가 됩니다. 올해, 이달, 이 주간, 오늘 이 하루를 하나님께서 우리를 어떻게 인도해주시는지 기대감을 갖고 산다면 정말 신나고 멋질 것입니다. 이는 진정 믿음이 있는 삶입니다.

삶을 살아가면서 희망이 없는 사람처럼 불행한 사람은 없을 것입니다. 희망이 있는 사람은 어떠한 악조건에서도 살아남습니다. 그리고 모든 일을 긍정적으로 이루어가기에 언젠가 풍성한 열매의 기쁨을 맛보게 됩니다.

우리 주변에는 희망이 없을 때 자신의 주변을 온통 절망의 벽으로 둘러싸고 심하게는 자살이라는 엄청난 비극을 스스로 만들며 몸을 던져버리는 사람도 있습니다. 그러나 희망이 있는 사람은 없는 길도 만들어 갑니다. 수많은 난관도 헤쳐 나갑니다. 쓰러진다 해도 일어납니다. 쓰러졌기에 다시 일어나면 더 큰 힘이 솟는 것입니다.

희망은 영원한 기쁨이며 사람이 소유하고 있는 토지다. 그것은 해마다 수익이 올라가는 결코 버릴 수 없는 확실한 재산이다. **스티븐슨**

임마누엘의 신앙

> 너희가 아들인 고로 하나님이 그 아들의 영을 우리 마음 가운데 보내사 아바 아버지라 부르게 하셨느니라. 그러므로 네가 이후로는 종이 아니요 아들이니 아들이면 하나님으로 말미암아 유업을 이을 자니라. 갈라디아서 4:6-7

우리는 주변 환경이 감당할 수 없을 만큼 어렵고 힘들더라도 삶의 방향을 새롭게 정하고 도전해나가야 합니다. 우리의 믿음은 정적이지 않고 동적입니다. 곧 움직이는 신앙, 행동하는 신앙입니다.

지금도 분명한 것은 하나님께서는 우리와 함께하고 계신다는 것입니다. 우리의 신앙이 살아 있으려면 임마누엘의 신앙이 되어야 합니다. 신명기 6장 5절의 말씀처럼 "마음을 다하고 성품을 다하고 힘을 다하여 하나님 여호와를 사랑해야 합니다. 그럴 때 이사야 1장 19절의 "너희가 즐겨 순종하면 땅의 아름다운 소산을 먹을 것이요"라는 말씀이 우리의 삶 속에 그대로 적용되어 나타날 것입니다. 그것은 우리의 삶을 새롭게 변화시켜주는 놀라운 능력의 말씀입니다.

신앙을 가지고 싸우면 우리가 무장한 힘은 두 배가 된다. **플라톤**

8월 11일

예수그리스도는 우리의 꿈

> 내가 이제 너희를 위하여 받는 괴로움을 기뻐하고 그리스도의 남은 고난을 그의 몸 된 교회를 위하여 내 육체에 채우노라. 골로새서 1:24

우리는 하나님의 자녀이며 예수그리스도의 보혈로 구원받은 믿음의 사람들입니다. 우리는 맥박이 뛰는 동안, 우리가 숨쉬는 동안 지금부터 영원한 날까지 희망 속에 살아갈 수 있습니다. 그분은 우리를 구원해주셨고 십자가의 사랑, 곧 요한복음 3장 16절의 '이처럼' 놀랍고 위대하고 변함없는 사랑으로 언제나 우리와 함께해주십니다.

누군가 꿈을 물어 온다면 자신 있게 말할 수 있어야 합니다. 우리가 외치는 것은 우리의 삶을 만들어줍니다. 우리는 모두 다 예수 안에서 꿈을 외쳐야 합니다. 하나님을 온전히 바라며 살아야 합니다. 예수께서 우리에게 희망을 주시니 미루지 말고 희망을 이루며 살아가야 합니다.

우리도 우리의 꿈만큼 성공할 수 있습니다. 우리의 꿈만큼 이루어낼 수 있습니다. 도전해나가는 것이 가장 중요합니다. 예수는 우리의 꿈입니다. 예수 안에서 우리의 꿈은 이루어집니다. 꿈, 그리고 기대감을 갖고 산다는 것은 얼마나 기쁜 일입니까? 우리는 우리에게 꿈이 있다는 것을 잊지 말고 강한 확신을 가져야 합니다.

예수 안의 모든 것이 나를 놀라게 만든다. 그의 영혼이 나를 두렵게 하고 그의 의지가 나를 좌절시킨다. 이 세상의 어떤 기준으로도 그와 비교될 사람은 없다. **나폴레옹**

8월 12일

십자가를 자랑할 수 있는 믿음

> 죄가 있어 매를 맞고 참으면 무슨 칭찬이 있으리요. 오직 선을 행함으로 고난을 받고 참으면 이는 하나님 앞에 아름다우니라. 이를 위하여 너희가 부르심을 입었으니 그리스도도 너희를 위하여 고난을 받으사 너희에게 본을 끼쳐 그 자취를 따라오게 하셨느니라. 베드로전서 2:20-21

우리에게는 남들이 포기하고 변화될 수 없다고 하는 것을 변화시키고 이루어갈 수 있는 강한 믿음과 담대한 용기가 있어야 합니다. 우리는 당장에 우리가 목적하는 것이 이루어지지 않는다고 겁을 먹거나 후회하는 일이 없어야 합니다. 우리는 말씀과 기도로 무장하여 강하고 담대한 믿음으로 신앙을 분명하게 고백하며 예수 안에서 예수는 우리의 목적이라고 분명하게 외쳐야 합니다. 그 목적을 가슴에 품고 세상에 나타내며 꽃피우고 열매를 풍성하게 맺어야 합니다. 우리는 우리에게 목적이 있다는 것을 분명하게 말하고 보여주고 나타내야 합니다.

아브라함과 요셉이 바라는 것은 하나님이었습니다. 나일 강가에 버려진 아이 모세의 바람도 하나님이었습니다. 베드로와 요한, 그리고 초대교회 성도들의 목적은 예수그리스도였습니다. 사도 바울도 예수그리스도를 원했기에 예수의 흔적을 가졌다고 말하고 자신의 온 삶을 헌신하며 살았습니다. 그들에게는 예수그리스도의 고난의 십자가를 자랑하며 살 수 있는 믿음과 확신이 있었습니다.

하나님의 나라는 십자가를 넘어선 자에게 시작되는 것이요, 인간의 힘을 초월한 것이다. **카를 바르트**

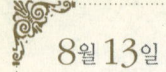

우리를 부르신 예수그리스도

> 사랑하는 자들아 주께는 하루가 천 년 같고 천 년이 하루 같은 이 한 가지를 잊지 말라. 주의 약속은 어떤 이의 더디다고 생각하는 것 같이 더딘 것이 아니라 오직 너희를 대하여 오래 참으사 아무도 멸망치 않고 다 회개하기에 이르기를 원하시느니라. 베드로후서 3:8-9

우리는 예수그리스도를 향한 믿음의 확신과 함께 꿈과 비전을 가지고 도전하는 사람들입니다. 세상의 모든 것을 다 볼 수 있는 두 눈을 갖고 있으면서도 비전이나 희망이 없이 살아간다면 그보다 더한 불행이 어디에 있겠습니까? 우리의 꿈과 희망을 두 눈으로 똑똑하게 바라보아야 합니다.

우리를 부르신 분은 예수그리스도입니다. 우리 삶의 가장 중요한 주춧돌은 바로 예수그리스도입니다. 주님은 우리를 죄악에서 구원해주신 분입니다. 우리에게 죄가 그대로 있으면 희망을 가지고 부르심에 합당하게 살아갈 수가 없습니다. 우리는 예수그리스도의 보혈로 용서를 받고 예수그리스도의 보혈로 씻음을 받아야 합니다.

예수그리스도의 개인 생활의 중심 주제는 그분의 아바와 점점 친해지시고 믿음과 사랑이 더해가신 것이다. 인생 여정에서 예수는 이스라엘의 어떤 선지자도 감히 꿈꾸거나 나서보지 못한 방식으로 하나님을 체험하셨다. **브레넌 매닝**

8월 14일

예수의 부르심을 받았습니다

> 이제 그의 거룩한 사도들과 선지자들에게 성령으로 나타내신 것같이 다른 세대에서는 사람의 아들들에게 알게 하지 아니하셨으니 이는 이방인들이 복음으로 말미암아 그리스도 예수 안에서 함께 후사가 되고 함께 지체가 되고 함께 약속에 참예하는 자가 됨이라. 에베소서 3:5-6

하나님의 부르심의 목적이 분명해야 합니다. 삶의 목적도 분명해야 합니다. 오늘도 하나님은 자신의 능력을 마음껏 부어줄 사람을 찾고 계십니다. 십자가에 못 박히고 피 흘리신 예수그리스도의 복음을 위해 자신을 온전히 하나님께 드릴 믿음의 결단을 하는 사람을 찾고 계십니다. 한 영혼 한 영혼 모두 다 귀한 영혼이기 때문입니다. 우리는 예수의 부르심을 받았습니다. 우리가 주님의 구원의 사랑을 느낄 때 우리의 마음속에 주님의 사랑이 가득해짐을 체험하게 될 것입니다.

부르심을 받은 사람은 그 부름을 증명해야 합니다. "이 사람은 부름받은 사람입니다"라는 주변 사람들의 지지가 필요합니다. 예수가 희망이 되는 사람은 기도와 말씀과 믿음과 성령의 은혜를 하나님이 주십니다. 불평이 없고 원망이 없고 늘 즐거움 속에 살아가기에 힘 있게 보입니다. 즐겁게 일하는 사람은 언제나 좋은 결과를 나타내며 주변 사람들에게도 기쁨을 줍니다.

하나님은 우리를 있는 그대로 사랑하신다. 완벽함을 입증하기 위한 어떤 행동도 요구하지 않으신다. **존 맥스웰**

8월 15일

믿음 있는 사람

그러므로 하나님의 전신 갑주를 취하라. 이는 악한 날에 너희가 능히 대적하고 모든 일을 행한 후에 서기 위함이라. 에베소서 6:13

우리는 쓸데없는 고민에서 떠나야 합니다. 즐거움과 행복 속에서 날카로운 신경을 부드럽게 만들어야 합니다. 별로 소득이 없는 사소한 일에 마음을 써서 하찮은 일에 자신의 행복을 파괴하지 말아야 합니다. 실패한 과거가 있다면 묻어버려야 합니다. 우리에게 내일이 있다는 것을 분명히 알고 믿고 가야 합니다. 우리에게 내일이 있다는 것은 소망이 있다는 것입니다. 소망이 있다는 것은 희망을 가슴이 품고 살아간다는 것입니다. 우리는 천국을 마음에 소유한 사람들입니다. 이 얼마나 행복한 사람들입니까? 슬기로운 다섯 처녀처럼 준비된 삶, 준비된 신앙은 어떠한 어려움도 이겨냅니다. 우리의 삶은 항상 준비된 삶이어야 합니다. 우리는 항상 겸손하며 주님의 마음을 닮아야 합니다. 우리의 삶을 주님께서 인도해주십니다.

믿음이 있는 사람은 매사에 적극적입니다. 두려움이 없기 때문에 결과도 풍요롭습니다. 믿음이 있는 사람은 지혜롭습니다. 모든 일을 순차적으로 잘 이루어가기에 성공에 이르게 되는 것입니다.

믿음이란 단순히 하나님을 붙잡는 것 그 이상의 것이다. 이는 하나님이 당신을 붙잡고 계신 것이다. 굴드

8월 16일

굳건한 믿음

> 오직 위로부터 난 지혜는 첫째 성결하고 다음에 화평하고 관용하고 양순하며 긍휼과 선한 열매가 가득하고 편벽과 거짓이 없나니 화평케 하는 자들은 화평으로 심어 의의 열매를 거두느니라. 야고보서 4:17-18

우리는 창조적으로 살아야 합니다. 우리의 목표는 우연히 달성될 수는 없습니다. 우리는 살아가는 보람을 느껴야 합니다. 우리가 목표를 가지고 예수그리스도와 함께한다면 우리의 인생은 살 만한 인생이 될 것입니다. 우리가 예수그리스도를 향해 나갈 때 실패하고 넘어질 때가 있습니다. 포기하려고 할 때가 성공의 시작이라고 생각한다면 결코 포기할 수 없습니다. 꿈과 희망을 절대로 포기하지 말아야 합니다. 우리는 항상 최선을 다하며 한 걸음씩 앞으로 나가야 합니다. 최선을 다하고 열정을 다하는 사람에게는 장벽도 사라집니다. 모든 일을 기쁨과 감사로 생각하면 더 큰 능률이 오르기 마련입니다. 최선을 다하는 사람들을 바라보면 바라보고 있는 사람도 힘과 용기가 생깁니다.

우리가 실패할 때 일어나는 방법은 무엇이겠습니까? 실패했다면 실패를 인정해야 합니다. 다른 사람에게 책임을 돌리지 말아야 합니다. 비난은 용기를 잃게 하고 주변 사람들을 떠나게 만듭니다. 확신은 굳건한 믿음을 통해서만 이루어질 수 있습니다.

진정한 믿음이란 인간의 약함이 하나님의 강함에 기대어 있는 것이다. **무디**

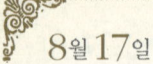
8월 17일

감사가 넘치는 삶

> 찬송하리로다. 우리 주 예수그리스도의 아버지 하나님이 그 많으신 긍휼대로 예수그리스도의 죽은 자 가운데서 부활하심으로 말미암아 우리를 거듭나게 하사 산 소망이 있게 하시며 썩지 않고 더럽지 않고 쇠하지 아니하는 기업을 잇게 하시나니 곧 너희를 위하여 하늘에 간직하신 것이라. 베드로전서 1:3-4

우리는 예수 안에서 할 수 있다는 믿음을 가져야 합니다. 하나님이 우리 안에 나타내시고자 하는 놀라운 섭리를 알아야 합니다. 나 하나쯤 없어도 끄떡없는 세상에서 나를 통하여 하나님께서 일하시고 계신다는 사실은 얼마나 놀라운 은혜이며 축복입니까? 내가 있으므로 행복할 사람도 있고 기뻐할 사람도 있고 나를 필요로 하는 사람도 있다면 이 얼마나 놀라운 축복입니까? 우리는 바로 이러한 사람, 꼭 필요한 사람이 되어야 합니다. 하나님의 쓰임을 받는 하나님의 자녀가 되어야 합니다.

우리 주님은 전지전능하신 분이십니다. 히브리서 4장 16절에 보면 "그러므로 우리가 긍휼하심을 받고 때를 따라 돕는 은혜를 얻기 위하여 은혜의 보좌 앞에 담대히 나아갈 것이니라"라고 말씀하고 있습니다. 우리는 두려움 없이 나가야 합니다. 언제나 나만을 위해 살려고 한다면 불평이 나올 것입니다. 그러나 예수 안에서 주님을 위해 산다면 감사가 넘칠 것입니다.

나의 약점으로 인해 나는 하나님께 오히려 감사한다. 이를 통해 나를 알고 나에게 주어진 일과 또 내 하나님을 발견했기 때문이다. 우리의 가진 바 때문에 우리가 감사하는 것이 아니요, 우리의 된 바로 인해 감사한다. **헬렌 켈러**

8월 18일

풍요롭게 사는 법

이 복음을 위하여 그의 능력이 역사하시는 대로 내게 주신 하나님의
은혜의 선물을 따라 내가 일꾼이 되었노라. 에베소서 3:7

퍼트리샤 헤이맨이 쓴 『풍요롭게 산다는 것에 대하여』에 보면 세상에는 세 부류의 사람이 있습니다. 무언가를 이루는 사, 그것이 이루어지는 것을 지켜보는 사람, 이미 일어난 일에 감탄하는 사람입니다.

세 번째 사람은 희생자입니다. 헤이맨은 "우리 모두는 인생의 어떤 지점에서 자신이 희생자가 된 것처럼 느끼게 된다"라고 말하고 있습니다.

우리는 희망이 분명하고 목적이 분명한 삶을 살아야 합니다. 희망을 갖고 이루어가는 사람이 되어야 합니다. 결과만 보고 감탄하는 사람이 아니라 무언가를 이루는 사람이 되어야 합니다. 남이 시켜서 억지로 하는 것이 아니라 스스로 일을 찾아 즐겁게 해야 합니다. 그래야 삶이 즐거워지고 기쁨이 넘치는 것입니다.

풍요한 삶의 세 가지 열쇠는 다른 사람에게 관심을 갖고 다른 사람을 위해 용기를 내고 다른 사람들에게 나누는 것이다. **윌리엄 워드**

 8월 19일

활력 넘치는 신앙생활

내가 비천에 처할 줄도 알고 풍부에 처할 줄도 알아 모든 일에 배부르며 배고픔과 풍부와 궁핍에도 일체의 비결을 배웠노라. 내게 능력 주시는 자 안에서 내가 모든 것을 할 수 있느니라. 빌립보서 4:12-13

믿음이 있는 그리스도인의 삶을 살아가려면 신앙생활에 활력을 주어야 합니다. 그래야만 강하고 담대하게 삶을 살아갈 수 있습니다. 신앙에 활력을 주려면 날마다 성경 말씀을 읽는 것이 좋습니다. 말씀 속에서 인도하시는 하나님의 음성을 들을 수가 있기 때문입니다. 날마다 기도하면 우리가 가야 할 길을 인도받을 수 있고 우리에게 필요한 것을 구할 수 있고 응답받을 수 있습니다.

그리스도인이라면 날마다 삶 속에서 누군가를 위해 봉사하는 삶을 살아가는 것이 좋습니다. 주님께서 이웃을 내 몸과 같이 사랑하라고 하신 말씀을 삶 속에서 실천하는 것입니다. 그리하면 늘 기뻐하며 감사하는 삶을 살아갈 수 있습니다.

우리는 늘 즐겁게 생활해야 합니다. 그리스도인은 주님의 은혜 속에 만족한 삶을 살아야 합니다. 주님의 복음을 전하며 하나님의 나라를 확장해야 합니다. 늘 주님의 은혜로 충만하여 삶 동안 주님의 뜻을 위해 모든 것을 바칠 수 있어야 합니다. 일생을 주님을 사랑하며, 가족을 사랑하며, 이웃을 사랑하며 살아야 합니다.

신앙이란 우리의 눈에 보이지 않는 것을 믿는 일이다. 그리고 그러한 신앙이 가져다주는 보수는 우리가 믿는 것을 눈으로 보는 일이다. **아우구스티누스**

8월 20일

희망은 성공으로 이끄는 힘

> 여호와께서 그로 상함을 받게 하시기를 원하사 질고를 당케 하셨은즉 그 영혼을 속건제물로 드리기에 이르면 그가 그 씨를 보게 되며 그날은 길 것이요 또 그의 손으로 여호와의 뜻을 성취하리로다. 이사야서 53:10

희망은 우리의 삶을 성공으로 이끄는 놀라운 힘이 있습니다. 우리는 예수 안에서 구원받아 소망을 갖게 된 사람입니다. 성령께서 우리에게 믿음을 주셨습니다. 그리스도인은 구원받아 천국을 소유한 사람입니다. 천국을 소유한 사람은 희망으로 가득 찬 강하고 담대한 사람입니다. 필립 얀시는 그의 저서 『아, 내 안에 하나님이 없다』에서 이렇게 말합니다. "믿음은 목적지가 뚜렷이 보이지 않고 심지어 다음 단계조차 제대로 보이지 않더라도 앞으로 나가는 것이다. 믿음은 보이지 않는 인도자의 손을 잡고 그분을 신뢰하며 따라가는 것이다."

우리는 예수그리스도의 구원의 손을 꼭 잡았습니다. 결코 놓치지 말아야 합니다. 우리에게 믿음이 있을 때 희망이 있습니다. 우리는 믿음으로 승리하는 삶을 살아야 합니다. 위대한 믿음을 가진 하나님의 사람들은 언제나 믿음에서 믿음으로 전진하는 삶을 살았습니다. 우리가 믿음으로 살 때 모든 것은 변화되고 달라지기 시작합니다.

참된 힘은 나 자신에서만 끄집어낼 수 있다. 그 어떠한 고통이나 슬픔, 곤경을 이겨나갈 수 있는 마지막으로 의지하는 힘은 자기 자신이다. **스마일스**

8월 21일

주님과 동행하는 삶을 살아야 합니다

나는 주의 힘을 노래하며 아침에 주의 인자하심을 높이 부르오리니 주는 나의 산성이시며 나의 환난 날에 피난처이심이니이다. 나의 힘 이시여 내가 주께 찬송하오리니 하나님은 나의 산성이시며 나를 긍휼히 여기시는 하나님이심이니이다. 시편 59:16-17

우리에게 가장 중요한 것은 우리의 마음을 활짝 열어 주님의 마음을 받아들이고 주님의 인도하심을 받아들이는 것입니다. 나는 가능성이 있다고 믿고 받아들이는 것입니다. 기회는 어느 곳에서나 있기 마련입니다. 고난이 있을 때 그것을 도리어 새로운 기회로 만들어나가야 합니다. 마음을 열지 않으면 어떤 것도 시작할 수 없습니다.

어떠한 환경이나 상황 속에서도 예수그리스도가 존귀하게 여김을 받을 때 우리의 삶에는 능력이 나타나게 됩니다. 우리의 삶에 주님의 권세가 나타나는 것입니다.

우리는 언제나 주님의 인도하심을 따라 살아가야 합니다. 우리가 누구의 인도함을 받느냐에 따라 삶은 전혀 다른 결과를 가져옵니다. 우리는 예수를 따라가야 합니다. 주님과 동행하는 삶을 살아야 합니다.

마음은 언제나 쉬운 관계를 원한다. 하지만 정신은 언제나 영적인 동반자를 모색한다. 베리 비셀

소망의 결과

나는 의로운 길로 행하며 공평한 길 가운데로 다니나니 이는 나를 사랑하는 자로 재물을 얻어서 그 곳간에 채우게 하려 함이니라. 잠언 8:20-21

우리에게는 믿음이 있습니다. 확신이 있습니다. 우리를 구원하신 예수그리스도께서 우리와 함께하십니다. 우리는 강하고 담대한 믿음으로 성공을 향해 나아가야 합니다. 우리가 우리의 꿈과 희망을 그렸다면 이루어야 합니다. 우리의 삶은 말만이 아니라 능력입니다. 열매이며 결과입니다. 예수그리스도의 고난의 결과는 부활로 나타났습니다. 우리의 소망의 결과는 열매로 나타나야 합니다.

   우리는 소망을 갖고 희망을 나누어주어야 합니다. 소망을 남에게 줄 수 있는 사람은 그 자신이 사랑으로 가득 찬 사람입니다. 소망을 파는 가게는 세상 어디에도 없습니다. 우리 마음에서 소망이 활짝 피어나야 합니다. 꽃을 피우고 열매를 풍성히 맺어야 합니다. 소망이 있는 나를 나 되게 하신 분은 예수그리스도이십니다.

소망은 바라는 것이 일어나기를 원하는 것이요, 믿음은 바라는 것이 일어날 줄 믿는 것이다.
노먼 V. 필

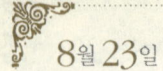
8월 23일

열정을 가져야 합니다

> 내가 네게 명한 것이 아니냐. 마음을 강하게 하고 담대히 하라. 두려워 말며 놀라지 말라. 네가 어디로 가든지 네 하나님 여호와가 너와 함께하느니라 하시니라. 여호수아서 1:9

우리는 열정을 가져야 합니다. 믿음을 넓히고 개간하고 가꾸어나가야 합니다. 자기가 하고자 하는 일에 최선을 다하며 땀과 눈물을 흘릴 줄 알아야 합니다. 우리에게는 꿈과 희망을 이루어갈 수 있는 지혜가 필요합니다. 무지보다 무서운 것은 없습니다. 우리는 지혜로워야 합니다. 여호와를 경외하는 것이 지혜의 근본이라고 합니다. 우리는 주님을 신뢰하면서 주님께서 우리에게 주시는 풍성한 지혜를 갖고 희망을 이루며 살아가야 합니다.

배가 떠날 때는 가야 할 항구가 있는 것입니다. 우리도 무엇을 할 것인가를 제일 먼저 결정해야 합니다. 목표 결정은 실현 가능성이 있는 것을 택해야 합니다. 뜻이 있는 곳에 길이 있습니다. 계획을 확실하고 세밀하게 세워야 합니다. 구체적인 계획은 성공의 지름길입니다.

열정은 가치 있는 목적을 달성하기 위해 어떤 일을 할 때, 혹은 자신의 욕구를 충족시키는 어떤 일을 할 때 느끼는 마음속의 불, 열의, 용기다. **스티븐 코비**

8월 24일

솔직한 삶의 고백

> 여호와를 의뢰하여 선을 행하라. 땅에 거하여 그의 성실로 식물을 삼을지어다. 또 여호와를 기뻐하라. 저가 네 마음의 소원을 이루어 주시리로다. 시편 37:3-4

우리에게는 언제나 기회가 찾아옵니다. 단, 근면하고 성실한 삶을 살았을 때 이야기입니다. 기회는 확고한 목표를 향해 끈기 있고 부지런히 살아가는 사람에게 찾아옵니다. 생각에만 머물러 있지 말고 행동하고 실천에 옮겨야 합니다. 우리는 기도가 이루어질 수 있다고 수없이 외치고 확신하며 살아야 합니다. 자신의 기도가 응답되는 것을 상상해보시기 바랍니다. 얼마나 멋진 일입니까? 가슴 벅찬 감동의 날이 다가올수록 힘 있고 강하게, 그리고 바르게 살아가야 합니다.

나의 믿음의 간구를 이룰 수 있다고 지금 이 순간에도 외쳐야 합니다. 이 얼마나 솔직한 삶의 고백입니까? 순수하고 아름다운 마음으로 삶을 살아가야 합니다. 예수그리스도가 우리의 구주라는 확신을 가지고 있다면 그분이 우리를 사용하셔서 우리의 주변을 새롭게 변화시키리라는 것을 알고 기쁨으로 하나님의 인도하심에 동참해야 합니다.

매일 아침 잠에서 깨어나자마자 이런 고백으로 입술을 떼어라. "나는 하나님께서 사랑하는 사람이다." 매일 밤 잠자리에 들기 전에 이런 고백이 침실을 맴돌게 해라. "나는 하나님의 사랑을 입은 자다." **존 오트버그**

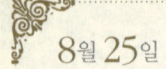

8월 25일

믿음이라는 씨앗

> 평안을 너희에게 끼치노니 곧 나의 평안을 너희에게 주노라. 내가 너희에게 주는 것은 세상이 주는 것 같지 아니하니라. 너희는 마음에 근심도 말고 두려워하지도 말라. 요한복음 14:27

우리는 믿음이라는 씨앗을 가져야 합니다. 온 세상이 다 무너진다 해도 신뢰하고 믿을 만한 분은 오직 예수 우리 주님뿐이십니다. 주님은 우리를 창조하셨고 우리를 인도해주십니다. 예수그리스도는 우리를 모든 죄악에서 건져주시고 평안을 주시고 영원한 생명까지 우리에게 주신 분이십니다.

우리는 우리의 마음을 인도해주시는 하나님을 온전히 신뢰하며 모든 것을 그분께 맡겨야 합니다. 우리가 주님을 온전히 영접하고 우리 마음의 문을 활짝 연다면 우리의 마음은 예수그리스도 안에서 하나가 될 것입니다. 우리의 믿음이 구체적인 행동으로 나타날 때 하나님의 역사를 이룰 수 있습니다. 그 일을 이루기 위해 강한 믿음을 가지면 더욱더 용기가 날 것입니다. 우리가 날마다 기도하고 말씀 속에 믿음을 성장시킨다면 복음의 능력이 더 강하게 나타날 것입니다.

우리는 하나님이 우리에게 주신 무한한 능력을 사용해야 합니다. 하나님은 우리에게 능력과 은총을 주십니다. 긍정적인 기도가 행동을 새롭게 변화시켜줄 것입니다.

믿음은 단지 우리가 소유하고 있는 생각이 아니다. 오히려 그것이 우리를 소유하고 있다. 믿음은 개개인의 기대를 바꿀 수 있기 때문에 엄청난 힘을 가지고 있다. **존 맥스웰**

8월 26일

위대한 인물

> 주 예수를 다시 살리신 이가 예수와 함께 우리도 다시 살리사 너희와 함께 그 앞에 서게 하실 줄을 아노니 모든 것을 너희를 위하여 하는 것은 은혜가 많은 사람의 감사함으로 말미암아 더하여 넘쳐서 하나님께 영광을 돌리게 하려 함이라. 고린도후서 4:14-15

작은 씨앗 속에는 커다란 나무 한 그루가 있습니다. 우리는 부족하고 나약하나 예수그리스도가 희망이 될 때 우리의 삶에는 놀라운 변화가 일어납니다. 우리는 믿음이라는 열쇠를 가져야 합니다. 아무리 커다란 문도 작은 열쇠에 의해 열리고 움직이는 것입니다. 우리는 조건적인 신앙을 가져서는 안 됩니다. 무엇이라면의 신앙이 아니라 무엇일지라도의 신앙을 가져야 합니다. 어떠한 조건에서도 믿음으로 이기고 승리해야 합니다.

브루스 윌킨슨은 이렇게 말했습니다. "주님! 저는 주님을 위해 더 큰 일을 기대하고 더 많은 일을 하는 사람이 되고 싶습니다!" 우리는 이와 같은 고백으로 강하고 담대한 믿음을 가져야 할 것입니다. 믿음은 참으로 소중합니다. 믿음이 있느냐 없느냐에 따라 엄청난 결과의 차이가 있기 때문입니다.

위대한 희망이 위대한 인물을 만듭니다. 로버트 버턴이 말하기를 "희망과 인내는 만병을 다스리는 두 가지 치료약이니 역경에 처하여 의지할 가장 믿음직한 자리요, 가장 부드러운 방석이다"라고 했습니다.

세상에서 주목받는 인물들은 성공하기 전에 큰 장애물에 부딪혔음을 역사가 증명해준다. 그들은 거듭되는 실패에도 용기를 잃지 않았기 때문에 승리자가 될 수 있었다. **포브스**

8월 27일

가치 있는 존재

> 너희는 유혹의 욕심을 따라 썩어가는 구습을 좇는 옛사람을 벗어버리고 오직 심령으로 새롭게 되어 하나님을 따라 의와 진리의 거룩함으로 지으심을 받은 새사람을 입으라. 에베소서 4:22-24

지난날에 수많은 어려움과 역경을 겪었다고 해도 걱정할 필요는 없습니다. 과거가 없는 현재는 없으며 현재가 없는 미래는 없습니다. 지금 이 순간 우리의 삶이 어떠한지가 가장 중요한 것입니다. 우리의 미래는 우리의 믿음과 마음에 따라 달라집니다. 기회는 언제든지 있습니다. 그러나 기회는 새와 같은 것입니다. 날아가기 전에 붙잡아야 합니다.

우리는 사랑하는 사람들과 하나님을 흔들림 없이 신뢰해야 합니다. 신뢰할 수 있는 든든한 반석 위에 서 있다면 어떠한 고난도 이겨낼 것입니다. 우리는 어떤 존재입니까? 윌리엄 템플이 말하기를 "내 가치는 하나님 앞에서의 가치다. 나는 그리스도가 나를 위해서 돌아가실 만큼 엄청난 가치를 지닌 존재다"라고 했습니다.

우리는 하나님의 자녀입니다. 자기 자신을 사랑할 줄 아는 사람이 하나님을 사랑하고 이웃을 사랑할 수 있습니다. 자신의 존재를 가치 있는 존재로 여기고 살아가야 합니다.

가치가 있다는 것은 어떤 대상을 매우 존중한다는 것, 소중히 여긴다는 것, 진가를 인정한다는 것을 의미한다. **도널드 맥휴**

8월 28일

자신의 일을 소중하게 여겨야 합니다

> 내가 너희 무리를 위하여 이와 같이 생각하는 것이 마땅하니 이는 너희가 내 마음에 있음이며 나의 매임과 복음을 변명함과 확정함에 너희가 다 나와 함께 은혜에 참예한 자가 됨이라. 내가 예수그리스도의 심장으로 너희 무리를 어떻게 사모하는지 하나님이 내 증인이시니라. 빌립보서 1:7-8

소중하게 여겨야 할 것을 소중하게 여기지 않으면 그 값어치는 떨어지기 마련입니다. 그러므로 자신이 이 세상에서 꼭 필요한 존재라는 것을 믿어야 합니다. 가치는 그 사람이 어떤 삶을 살아가느냐에 따라 평가됩니다. 가치 있는 삶을 살아야 가치 있는 존재가 됩니다. 자기 일에 최선을 다하고 남을 사랑하고 남을 위해 봉사하는 사람, 온갖 시련과 역경을 이겨내고 승리하는 사람이 진정 가치 있는 삶을 사는 사람입니다.

몰투에니는 "혼자서 할 수 없는 것이 둘이 있다. 하나는 결혼이고 또 하나는 그리스도인이 되는 것이다"라고 말했습니다. 우리는 예수그리스도를 통해 그리스도인이 되었습니다. 그러므로 우리는 자신감을 가져야 하며 자신의 일을 소중하게 여겨야 합니다. 로마서 8장 39절의 말씀처럼 우리를 우리 주 예수 안에 있는 하나님의 사랑에서 끊을 수 없는 것입니다.

현대인에게 가장 중요한 것은 관계 회복입니다. 관계가 회복될 때 꿈과 비전을 이루는 힘이 더욱더 강해집니다. 하나님과의 관계, 가족과의 관계, 이웃과의 관계가 믿음과 사랑으로 회복되어야 합니다.

회복의 유일한 길은 다시 시작하는 것이다. **체이즈**

8월 29일

예수그리스도의 죽음

우리가 그리스도 안에서 그의 은혜의 풍성함을 따라 그의 피로 말미암아 구속 곧 죄 사함을 받았으니. 에베소서 1:7

예수그리스도와 우리의 관계는 믿음과 용서의 관계에서 이루어집니다. 믿음과 용서 없이는 예수와 우리는 아무런 상관이 없습니다.

우리는 우리와 함께하시는 하나님의 역사를 삶 가운데 체험하며 살아가야 합니다. 우리의 삶 자체가 하나님의 선물입니다. 우리를 통해서 하나님은 사랑을 나타내시며 그 사랑 안에서 우리는 성숙하게 될 것입니다.

오직 예수그리스도만이 하늘나라에 들어가기에 충분하십니다. 오직 주님만이 우리를 하늘나라로 인도하실 수 있습니다. 그러나 우리는 먼저 죄를 깨끗하게 해야 합니다. 우리가 하나님 앞에서 깨끗해질 때까지 예수그리스도는 우리를 하늘나라로 인도하시지 않습니다. 우리는 온전히 깨끗하게 되지 않았기 때문에 하나님께서는 희생적인 죽음 없이 용서하실 수가 없습니다. 누군가 우리를 위해서 죽어야 했습니다. 하나님께서 우리를 위해 허락하신 그 죽음은 바로 하나님의 아들 예수그리스도의 죽음입니다.

죽음 직전의 흑암의 때, 여러분의 육체와 마음이 쇠약해진 순간에도 여러분은 영원한 반석이 되시는 하나님을 평안 가운데 의지할 수 있다. **빌리 그레이엄**

8월 30일

열매는 하나님의 은총

곧 평안한 추수를 얻을 것이라. 포도나무가 열매를 맺으며 땅이 산물을 내며 하늘은 이슬을 내리리니 내가 이 남은 백성으로 이 모든 것을 누리게 하리라. 스가랴서 8:12

사과나 귤을 심으면 3년이 지나야 열매를 맺기 시작합니다. 그리고 10년 정도 된 나무는 5백여 개씩 열매가 열린다고 합니다. 옥수수 씨를 심으면 자라서 두세 자루의 열매를 맺고 열매 한 자루에 적어도 2백 알에서 3백 알 정도의 옥수수가 달리게 됩니다. 씨 하나가 6백 배 정도의 결실을 맺는 것입니다. 논에 심는 벼의 경우는 벼 이삭 하나에 90알에서 2백 알 정도의 벼가 열립니다. 땅에 심는 종자도 좋은 땅에 뿌리고 심기만 하면 백에서 6백 배의 결실을 맺게 되는 것을 알 수 있습니다.

열매가 열리기 위해서는 참으로 많은 시련과 고통이 있어야 합니다. 씨앗이 찢겨야 싹이 나오고 비바람과 눈보라를 거쳐야 큰 나무가 됩니다. 고통의 시간을 잘 감내할 수 있는 것도 축복입니다. 하나님께서는 우리에게 좀 더 나은 삶을 허락하시기 위해 아픔의 시간을 주셨습니다. 십자가가 없었다면 부활도 없습니다. 기도가 없으면 응답도 없습니다. 우리의 믿음의 열매는 하나님의 은총이요, 축복입니다.

열심히 노력하고 최대한 기쁜 마음으로 결실의 시간을 기다려라. 그리하면 인내의 달콤한 열매가 그대 앞에 놓일 것이다. **스마일스**

8월 31일

성경의 진실성

> 네가 이것으로 형제를 깨우치면 그리스도 예수의 선한 일꾼이 되어 믿음의 말씀과 네가 좇은 선한 교훈으로 양육을 받으리라. 디모데전서 4:6

어떤 사람이 한 젊은 그리스도인에게 "어떻게 성경을 영감으로 쓰인 책이라고 믿을 수 있느냐"라고 물었습니다. 젊은이는 대답했습니다. "성경이 나를 감화시켜주기 때문입니다."

성경의 진실성을 의심하는 것은 곧 자신의 존재를 의심하는 것입니다. 성경은 우리에게 믿음이 없이는 하나님을 기쁘게 할 수 없다고 말씀하고 있습니다. 믿음이 없는 곳에는 하나님의 사랑이 나타날 수 없습니다.

우리 하나님은 희망의 하나님이십니다. 성령의 역사 가운데 하나는 우리로 하여금 희망 가운데서 자라게 하시는 것입니다. 우리가 성령께서 우리를 통하여 사시도록 계속해서 허락해드린다면 그분은 우리 안에 희망이 넘쳐나게 해줄 것입니다. 진정한 복음 증거에는 분명히 십자가가 따릅니다. 수많은 사람이 그 모든 것을 체험했습니다. 예수그리스도는 쉬운 길을 베풀지 않으셨습니다. 그는 안일한 삶을 주기 위해 오신 것이 아니라 가치 있는 삶을 살도록 하기 위해 오셨습니다.

진실한 마음에서만 인생을 헤쳐 나갈 지혜가 나온다. 아무리 지위가 높고 지식이 많아도 인간이 진실을 잃는다면 그 지위도 지식도 당신을 따라오지 않는다. **페스탈로치**

9월
September

신앙생활 훈련

훈련의 뜻은 지도하고 교육하는 것이며, 정신적인 무장과 정확한 원리와 올바른 습관을 길러주는 것이며, 지도에 의해 미리 준비하는 것이다. **지그 지글러**

9월 1일

행복을 만드는 웃음

너희는 귀를 기울이고 내게 나아와 들으라. 그리하면 너희 영혼이 살리라. 내가 너희에게 영원한 언약을 세우리니 곧 다윗에게 허락한 확실한 은혜니라. 이사야서 55:3

하나님이 인간에게 주신 최고의 표정은 웃음입니다. 웃음은 우리의 삶에서 피어나는 꽃입니다. 삶에 웃음이 가득한 사람은 행복합니다. 삶에 웃음이 없다는 것은 그만큼 삶이 고통스럽다는 뜻입니다. 웃음은 행복을 만들고 축복을 만들고 성공을 만듭니다.

웃음이란 무엇입니까? 웃음이란 사람들의 마음이 만족한 상태에서 얼굴에 나타나는 표정입니다. 마음속의 기쁨이 순간적으로 표현되는 것입니다. 웃음은 우리 마음의 거울입니다. 웃음은 현대인의 삶의 지루함과 고독함을 없애주는 최고의 약입니다.

그대의 마음을 웃음과 기쁨으로 감싸라. 그러면 1천의 해로움을 막아주고 생명을 연장시켜줄 것이다. **셰익스피어**

9월 2일

거룩한 무리 성도

> 사람에게 보이려고 그들 앞에서 너희 의를 행치 않도록 주의하라. 그렇지 아니하면 하늘에 계신 너희 아버지께 상을 얻지 못하느니라.
> 마태복음 6:1

우리의 꿈과 희망은 씨앗과 같습니다. 옥토에 잘 심어야 하고 잘 가꾸어야 합니다. 우리의 꿈은 이룰 수 없는 허망한 꿈이 아니라 꼭 이루어야 할 야곱의 꿈과 같습니다. 삶을 사는 동안 여러 계절을 만나며 폭풍우와 눈보라, 거센 바람을 만날 때 더 잘 자라야 합니다. 우리에게 다가오는 시련과 역경이 분명히 꿈을 이루는 활력소가 될 것입니다.

그리스도인에게 기쁨과 웃음이 있어야 하는 것은 지극히 당연한 일입니다. 지상에서 최고의 기쁨이 구원이고 우리는 예수그리스도의 인도하심을 받는 성도이니 염려와 근심을 다 던져버리고 기쁜 마음을 가져야 합니다. 그리스도인이 기쁨을 잃어버렸다면 다시금 회복하여 기쁨의 삶을 살아야 합니다.

우리가 그리스도인이라면 하나님 앞에서는 눈물 흘리는 일이 있더라도 사람들 앞에서는 당당하게 웃으며 살아가야 합니다. 거짓 없는 웃음과 진정한 기쁨을 이웃에게 전해주는 사람이 되어야 합니다. 우리는 거룩한 무리 성도입니다.

성도의 삶의 발전은 삼위일체 하나님을 경험하며 얻는 지식의 성장과 일치한다. **토저**

9월 3일

미소 짓는 얼굴

> 좋은 소식을 가져오며 평화를 공포하며 복된 소식을 가져오며 구원을 공포하며 시온을 향하여 이르기를 네 하나님이 통치하신다 하는 자의 산을 넘는 발이 어찌 그리 아름다운고. 들을지어다. 너의 파수꾼들의 소리로다. 그들이 소리 높여 일제히 노래하니 이는 여호와께서 시온으로 돌아오실 때에 그들의 눈이 마주 봄이로다. 이사야서 52:7-8

웃음은 사랑의 표현이며 평화의 표현입니다. 아픔과 파괴는 웃음을 쫓아내 버립니다. 웃음은 행복입니다. 미소를 지으며 행복한 얼굴을 그려보십시오. 행복이 찾아올 것입니다. 그리스도인이 늘 얼굴을 찡그리고 있다면 다른 사람은 그를 보고 그 사람이 진정 구원의 기쁨을 누리고 있는가 하는 의구심이 생길 것입니다. 우리는 항상 웃으며 삶을 기뻐하며 살아야 합니다.

그리스도인이 있는 곳은 어디든지 기쁨과 감동이 있어야 합니다. 교회와 가정과 일터 어느 곳에서든지 밝은 표정으로 활기차게 기쁨이 넘치도록 살아야 합니다. 웃음은 승리의 노래입니다. 그러므로 천국에는 눈물이 없고 기쁨과 웃음이 넘칩니다. 밝은 웃음을 웃기 위해서는 마음을 넓고 편안하게 가져야 합니다.

웃음은 마음의 치료제일 뿐 아니라 몸의 미용제다. 당신은 웃을 때가 가장 아름답다. **칼 요제프 쿠셀**

9월 4일

행복한 습관

지금까지 너희가 내 이름으로 아무것도 구하지 아니하였으나 구하라. 그리하면 받으리니 너희 기쁨이 충만하리라. 요한복음 16:24

유머는 우리의 삶을 부드럽게 할 뿐 아니라 인간관계 속에서도 서로의 간격을 좁히는 수단이 됩니다. 웃음은 자신뿐만 아니라 주변 사람도 변화시킵니다. 그리스도인 중에서도 늘 웃고 남을 위해 헌신하는 사람들은 기쁨 속에 살아가는 것을 알 수 있습니다. 우리가 어떤 어려움도 웃음으로 밀고 나갈 때 모든 우울함은 극복될 것입니다.

우리의 마음속에서 미소의 꽃이 피어나기 시작하면 얼굴에는 웃음꽃이 활짝 피어날 것입니다. 웃음은 창의력을 키워줍니다. 그러므로 우리는 우리가 만나고 만지고 보고 느끼는 모든 것 속에서 아름다움을 끄집어내는 행복한 습관을 가져야 합니다.

우리는 끝을 부정적이고 비관적으로만 생각할 것이 아니라 긍정적이고 낙관적으로 생각해야 합니다. 오히려 끝을 자신의 새로운 시작으로 삼아야 합니다.

유머의 원천은 기쁨이 아니라 슬픔이다. 따라서 천국에는 유머가 존재하지 않는다. 유머가 필요하지 않은 세상이 있다면 그 세상이 바로 천국이다. **마크 트웨인**

9월 5일

주님께서 나에게 안식을 주셨습니다

> 내가 또 너희에게 이르노니 구하라 그러면 너희에게 주실 것이요 찾으라 그러면 찾을 것이요 문을 두드리라 그러면 너희에게 열릴 것이니 구하는 이마다 받을 것이요 찾는 이가 찾을 것이요 두드리는 이에게 열릴 것이니라. 누가복음 11:9-10

한때 나의 두 손은 항상 바빴습니다
최선을 다하기 위해 힘들여 일했습니다
이제 내 가슴은 포근한 믿음 속에 있으며
내 영혼은 안식 속에 있습니다

한때 나의 머리는 계획으로 가득했습니다
그리고 내 가슴은 걱정으로 미어졌습니다
이제는 나를 이끄시도록 주님께 의지합니다
내 생명이 주님의 안식 속에 있습니다

한때 나의 삶은 수고로 가득했습니다
이제는 기쁨으로 가득합니다
그분의 멍에를 메었기에
주님께서 나에게 안식을 주셨습니다 심프슨

누군가 해놓은 착한 일은 땅속에 숨어 흐르며 땅을 푸르게 하는 수맥과 같다. **토머스 칼라일**

9월 6일

묵상의 뜻

> 나의 묵상을 가상히 여기시기를 바라나니 나는 여호와로 인하여 즐거워하리로다. 시편 104:34

'묵상'은 원래 라틴어 '메디켈루스'에서 유래된 말로 '약'이란 뜻입니다. 약은 봉투에 담겨져 있을 때는 결코 몸에 효력이 없습니다. 그것을 몸 속에 투약할 때 약효를 나타냅니다.

이와 같이 성경 말씀도 지식으로만 머리에 남아 있고 심령 속에 심어 두지 않으면 우리의 신앙에 아무런 도움을 주지 못하고 오히려 거친돌이 될 뿐입니다. 묵상 과정은 내 인격이 말씀 속에 몰입되어 하나님을 체험하는 필수적 훈련 과정입니다. 즉, 내가 성경 사건 속에 들어가고 성경 사건이 현실에 사는 나의 삶에 들어오는 것입니다.

묵상하면 불신앙 대신 믿음이 솟아나며 죄를 사랑하는 마음이 하나님을 사랑하는 마음으로 바뀐다. 또한 사람을 변화시키는 하나님의 사랑에 의해 모든 두려움이 사라진다. **오대원**

9월 7일

최선을 다하는 오늘

하나님은 나의 돕는 자시라. 주께서 내 생명을 붙드는 자와 함께하시나이다. 시편 54:4

오늘에 정성을 다하자
오늘만이 참다운 인생이니까
이 짧은 도정에
우리 존재의 진리와 진실의 모든 것이 있다
행동의 즐거움도
성장의 즐거움도
빛나는 아름다움도
어제는 꿈에 불과하고
내일은 환영에 불과하지만
오늘을 잘 살면
어떤 어제도 행복한 꿈이 되고
어떤 내일도 희망에 찬 환영이 된다
그러니 오늘에 온갖 정성을 다하자 산스리스트

어제는 무효가 된 수표이며 내일은 약속어음이다. 오늘만이 손에 넣을 수 있는 현금이다. 그러므로 현명한 삶을 살아야 한다. 케이 라이언스

9월 8일

선교하는 교회

할렐루야 내가 정직한 자의 회와 공회 중에서 전심으로 여호와께 감사하리로다. 여호와의 행사가 크시니 이를 즐거워하는 자가 다 연구하는도다. 시편 111:1-2

그리스도인은 몸과 마음을 하나님께 의뢰하고 예수그리스도의 마음과 뜻대로 따르는 사람입니다. 그런 참된 그리스도인이 되려면 우리의 심령이 예수그리스도의 마음으로 새롭게 변화되어야 합니다. 새롭게 변화를 맞은 자의 삶은 예전의 생활, 말투, 행동과는 다르게 새로운 삶을 살아야 합니다. 그리스도인은 자신의 삶 속에서 무관심했던 일이 관심으로 바뀌는 것을 알게 될 것입니다.

중국에 첫 장로교 선교사로 부임했던 사람은 로버트 모리슨입니다. 하루는 어떤 사업가가 로버트 모리슨에게 물었습니다.

"당신이 그 거대한 중국을 어떻게 감동시키겠다는 것입니까?"

이 말을 들은 로버트 모리슨은 이렇게 대답했습니다.

"그런 걱정은 하지 않으셔도 됩니다. 선교는 내가 하는 것이 아닙니다. 하나님께서 하실 것입니다."

우리가 받은 행군의 명령의 생각해라. 갈릴리 언덕 위에서 기독교인들은 행군의 명령을 받았다. 교회는 선교하는 교회가 되어야 한다. 교회의 복음은 세상 모두를 위한 복음이다. 그 결과 역사상 하나의 기적이 창조되었다. **에드워드 엘슨**

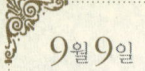

삶의 면류관이 되시는 주님

> 마음의 경영은 사람에게 있어도 말의 응답은 여호와께로서 나느니라. 사람의 행위가 자기 보기에는 모두 깨끗하여도 여호와는 심령을 감찰하시느니라. 잠언 16:1-2

예수그리스도를 영접한 후에 우리의 삶에는 어떤 변화가 일어날까요?

1. 우리는 아무것도 잃지 않습니다.
2. 우리가 하나님을 위해 하는 일은 하나도 헛되지 않습니다.
3. 우리의 행위는 반드시 보장됩니다.
4. 우리는 하나님과 함께 다스릴 것입니다.
5. 우리는 예수그리스도처럼 온전해질 것입니다.
6. 우리는 영원토록 살 것입니다.

예수그리스도께서는 우리의 삶을 온전하게 하시는 분이며 우리의 삶의 면류관 되십니다. 우리가 사는 것은 결국 예수같이 되는 것이며 그분 안에서 우리의 모든 면이 영광스럽게 되는 것을 발견하는 것입니다.

예수를 통해 우리가 하나님을 알 뿐 아니라 우리 자신을 알게 된다. **파스칼**

9월 10일

기도와 말씀으로 새롭게 변화되어야 합니다

나의 영혼이 주를 가까이 따르니 주의 오른손이 나를 붙드시거니와 나의 영혼을 찾아 멸하려 하는 저희는 땅 깊은 곳에 들어가며 칼의 세력에 붙인 바 되어 사랑의 밥이 되리이다. 시편 63:8-10

우리의 영혼은 날마다 기도와 말씀으로 새롭게 변화되어야 합니다. 우리의 영혼을 새롭게 하고 싶다면 양심을 들여다볼 수 있는 믿음의 거울을 가지시기 바랍니다. 예수그리스도의 보혈에 힘입어 회개의 세수를 하시기 바랍니다. 진정한 눈물로 온전한 회개를 하시기 바랍니다.

우리의 영혼을 새롭게 변화시키려면 성령의 분을 바르시기 바랍니다. 은혜와 기쁨과 평강의 크림을 쓰면 더욱 아름다운 모습이 될 것입니다. 날마다 기도의 향기를 뿌리고 우리 주님 예수그리스도의 인도하심을 받으시기 바랍니다.

우리의 영혼은 날마다 주님의 은혜와 사랑을 충만하게 공급받아야 합니다. 우리의 영혼을 새롭게 하려면 날마다 정결한 삶으로 예수그리스도를 닮고 본받는 삶을 사시기를 바랍니다. 우리의 삶의 모든 부분에 하나님의 말씀을 적용해 이루어가시기를 바랍니다. 언제 어디서나 왼손으로 주님의 오른손을 붙잡고 다닌다는 마음으로 주 예수그리스도와 동행하는 삶을 살아가시길 바랍니다.

우리는 영혼을 고양하는 친절한 말 한마디, 다정한 미소, 반가운 인사, 그리고 사려 깊은 호의 등을 베풀 수 있다. 중요한 것은 우리가 다른 사람을 위해 작은 행동을 할 때 승리의 상황을 창조하게 된다는 것이다. **지그 지글러**

9월 11일

회개의 눈물

사람들이 종일 나더러 하는 말이 네 하나님이 어디 있느뇨 하니 내 눈물이 주야로 내 음식이 되었도다. 시편 42:3

풀은 자라기 위해 이슬에 젖고 인생은 영생을 얻기 위해 눈물에 젖는다고 했습니다. 우리 그리스도인들은 예수그리스도의 우리를 향하신 사랑을 회개의 눈물로 배워야 할 것입니다. 진정 눈물을 흘리며 씨를 뿌리는 그리스도인에게는 기쁨의 단을 거둘 날이 분명히 올 것입니다. 주님 앞에서 "잘했다" 칭찬받게 될 것입니다.

삶 속에서 나타나는 믿음을 보이려면 자기를 버려야 합니다. 자기의 십자가를 져야 합니다. 예수그리스도의 길을 따라야 합니다. 우리는 주님을 본받아 겸손한 삶을 살아야 합니다. 다른 사람을 자신보다 낮게 여길 줄 알아야 합니다. 언제나 자신의 부족함을 깨달아야 합니다. 자신을 겸손하게 만드시는 분이 하나님이심을 알아야 합니다. 어떠한 사람도 하나님이 함께하시면 거룩한 성도가 됨을 알아야 합니다.

우리는 죄를 지으면 눈물로 회개할 줄 알고 주님의 사랑에 기뻐할 줄 알고 이웃을 내 몸같이 사랑할 수 있는 믿음이 있는 성도의 삶을 살아야 합니다.

눈물은 눈동자로 말하는 고결한 언어다. **로버트 해릭**

9월 12일

감사의 신앙

> 그리스도 예수 안에서 너희에게 주신 하나님의 은혜를 인하여 내가 너희를 위하여 항상 하나님께 감사하노니 이는 너희가 그의 안에서 모든 일 곧 모든 구변과 모든 지식에 풍족하므로 그리스도의 증거가 너희 중에 견고케 되어 너희가 모든 은사에 부족함이 없이 우리 주 예수그리스도의 나타나심을 기다림이라. 고린도전서 1:4-7

위대한 목회자 스퍼전은 감사의 신앙생활로 기적을 만든 하나님의 사람입니다. 그는 사람들 앞에서 잔잔한 음성으로 말하고 있습니다.

"촛불을 보고 감사하면 하나님은 전등을 주시고, 전능을 보고 감사하면 달빛을, 달빛을 보고 감사하면 햇빛을, 햇빛을 보고 감사하면 하나님은 천국을 주신다."

우리의 삶에서 불평은 연속해서 불평을 만들고, 짜증은 계속해서 짜증을 만들어냅니다. 우리의 삶 속에서 감사는 축복을 채우는 그릇이 될 것입니다. 주님의 은혜를 사모하고 기다리면 감사와 은혜가 넘칠 것입니다.

감사가 없는 소망은 의식불명의 소망이요, 감사가 없는 믿음은 줏대 없는 믿음이요, 감사가 없는 생애는 메마른 생애다. 어떤 아름다운 것도 거기서 감사를 빼면 절름거리고 만다. **조엣**

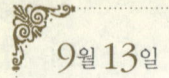
9월 13일

하나님의 도우심을 받아야 합니다

내가 아뢰는 날에 내 원수가 물러가리니 하나님이 나를 도우심인 줄 아나이다. 시편 56:9

어떻게 하면 하나님의 도우심을 받을 수 있겠습니까? 내가 할 수 있는 일은 내 손으로 해결해야 합니다. 그러나 인간으로서 어쩔 수 없는 위기에 부딪히면 하나님께 매달려야 합니다.

우리는 날마다 주님께 겸손히 기도하면서 하나님의 뜻이 이루어지도록 기다려야 합니다. 우리가 하나님의 도우심을 받기를 원한다면 강하고 담대한 믿음을 가져야 합니다. 온전한 믿음이 없으면 모두 헛된 것입니다. 하나님만이 종결을 지으실 수 있다는 믿음이 절실합니다.

우리가 하나님의 도우심을 원한다면 응답이 이루어질 때까지 쉬지 않고 간구해야 합니다. 하나님께서는 우리의 간구에 귀를 열어놓고 우리의 뜻을 초월한 더욱 놀라운 계획을 가지고 계십니다. 하나님은 그 놀라운 계획을 이루어가고 계십니다.

하나님은 새 하늘과 새 땅에 우리가 거할 처소를 만들고 계십니다. 우리의 소망은 죽은 소망이 아니라 산 소망입니다. 우리의 소망 속에서 날마다 하나님의 도우심을 받아야 합니다.

사람은 누구나 남에게 무엇인가를 배울 수 있다. 모든 면에서 모든 사람의 도움이 필요 없을 만큼 뛰어난 사람은 아무도 없다. 다른 사람을 각각 나름대로 잘 활용할 줄 아는 것은 유용한 지식이다. **그라시안**

9월 14일

신앙생활을 바르게 하는 방법

> 망령되고 허탄한 신화를 버리고 오직 경건에 이르기를 연습하라. 육체의 연습은 약간의 유익이 있으나 경건은 범사에 유익하니 금생과 내생에 약속이 있느니라. **디모데전서 4:7-8**

하나님의 사랑과 영혼 구원은 떼려야 뗄 수 없는 관계입니다. 왜냐하면 사랑이 없는 곳에는 생명도 없기 때문입니다. 우리가 하나님의 사랑을 소유하고 있다면 영혼 구원에 관한 하나님의 명령에 순종할 것입니다. 이는 우리가 구원의 확신을 가졌음을 확증해주는 하나의 증거가 될 수 있습니다.

신앙생활을 바르게 훈련하는 방법은 다음과 같습니다. 신앙생활의 훈련을 잘하려면 철저한 시간 관리를 해야 합니다. 시간을 잘 관리하면 할수록 좋은 결과를 만들어낼 수 있습니다. 또한 신앙생활을 잘하려면 건강 관리를 잘해야 합니다. 건강하지 못하면 주님의 사역에 동참할 수 없습니다. 건강해야 맡겨진 일을 충성되게 할 수 있습니다. 신앙생활을 잘하려면 인간관계를 분명하게 해야 하며 전도 훈련을 끊임없이 해야 합니다.

세속적인 열정의 저속함을 고치고 덕스러운 원리로 마음을 굳게 하며 유익한 지식으로 정신을 계몽하고 내부에서 우러나는 기쁨으로 그것을 채우는 훈련은 물건으로 만든 모든 식량보다 참된 행복에 기여하는 바가 크다. **휴 블레어**

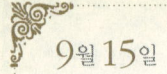
9월 15일

찬양은 감사하는 노래

온 땅이여 하나님께 즐거운 소리를 발할지어다. 그 이름의 영광을 찬양하고 영화롭게 찬송할지어다. 시편 66:1-2

찬양이란 노래로 하나님을 찬송하는 것입니다. 찬양은 영혼의 언어입니다. 찬양은 예배 행위 중 하나님을 찬미하는 수단이요, 감사를 표현하는 방법이요, 우리의 간구를 기도에 담아 하나님께 드리는 것입니다.

찬양은 우리의 신앙고백이며 아울러 하나님의 영광과 이름을 높이면서 주님의 나라가 이 땅 위에 임하기를 간구하는 기도입니다. 찬양은 하나님과의 대화입니다. 찬양은 예배이며 기도요, 곡조 붙은 증인입니다. 찬양은 감사하는 노래입니다. 찬양은 예수그리스도의 보혈로 받은 거룩한 무리 곧 성도들만이 하나님께 드릴 수 있는 기도입니다.

찬양은 마음속에서 우러나오는 진실함을 하나님께 드리는 것입니다. 오직 하나님께 영광을 돌리기 위한 입술의 고백입니다. 찬양은 예배드릴 때 하나님께 반드시 드려야 할 제물입니다. 찬양이 있는 예배를 하나님은 기뻐하며 받으실 것입니다. 우리가 온 마음과 온 영혼을 다해 찬양을 드릴 때 하나님은 모든 영광을 홀로 받으실 것입니다. 우리는 온전히 하나님을 찬양해야 합니다.

만일 내가 하나님을 찬양하지 않고 잠잠히 있다면 온 우주 속에 유일한 예외가 될 것이다. 천둥이 하나님의 군대의 드럼 소리요, 산에 부딪치는 바람이 수없는 찬양의 숨결이며, 바다의 파도 소리가 그를 격찬하는 아우성이다. **스펄전**

사탄을 이길 수 있는 방법

> 사람의 마음에 있는 모략은 깊은 물 같으니라. 그럴지라도 명철한 사람은 그것을 길어내느니라. 많은 사람은 각기 자기의 인자함을 자랑하나니 충성된 자를 누가 만날 수 있으랴. 잠언 20:5-6

천국과 지옥, 주님과 사탄, 신자와 불신자, 빛과 어둠 사이에는 타협이나 동맹이 있을 수 없습니다. 그것은 목숨을 건 투쟁입니다. 빛과 어둠, 선과 악은 분명히 구분되어 있습니다. 진정한 그리스도인의 하나님께 대한 경배의 근거는 오직 찬양과 예배뿐입니다.

예수그리스도에게서 우리가 본받아야 할 것은 기도와 말씀으로 사탄의 시험을 이기신 것입니다. 우리가 주님처럼 기도하고 말씀의 능력을 갖는다면 우리 역시 유혹에 대한 승리를 체험하게 될 것입니다. 지금도 주님께서 우리와 함께하십니다. 사탄의 유혹을 이길 수 있는 것은 하나님의 말씀, 곧 생명력이 넘치는 복음입니다. 우리가 말씀과 기도로 무장할 때 사탄을 이길 수 있습니다. 오직 예수 그 이름으로 함께해야 합니다.

우리의 생활 속에는 우리를 지배해온 여러 가지 일이 있습니다. 그러나 우리가 구원을 받았다는 사실을 알게 되면서 우리는 깊은 잠을 자다가 갑자기 깨어난 것처럼 깨닫게 될 것입니다. 우리에게는 지금까지 우리를 괴롭혀온 것을 물리칠 수 있는 힘이 있다는 것을 말입니다. 우리는 예수그리스도의 이름으로 승리할 것입니다.

사탄으로 하여금 사탄을 몰아내게 할 수는 없다. 그러므로 악으로서 악에 대항하지 않는다는 것은 악을 정복하는 유일한 수단 방법인 것이다. 그것은 악을 행한 사람의 가슴에서도 악을 입은 사람의 가슴에서도 사악한 감정을 일소해주기 때문이다. 톨스토이

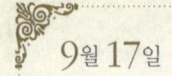

9월 17일

경건한 삶을 살아야 합니다

내 영혼아 여호와를 송축하라. 여호와 나의 하나님이여 주는 심히 광대하시며 존귀와 권위를 입으셨나이다. 시편 104:1

우리는 예배를 배워야 합니다. 하나님께서는 우리가 진리를 배워서 예배드릴 수 있도록 창조적인 말씀을 생명의 양식으로 주셨습니다. 예배가 하나님께 온전히 드려지기 위해서는 말씀에 대한 확실한 믿음이 있어야 합니다. 왜냐하면 믿음 없이 드리는 예배는 허공을 치는 것과 다를 바가 없기 때문입니다.

우리가 마음과 목숨과 뜻을 다해 하나님을 사랑하는 것은 예배와 동일하다고 말할 수 있습니다. 왜냐하면 그것은 우리가 영광을 받으시기에 합당하신 하나님을 경배하고 찬양하는 것이기 때문입니다.

사랑을 받을 자격이 없는 사람을 사랑할 때 그것은 자비의 행위입니다. 우리가 하나님을 사랑하는 것은 우리가 선하고 사랑이 많은 존재이기 때문이 아니라 하나님께서 모든 사람으로부터 찬양과 경배를 받으시기에 합당한 분이시기 때문입니다. 이 땅에서 경배를 받으실 분은 하나님 한 분이십니다. 우리는 경배를 통해 경건한 삶을 살 수 있습니다. 경배는 놀라우신 침묵 속에서 참다운 삶의 가치를 분명하게 하고 나의 모든 필요를 채워주시며 기쁨과 승리를 주시는 하나님과 교제하는 것입니다.

경배는 주님께서 구원받은 사람에게서, 치유자이신 주님께 고침받은 사람에게서, 그리고 그리스도로부터 생명을 받은 사람에게서 나오는 자발적인 감사 행동이다. **맥스 루케이도**

9월 18일

우리의 사랑이 자라도록 하시는 분

그리스도께서 너희를 사랑하신 것같이 너희도 사랑 가운데서 행하라. 그는 우리를 위하여 자신을 버리사 향기로운 제물과 생축으로 하나님께 드리셨느니라. 에베소서 5:2

우리가 믿음으로 사랑한다는 것을 기억하시기 바랍니다. 우리는 한 걸음 한 걸음 사람에게 하나님의 사랑을 요청할 수 있습니다. 성령의 열매가 사랑입니다. 열매처럼 사랑도 자랍니다. 열매를 생산하기 위해서는 씨앗이 필요합니다. 그 다음 꽃과 수분과 일정한 양의 태양과 신선한 비, 그리고 약간의 역풍이 필요합니다. 그래서 매일의 삶 속에서 당신의 사랑은 기쁨에 의해 따뜻해지고 눈물에 의해 물을 주게 되며 상상의 바람에 의해 확산될 것입니다. 하나님은 우리의 사랑이 자라도록 하시는 분입니다. 사랑의 신앙은 계속적이며 점진적인 것입니다.

하나님은 바르게 살려고 하는 작고 미천한 자를 사랑하십니다. 하나님의 사랑을 받으려면 자기 자신을 먼저 바라보는 자가 되어야 합니다. 남이 아니라 자신과 싸워야 합니다. 그러면 하나님은 우리의 편에 서서 하나님의 사랑을 베풀어주실 것입니다. 우리 속에 착한 일을 시작하신 분이 그날에 온전히 자라게 하실 것입니다.

삶의 가장 큰 행복은 우리 자신이 사랑받고 있다는 믿음으로부터 온다. **빅토르 위고**

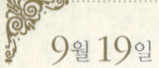
9월 19일

분명한 해답

예수께서 가라사대 나를 따라오너라. 내가 너희로 사람을 낚는 어부가 되게 하리라 하시니. 마가복음 1:17

  우리는 예수그리스도의 삶을 함께 생각해봐야 합니다. 가롯 유다도 생각해보면 주님과 함께 거하면서 돈주머니를 맡았으니 열두 제자 중에서 그래도 똑똑하고 숫자 개념도 있었던 사람이 아니겠습니까?
  어쩌면 주위에서 그런대로 머리가 좋다는 평을 받았을 것입니다. 가롯 유다는 자신이 다른 제자들과는 비교도 안 된다고 우쭐거렸을지도 모릅니다.
  가롯 유다는 돈주머니만 생각하다 보니 어깨에 힘이 들어갔고 자기를 인도하시는 예수그리스도마저 돈으로 계산하기 시작한 것입니다.
  돈으로만 행복을 계산했기에 돈을 움켜쥐려다가 그것을 제대로 써보지도 못하고 도리어 비참한 최후를 맞이하게 되고 말았습니다. 우리는 알 수 있습니다. 돈을 좇을 것인가, 진리이신 예수그리스도를 따를 것인가. 분명한 해답을 가지고 살아가야 합니다. 돈만을 원한다면 결국 멸망의 길에 들어설 것이고 예수그리스도를 따른다면 진정한 하나님의 축복을 경험하게 될 것입니다.

배반당하는 자는 배반으로 인해서 상처를 입지만, 배반하는 자는 한층 더 비참한 상태에 놓이게 된다. **셰익스피어**

9월 20일

삶의 주인공이 되어

> 아담 안에서 모든 사람이 죽은 것같이 그리스도 안에서 모든 사람이 삶을 얻으리라. 고린도전서 15:22

우리는 타인의 삶에 감격하고 탄식할 때가 많습니다. 그러나 우리에게는 우리의 삶을 통해 감격하고 탄식하는 마음이 필요합니다. 자신의 삶에 무감각해버리면 타인에게 시선을 돌리게 되며 때로는 공허와 허무가 몰려오기 때문입니다.

우리는 자신의 삶의 주인공이 되어 살아가야 합니다. 예수그리스도로 구원받은 새 생명의 주인공으로 살아가야 합니다. 타인의 삶에 박수를 칠 수 있다면 자신의 삶에도 박수 칠 수 있어야 합니다. 하루 한 날이 하나님의 은혜로 시작되었다면 오늘 우리 속에 이루시고자 하는 하나님의 역사에 동참해야 합니다. 땀 흘릴 줄 아는 사람, 웃고 울 줄 아는 사람이 되기란 그리 쉬운 것이 아닙니다. 그러한 감정이 살아 있는 사람은 거듭난 사람이며 삶의 의미와 목적을 분명히 아는 사람입니다.

나 자신의 삶에 변화가 있을 때 타인의 삶에도 더욱더 아낌없는 사랑과 감동을 가져다줄 수 있을 것입니다. 우리는 자신의 삶을 분명하게 예수그리스도 안에서 찾아야 합니다. 우리 삶의 주인공은 우리가 됩시다.

인생의 위대한 목표는 지식이 아니라 행동이다. **헉슬리**

9월 21일

사랑하는 법을 가르쳐주소서

> 사람이 의롭게 되는 것은 율법의 행위에서 난 것이 아니요 오직 예수그리스도를 믿음으로 말미암는 줄 아는고로 우리도 예수그리스도를 믿나니 이는 우리가 율법의 행위에서 아니고 그리스도를 믿음으로써 의롭다 함을 얻으려 함이라 율법의 행위로서는 의롭다 함을 얻을 육체가 없느니라. 갈라디아서 2:16

주여, 나는 기도합니다
나로 사랑할 수 있는 사람이 되게 하시어
참된 사람을 세계에 뿌릴 수 있게 해주소서
보다 좋은 세계를 이루는 전쟁은
사랑을 위한 전쟁이며
사랑을 위한 봉사라는 사실을
결코 잊는 일이 없게 하소서
주여, 내게 사랑하는 법을 가르쳐주소서 쿠오스트

정열적인 사랑을 해보지 못한 인간은 인생의 반분, 곧 아름다운 반분이 가리워져 있을 것이다. **스탕달**

9월 22일

끈기 있게 참는 법을 가르쳐주소서

내가 선한 싸움을 싸우고 나의 달려갈 길을 마치고 믿음을 지켰으니 이제 후로는 나를 위하여 의의 면류관이 예비되었으므로 주 곧 의로우신 재판장이 그날에 내게 주실 것이니 내게만이 아니라 주의 나타나심을 사모하는 모든 자에게니라. 디모데후서 4:7-8

아버지여, 나무처럼 친절하고
끈기 있게 참는 법을 가르쳐주소서
귀뚜라미 한낮의 그늘진 참나무 아래서
즐겁게 속삭이듯 노래하고
장수풍뎅이 제 일에 힘을 쏟으며
서늘한 제 집에 머물고 있으니
으슥한 숲이나 뜰을 성원하게 하소서
지나는 길손들의 제일 좋은 보금자리가 되어
편히 쉴 수 있는 그런 곳을 에드윈 마컴

만일 네가 네 인생을 사랑한다면 네 시간을 사랑해라. 왜냐하면 인생은 시간으로 구성되어 있기 때문이다. 벤저민 프랭클린

주님이 원하시는 기도

하나님의 지으신 모든 것이 선하매 감사함으로 받으면 버릴 것이 없나니 하나님의 말씀과 기도로 거룩하여짐이니라. 디모데전서 4:4-5

로버트 루이스 스티븐슨은 남쪽을 향해 있는 그의 집에서 매일 아침 가정 예배를 드렸습니다. 어느 날 아침 그는 주님께서 가르쳐주신 기도를 드리다가 일어나 방 밖으로 나갔습니다. 그의 아내는 스티븐슨을 따라가면서 "왜 그러세요?" 하고 물었습니다. 스티븐슨은 다음과 같이 대답했습니다. "오늘은 주님께서 가르쳐주신 기도를 드리기에 적합하지 않아서 그래요!"

우리가 주님께서 가르쳐주신 기도를 아무 생각 없이 기계적으로 외워버린다면 아무런 의미가 없습니다. 그러므로 우리는 한 마디 한 마디 깊이 생각하면서 기도를 드려야 합니다.

우리의 기도의 언어와 기도의 형식과 기도의 생각과 기도의 모든 것은 예수그리스도의 인도하심을 받아야 합니다. 주님이 함께하지 않는 기도, 주님의 이름으로 드리지 않는 기도는 살아 있는 생명의 기도가 될 수 없습니다. 예수그리스도가 함께하실 때 우리의 기도는 살아 있는 기도가 될 수 있습니다.

기도는 인간 단독으로 드리는 것이 아니다. 성령이 간청하시며 영원한 보좌의 예수께서 죄인들을 위해 중재하신다. 몽고메리

9월 24일

끊임없는 도전

> 우리가 간절히 원하는 것은 너희 각 사람이 동일한 부지런을 나타내어 끝까지 소망의 풍성함에 이르러 게으르지 아니하고 믿음과 오래 참음으로 말미암아 약속들을 기업으로 받는 자들을 본받는 자 되게 하려는 것이니라. 히브리서 6:11-12

꽁꽁 얼어붙은 얼음 덩어리를 꺼내 열을 가하면 한동안 아무런 변화를 보이지 않습니다. 그러나 시간이 지나면서 얼음은 녹기 시작합니다. 온도가 높아지면 기포가 생기고 수증기가 올라가고 끓어오릅니다.

우리가 무슨 일을 하든지 처음에는 아무런 변화가 없는 것처럼 보일 것입니다. 그러나 열정을 갖고 계속해나간다면 눈에 보이는 변화가 찾아옵니다. 이 법칙은 단순한 것 같지만 가장 정확한 법칙입니다. 이 법칙을 기억하여 서두르지 말고 꾸준히 해나가기 바랍니다. 눈에 보이는 변화가 기다리고 있습니다.

어떤 목표를 세우고 이루어가는 것은 우리에게 꼭 필요한 일입니다. 힘차게 나아갈 때는 나아갈 줄 알아야 합니다. 머뭇거려서는 안 됩니다. 눈에 보이는 변화를 기대한다면 그만큼 자신의 모든 것을 쏟아야 합니다. 우리가 온 힘을 다할 때 좋은 결과가 나타나는 것입니다. 목표를 세웠으면 다른 방향으로 가지 말고 이루어질 때까지 꿋꿋이 도전해나가야 합니다.

인간의 죽음은 패배했을 때 오는 것이 아니고 포기했을 때 오는 것이다. **닉슨**

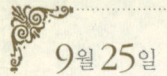

이 세상에서 가장 강한 것

> 내가 그리스도와 함께 십자가에 못 박혔나니 그런즉 이제는 내가 산 것이 아니요 오직 내 안에 그리스도께서 사신 것이라. 이제 내가 육체 가운데 사는 것은 나를 사랑하사 나를 위하여 자기 몸을 버리신 하나님의 아들을 믿는 믿음 안에서 사는 것이라. 갈라디아서 2:20

나는 믿습니다
상상력은 지식보다 강하다는 것을 믿습니다
신화는 역사보다 힘이 세다는 것을 믿습니다
꿈은 사실보다 강력하다는 것을 믿습니다
희망은 항상 경험을 이겨낸다는 것을 믿습니다
웃음만이 크나큰 슬픔의 유일한 치료법이라는 것을 믿습니다
그리고 나는 믿습니다
사랑은 죽음보다 강하는 것을   로버트 풀컴

만약 한 사람의 인간이 최고의 사랑을 성취한다면 그것은 수백만의 사람의 미움을 해소하는 데 충분하다.   **간디**

가치 있는 삶

> 예수는 우리 범죄함을 위하여 내어줌이 되고 또한 우리를 의롭다 하심을 위하여 살아나셨느니라. 로마서 4:25

우리의 삶은 분명히 가치가 있습니다. 이는 예수그리스도를 믿는 믿음이 전제될 때에만 가능합니다. 우리는 예수그리스도 안에서 생명을 얻고 진정한 만족을 누릴 수 있습니다.

영혼을 건강하게 유지하기 위해서는 영의 양식인 하나님의 말씀 속에서 살아야 합니다. 영적인 운동을 잘해야 합니다. 영적인 안식이 필요합니다.

그리스도인의 온전한 새 세계를 향하기 위해서는 매일 그리스도를 닮는 연습을 해야 합니다. 이 진로를 지키면 하나님의 영광에 이르게 될 것입니다. 우리의 삶이 가치 있는 삶이 되기를 원한다면 쓸데없는 걱정이나 근심에 빠져 있기보다는 열심히 행동하며 살아야 합니다.

우리가 살아가는 날 동안 닥치는 거의 모든 문제는 믿음의 길을 택할 것인가, 아니면 두려움의 길을 택할 것인가입니다. 믿음의 길은 승리의 길이요, 두려움의 길은 패배의 길입니다.

인생의 가장 가치 있는 보상, 즉 사람이 누릴 수 있는 최고의 행운은 좋아하는 취미를 가지는 것이며 그 안에서 일과 행복을 발견하는 것이다. **에머슨**

9월 27일

위대한 승리

의인은 고난이 많으나 여호와께서 그 모든 고난에서 건지시는도다.
시편 34:19

고난을 통해 우리의 눈은 죄악의 마술로부터 구원의 영광으로 뽑힘을 받습니다. 고난을 통해 우리의 귀는 세속적 노래로부터 현혹을 덜 받게 되고, 고난을 통해 우리의 인생 목표는 눈이 부실 정도로 번쩍이고 있는 세상일로부터 하늘의 보화로 향하게 됩니다.

고난은 이 세상의 장막으로 치우쳐 가던 우리의 발을 다정하고 친절하게 고향으로 안내해줍니다. 고통을 허락하시는 하나님의 목적은 우리의 유익입니다. 고통이 클 때 하나님께 감사할 수 있는 것은 유익이 크기 때문입니다. 고난 속에서 어떤 이는 하나님으로부터 돌아서기 때문에 축복을 놓쳐버리는가 하면 어떤 이는 하나님께로 돌아와 축복을 받습니다. 십자가를 만나기 전에 우리의 마음은 십자가를 받아들일 준비가 되어 있어야 합니다. 십자가를 거절하는 것은 사탄의 도구가 되는 것입니다. 십자가를 받아들이는 것은 위대한 승리를 위해 그리스도께서 주신 고상한 멍에가 되는 것입니다.

승리는 목적이 아니다. 목적에 이르는 하나의 단계이며 장애물을 제거하는 데 지나지 않는다. 목표를 잃으면 승리도 공허하게 된다. **네루**

9월 28일

진실하신 하나님

> 주께서 너희를 우리 주 예수그리스도의 날에 책망할 것이 없는 자로 끝까지 견고케 하시리라. 너희를 불러 그의 아들 예수그리스도 우리 주로 더불어 교제케 하시는 하나님은 미쁘시도다. 고린도전서 1:8-9

하나님은 진실하십니다. 하나님은 자녀들에게 벌을 내리시고 주의를 주시기도 합니다. 하나님은 그의 백성이 영원한 멸망으로 달려가는 것을 그대로 보고 계시지 않습니다. 그래서 하나님은 한 사람이라도 더 구원하시기 위해서 그의 말씀을 듣지 않는 자에게도 꾸짖고 벌을 주시는 것입니다. 그의 주의에 귀를 기울이십시오. 그러면 징계와 정죄를 면할 수 있습니다.

하나님께서 우리의 삶을 인도하시고 계심을 기뻐하시기 바랍니다. 그분은 놀라우신 구원의 계획을 가지고 우리를 인도해주십니다. 우리로 하여금 매일 목표를 향해 나아가게 해주십니다. 우리는 그분의 인도하심을 떠나지 말아야 합니다. 그분의 뜻을 이해하지 못하는 부분이 있더라도 전적으로 맡겨야 합니다.

결국 우리는 기쁨과 영광으로 빛나는 하늘나라에 이르게 될 것입니다. 하나님은 언제나 진실하십니다. 그분께 모든 것을 맡기며 살아가는 그리스도인은 행복한 사람입니다.

진실을 전달하는 유일한 방법은 마음을 다해 말하는 것이다. 그런 말이 아닐 경우 들리지 않는다. 헨리 데이비드 소로

9월 29일

진정한 성공

다윗이 에돔에 수비대를 두매 에돔 사람이 다 다윗의 종이 되니라.
다윗이 어디로 가든지 여호와께서 이기게 하셨더라. 역대기상 18:13

진정한 성공은 하나님을 첫째로 삼고 가족과의 관계를 둘째로 삼고 다른 사람들과의 관계를 그 다음에 둘 때 시작됩니다. 그리고 우리가 인생에서 무엇인가 진정으로 위대한 일을 하려면 희생이 따릅니다. 우리가 무엇인가를 하려면 어떤 것을 기꺼이 포기할 줄 알아야 합니다.

삶은 너무나 소중합니다. 그러므로 최고의 작품으로 만들어야 합니다. 성공하는 사람은 실패의 고통을 이겨냅니다. 실패를 피해 가는 것이 아니라 정면으로 부딪치며 뚫고 나갑니다. 실패조차 성공의 발판으로 만듭니다. 추운 겨울이 지나고 봄이 오면 온 세상이 초록의 희망으로 가득합니다. 씨앗이 흙을 뚫고 새싹이 되어 나오기 때문입니다. 우리도 실패를 뚫고 나가면 희망을 보게 될 것이고 성공을 만들어 갈 수 있습니다.

우리의 내일의 삶이 어떻게 이루어질 것인가 매우 궁금할 때가 있습니다. 그것을 아는 데 너무 신경을 곤두세울 필요가 없습니다. 복음 안으로 한 걸음 내디뎌 보시기 바랍니다. 그 후에는 하나님이 함께하신다는 사실을 믿으시기 바랍니다. 하나님은 우리의 삶을 바르고 정확하게 인도해주십니다.

모든 것이 끝났다고 여겨지는 순간이 있다. 그때가 바로 시작이다. **루이 라무르**

9월 30일

기도할 때마다

> 그곳에서 여호와를 위하여 단을 쌓고 번제와 화목제를 드렸더니 이에 여호와께서 그 땅을 위하여 기도를 들으시매 이스라엘에게 내리는 재앙이 그쳤더라. 사무엘하 24:25

하나님 아버지!
오늘 우리가 살면서 겪는 모든 일을 잘 이용하여
죄의 열매가 아닌 성결의 열매를 거두게 하소서
실망으로 희망을 배우게 하소서
성공으로 감사를 배우게 하소서
불안으로 안정을 배우게 하소서
위험으로 담대함을 배우게 하소서
칭찬으로 너그러움을 배우게 하소서
기쁨으로 절제를 배우게 하소서
고통으로 인내를 배우게 하소서 존 베일리

우리가 기도할 때 쏟는 정성만큼 삶에서도 그렇게 노력하지 않는다면 우리의 기도가 받아들여지도록 아무리 기도한들 헛수고에 그칠 뿐이다. 이솝 두려워 말라. 내가 너와 함께함이니라. 놀라지 말라.
나는 네 하나님이 됨이니라. 내가 너를 굳세게 하리라.
참으로 너를 도와주리라.
참으로 나의 의로운 오른손으로 너를 붙들리라.

이사야서 41:10

10월
October

시련 후의 성장

시련은 우리의 은혜로우시고 지혜가 많으신 하나님께서 처방하신 약이다. 우리에게 그 약이 필요하기 때문에 처방하신 것이다. 하나님께서는 그 약의 사용 빈도와 비율과 함량을 필요할 경우에 알맞게 조절하신다. 우리는 그의 기술을 전적으로 믿고 그의 처방에 대해 감사해야 한다. 존 뉴턴

10월 1일

가을이 만들어놓는 풍경

네 하나님 여호와께서 너를 아름다운 땅에 이르게 하시나니 그곳은 골짜기에든지 산지에든지 시내와 분천과 샘이 흐르고 밀과 보리의 초산지요 포도와 무화과와 석류와 감람들의 나무와 꿀의 소산지라.
신명기 8:7-8

가을이 오면 거리에 떨어진 낙엽을 밟으며 한없이 걷고 싶어집니다. 카페에 앉아 낙엽이 녹아내린 듯한 진한 커피를 마시며 사랑하는 사람과 다정하게 이야기를 나누고 싶어집니다. 가을이 만드는 풍경은 너무나 아름답습니다. 푸른 하늘, 단풍으로 물드는 산과 들, 수많은 열매, 모든 것이 한 폭의 그림이 됩니다.

가을이 오면 모든 것이 색깔을 찾습니다. 색의 조화에 온 세상은 아름다움이 절정에 이릅니다. 가을이 주는 색감은 오래도록 가슴에 담겨 추억이 됩니다. 가을이 오면 감성이 살아나 어디론가 떠나고 싶어집니다. 가슴을 열고 가을바람을 온전히 담고 싶습니다. 가을과 함께할 수 있다는 것이 참으로 행복합니다. 가을이 만드는 풍경 중에 가장 아름다운 것은 수확의 기쁨을 누리는 사람들의 모습입니다. 가을이 주는 기쁨은 참으로 놀랍습니다. 땀과 눈물로 이루어낸 결실의 기쁨을 아는 사람들이 이 가을의 진정한 주인공입니다.

행복하게 지내는 사람은 대개 노력가다. 게으름뱅이가 행복하게 지내는 것을 보았는가. 수확의 기쁨은 흘린 땀에 정비례한다. **윌리엄 블레이크**

수확의 기쁨을 아는 사람들

> 맥추절을 지키라. 이는 네가 수고하여 밭에 뿌린 것의 첫 열매를 거둠이니라. 수장절을 지키라. 이는 네가 수고하여 이룬 것을 연종에 밭에서부터 거두어 개장함이니라. 출애굽기 23:16

모든 열매는 아름답습니다. 그리고 행복을 줍니다. 거둠의 기쁨은 열매가 가득한 계절에 더욱더 크게 느낄 수 있습니다.

 봄에 씨앗에서 싹이 나오려면 자신이 가지고 있는 모든 힘과 열정을 다 쏟아야 합니다. 그래야 두꺼운 껍질을 뚫고 나올 수 있습니다. 새싹이 땅에서 얼굴을 쏙 내민 뒤 푸른 하늘 아래서 점점 자라 마음껏 열매를 맺는다는 것은 얼마나 신비한 일입니까? 씨앗 하나에서 수많은 열매가 열린다는 것은 놀라운 축복이며 감사해야 할 일입니다.

 감 씨 하나를 잘 심으면 만 개까지 열린다고 하니 수확의 기쁨이 얼마나 대단하겠습니까? 우리의 삶도 심으면 심은 대로 거두게 됩니다. 우리의 삶이란 나무에도 꿈꾸던 일이 열매로 주렁주렁 열려야 합니다. 내일을 향해 꿈을 마음껏 펼쳐나가야 합니다.

실패를 걱정하지 말고 먼저 부지런히 목표를 향해 노력해라. 노력한 만큼 보상을 받을 것이다. **노먼 V. 필**

10월 3일

용서의 의미

> 노하기를 더디 하는 것이 사람의 슬기요 허물을 용서하는 것이 자기의 영광이니라. 잠언 19:11

용서의 의미를 알고 있습니까? 용서란 서로 길을 내는 것을 의미합니다. 사람들의 장점을 눈여겨보길 바랍니다. 그러면 그들이 아름답게 보일 것입니다. 우리도 용서할 줄 아는 사람이 될 수 있습니다. 예수그리스도가 우리의 인생 속에 들어와서 역사하시기 때문입니다. 우리가 우리의 마음속에 예수그리스도의 사랑을 가진다면 당신은 남을 용서할 수 있고 오늘뿐만 아니라 내일도 성공할 수 있을 것입니다.

우리가 예수그리스도를 신뢰한다면 그분의 용서하심처럼 우리도 용서할 수 있어야 합니다. 우리가 주님의 인도하심을 받기를 원한다면 주님의 삶의 모습을 닮아가야 합니다. 주님의 삶은 철저한 용서의 삶입니다. 예수그리스도께서 스스로 모든 죄악을 지시고 죽음까지 감당한 십자가의 용서입니다.

우리가 예수그리스도의 놀라운 구속의 사랑을 체험했다면 이 세상에서 용서하지 못할 것이 없습니다. 우리가 쉽게 남을 용서할 수 없는 것은 우리 마음에 욕심과 욕망이 자리 잡고 있기 때문입니다. 진정한 그리스도인의 삶을 살기를 원한다면 우리는 모든 것을 용서할 수 있어야 합니다.

그대에게 죄를 지은 사람이 있거든 그가 누구이든 그것을 잊어버리고 용서해라. 그때에 그대는 용서한다는 행복을 알게 될 것이다. 우리에게는 남을 책망할 수 있는 권리는 없다. **톨스토이**

10월 4일

사탄의 유혹 작전

뱀이 그 간계로 하와를 미혹케 한 것같이 너희 마음이 그리스도를 향하는 진실함과 깨끗함에서 떠나 부패할까 두려워하노라. 고린도후서 11:3

사탄이 사람을 유혹하는 방법의 네 가지는 다음과 같습니다.

1. 누구나 다 하는 일이니까.
2. 대수롭지 않은 일이니까.
3. 아직 젊으니까.
4. 이번 한 번뿐이니까.

이런 방법은 사탄의 상투적인 수단이라는 것을 알아야 합니다.

우리는 예수그리스도를 우리의 삶 가운데 초청함으로 예수그리스도를 욕되게 해서는 안 됩니다. 우리가 잠을 깬 아침, 그리고 하루에도 수십 번씩 예수그리스도가 우리의 삶 가운데 함께하심을 감사해야 합니다. 매일 매일 우리의 걸음을 인도하시고 우리가 체험한 사랑을 이웃에게 나눌 수 있게 해주시기를 원해야 합니다.

사탄은 성령이 없는 복음화는 현대주의나 이단처럼 죽은 것이라는 것을 익히 알고 있기 때문에 우리가 이 같은 유효한 기독교 유산을 즐기는 것을 막기 위해 갖은 방법을 다 동원하고 있다. **토저**

10월 5일

두려움에 대한 좋은 치료법

> 너희는 그들을 두려워하지 말라. 너희 하나님 여호와 그가 너희를 위하여 싸우시리라 하셨노라. 신명기 3:22

두려움으로 무릎이 흔들리는 것에 대한 가장 좋은 치료법은 무릎을 꿇고 하나님께 인도를 구하는 것입니다. 우리의 영혼 깊은 곳에서 고요히 부르시는 하나님께 밤낮으로 기도하고 내적인 예배와 하나님에 대한 굴복으로 하나님에게로 향하는 믿음을 가져야 합니다.

하나님을 향한 내적 생활은 하루아침에 이루어지는 것이 아닙니다. 여러 해 동안 계속해서 습관을 지키고, 실패하면 또다시 계속하는 인내로 형성할 수 있습니다. 사랑은 진정 하나님으로부터 오는 것입니다. 사랑을 구하는 기도, 이것이야말로 눈물의 골짜기인 세상에서 가장 근원적인 외침입니다. 이 기도에 우리의 소망이 전부 담겨 있습니다.

그리스도인이 기도를 시작할 때 그에게는 놀라운 도움과 격려가 주어집니다. 기도를 드릴 때 우리는 하나님의 자녀임을 확고히 해야 합니다. 우리가 누구이며 하나님의 은혜로 말미암아 우리가 무엇이 되었는지를 확신해야 합니다.

두려움을 피하는 것은 지는 전략이다. 두려움에 맞서 용기를 내는 사람 역시 드물다. 두렵다고 느끼는 바로 그 일을 함으로써 잠재력이 발휘될 수 있는데 말이다. 성공을 하기 위해서는 바로 그 드문 사람이 되어야 한다. **제프 켈러**

10월 6일

예수그리스도는 생명수

하나님 우리 아버지와 주 예수그리스도로 좇아 은혜와 평강이 있기를 원하노라. 고린도전서 1:3

한 무리의 사람이 사막에서 길 잃은 광경을 상상해봅시다. 그들은 비틀거리며 물을 찾아다닙니다. 그들의 혀는 마르기 시작합니다. 그들은 숨을 헐떡거리고 어떤 사람은 바닥에 쓰러집니다. 그런데 그들 중 한 사람이 햇빛에 빛나는 물웅덩이를 발견합니다. 그들은 그곳으로 달려가 물이 솟아나는 것을 봅니다. 그들은 만족스러울 때까지 마시고 또 마십니다.

사막에서 목이 말라 거의 죽어가는 사람이 마실 물을 발견한다는 것은 무엇과도 견줄 수 없는 기쁘고 중요한 일입니다. 육체의 기갈은 참을 수 없는 일입니다. 영적 기갈은 더욱 비참한 것입니다. 그러나 샘은 아주 가까이에 있습니다.

예수그리스도는 우리의 삶 속에 분명히 존재하고 계십니다. 강력한 믿음이 예수그리스도로 시작하여 우리의 마음과 생활 속에 유유히 흐르고 있습니다. 주님은 영원히 마르지 않는 생명수이십니다. 믿음은 하늘나라에 들어가는 열쇠입니다. 믿음은 일시적인 신앙이 아니라 구원을 위해 오직 생명수 되시는 예수그리스도를 온전히 신뢰하는 것입니다.

기도는 예수님의 능력의 원천이다. 그분은 그것을 우리에게 넘겨주셨지만 불행하게도 오늘날 모든 크리스천이 그것을 소유하고 있지는 않다. 왜냐하면 더 큰일을 행할 수 있는 능력은 "나는 하나님께서 자신의 큰일과 위대한 계획을 이루어가실 줄로 믿습니다"라고 말하는 사람에게만 주어지기 때문이다. **도널드 던**

10월 7일

희망의 약속

> 근심하는 자 같으나 항상 기뻐하고 가난한 자 같으나 많은 사람을 부요하게 하고 아무것도 없는 자 같으나 모든 것을 가진 자로다. 고린도후서 6:10

희망이 없는 사람은 마음이 가난하고 불행합니다. 그리스도인의 생활은 희망의 삶입니다. 희망은 우리로 하여금 긍정적으로 살아가게 합니다. 시편에 "내 영혼아 네가 어찌하여 낙망하며 어찌하여 내 속에서 불안해하는고. 너는 하나님을 바라보라"라고 했습니다. 하나님께 희망을 두는 사람은 결코 불안해하지 않는다는 뜻입니다. 우리가 시련과 역경을 겪을수록 더욱 큰 희망을 가지는 까닭은 하나님께서 우리에게 희망의 약속을 주셨기 때문입니다.

기도는 하나님과의 대화 속에서 인간의 마음을 표현한 것입니다. 기도가 자연스러울수록 하나님께서는 그만큼 더욱 가까이에 오십니다. 기도는 서로 사랑하는 사람들 사이의 대화입니다. 기도는 우리의 삶을 변화시켜줍니다. 우리는 기도한 후에 기도한 이상의 것을 할 수 있습니다. 그러나 기도하기 전까지는 바라는 것을 충분히 할 수 없습니다. 기도는 놀라운 힘과 위력을 나타냅니다. 기도는 예수그리스도를 믿고 구원받은 사람들이 할 수 있습니다.

매일 매일 우리에게 찾아오는 놀라움이 슬픔으로 오든 기쁨으로 오든 그것을 받아들이는 것을 두려워하지 마라. 그 놀라움은 우리의 가슴에 새 자리를 열게 할 것이다. 이 새 자리에서 우리는 새 친구를 환영할 수 있으며 우리가 공유하는 인간애를 더욱 완전히 기뻐 할 수 있다. **헨리 나우웬**

10월 8일

복음과 하나가 되는 믿음

형제들아 내가 너희에게 알게 하노니 내가 전한 복음이 사람의 뜻을 따라 된 것이 아니라 이는 내가 사람에게서 받은 것도 아니요 배운 것도 아니요 오직 예수그리스도의 계시로 말미암은 것이라. 갈라디아서 1:11-12

우리는 복음과 사랑으로 하나가 되어야 합니다. 우리는 예수그리스도의 보혈과 몸으로 이루어진 성찬을 나누는 그리스도인들입니다. 그러므로 우리는 예수그리스도께서 우리의 구원자라는 확신으로 능력 있는 삶을 살아가야 합니다.

우리가 가치 있는 인간이라서 하나님께서 우리를 사랑하신 것이 아닙니다. 하나님께서 우리를 사랑하시기 때문에 우리가 가치 있는 인간이 된 것입니다. 우리는 성령과 확신의 믿음으로 변화해야 합니다. 회개의 눈물이 고인 눈으로 하나님을 바라볼 수 있는 사람은 세상도 똑바로 바라볼 수 있습니다.

믿음이 강하고 담대하다면 삶은 분명히 달라질 것입니다. 하나님께서는 구속해주신 모든 자녀가 정해주신 길을 따라 꾸준히 나아갈 수 있도록 인도해주십니다. 우리는 성령의 확신 속에 분명한 그리스도인의 삶을 살아야 합니다. 복음과 하나 되는 믿음을 가져야 합니다.

성령의 채움을 얻기 위해서는 먼저 비움이 선행되어야 한다. **토저**

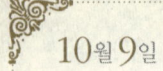
10월 9일

한 사람이 한 사람이 너무나 소중합니다

하늘에 있는 것이나 땅에 있는 것이 다 그리스도 안에서 통일되게 하려 하심이라. 모든 일을 그 마음의 원대로 역사하시는 자의 뜻을 따라 우리가 예정을 입어 그 안에서 기업이 되었으니 이는 그리스도 안에서 전부터 바라던 우리로 그의 영광의 찬송이 되게 하려 하심이라. 에베소서 1:10-12

의인이 열정을 쏟아내면 어둠을 몰아내고 역사를 새롭게 합니다. '나 한 사람쯤이야' 하는 생각이 사회를 혼란스럽게 합니다. 한 사람의 의인의식이 사회를 밝고 아름답게 하며 희망과 사랑을 전파합니다.

예수그리스도께서 죽으심으로 단지 죄인들의 죄를 들춰내시고 사랑을 보여주신 것만이 아닙니다. 주님은 실제 죄인의 자리에 서신 것입니다. 이것은 하나님께서 예수그리스도 안에 계셨으므로 하나님이 죄인의 자리에 섰다는 의미입니다.

멸망과 사망이 죄인들을 자기의 먹이로 집어삼키려고 달려들 때 한 사람 그리스도께서 오셔서 죄인들이 면하지 못했을 멸망의 짐을 자신의 영혼과 육체로 온전히 감당하셨습니다. 아담 한 사람으로 죄가 들어오고 예수그리스도 한 분으로 우리는 구원을 받았습니다. 한 사람 한 사람이 너무나 소중합니다. 한 사람 한 사람이 어떤 삶을 사느냐에 따라 세상은 달라지기 때문입니다.

어떤 개인의 회심과 구원을 위한 하나님의 뜻에 따라 믿음으로 기도할 수 있는지 없는지의 여부를 어떻게 알 수 있는가? 바로 이때 성령께서 개입하사 하나님 백성들의 마음을 이끄시어 그 개별적 사례를 위해 기도하시되 하나님께서 은혜 내려주시기로 작정하신다. **피니**

10월 10일

늘 감사하는 삶을 살아야 합니다

> 너희는 이르기를 우리의 구원의 하나님이여 우리를 구원하여 만국 가운데서 건져내시고 모으시사 우리로 주의 성호를 감사하며 주의 영예를 찬양하게 하소서 할지어다. 역대기상 16:35

우리가 예수그리스도 안에 있는 것은 개개인으로서 있는 것이 아니라 예수그리스도의 지체로 서 있는 것입니다. 이것은 우리가 예수그리스도에게 속해 있으면 주님 안에 있는 거룩한 성도들에게 속해 있다는 뜻입니다. 그러므로 우리는 주 안에서 서로 돌봐주어야 합니다.

　우리의 삶 속에서 이루어지는 모든 것은 감사할 일입니다. 하나님이 우리를 사용하시고 하나님의 사역에 동참하게 해주심을 감사해야 합니다. 우리의 삶이 보다 나아지기를 원한다면 주님의 사랑이 우리 마음속에서 자라게 해야 합니다. 우리가 성도라면 늘 감사하는 삶을 살아야 합니다. 감사 없는 신앙은 죽은 신앙입니다. 예수그리스도의 십자가의 보혈로 구원받은 성도라면 진정으로 감사를 드리지 않을 수 없습니다.

감사하는 일은 성령 충만의 불가피한 결과 중 하나다. 모든 일에 감사하는 것을 배우지 못하는 사람은 계속해서 성령으로 기도할 수 없다. 우리가 능력 있는 기도를 하려고 할 때 우리 마음 가운데 깊숙이 심어야 할 말은 감사다. **토레이**

10월 11일

긍정의 힘

> 만일 너희가 믿음에 거하고 터 위에 굳게 서서 너희 들은 바 복음의 소망에서 흔들리지 아니하면 그리하리라. 이 복음은 천하 만민에게 전파된 바요 나 바울은 이 복음의 일꾼이 되었노라. 골로새서 1:23

어떤 사람이 매일 다음과 같이 외쳤습니다.

"나는 위대한 일을 할 수 있다. 나는 아직도 발휘하지 않은 위대한 가능성을 가지고 있다. 그리스도께서 내 속에 살아 계실 때 나는 진실로 훌륭한 사람이다. 나는 하나님의 자녀다. 하나님은 나를 사랑하신다. 나는 나에게 힘을 주시는 그리스도를 통해 무엇이든 할 수 있다."

우리는 긍정적인 언어를 통해 마음을 변화시켜야 합니다. 말은 마음을 변화시켜주기 때문입니다. 두려움을 뚫고 나가기 위해선 긍정적인 말을 사용해야 합니다.

믿음이 없는 사람은 하나님의 자비를 구할 능력이 없습니다. 겸손이 없다면 자비를 받을 권한 또한 없습니다. 사랑이 없으면 자비를 활용할 능력도 없습니다. 신실함이 없으면 자비를 풍성하게 할 명분도 없습니다. 우리의 말과 행동은 우리의 삶을 만듭니다. 사람들은 말하는 대로 살고 있습니다. 말은 곧 행동을 낳고 결과를 만듭니다.

삶이란, 우리의 인생 앞에 어떤 일이 생기느냐에 따라 결정되는 것이 아니라, 우리가 어떤 태도를 취하느냐에 따라 결정되는 것이다. 존 호머 밀스

10월 12일

이웃을 내 몸과 같이

첫째는 네 마음을 다하고 목숨을 다하고 뜻을 다하고 힘을 다하여 주 너의 하나님을 사랑하라 하신 것이요 둘째는 이것이니 네 이웃을 네 몸과 같이 사랑하라 하신 것이라. 이에서 더 큰 계명이 없느니라.

마가복음 12:30-31

"**누가** 내 이웃입니까?"라는 질문에 대해 예수그리스도께서는 그것은 잘못된 질문이며, 올바른 질문은 "내가 누구에게 이웃이 될 수 있습니까?"라고 말씀하고 계십니다.

하나님은 나에게 먼저 구원의 큰 은혜를 주셨습니다. 예수그리스도께서 삶의 모범을 보이셨습니다. 이웃 사랑은 나도 살고 남도 사는 믿음 생활의 비결입니다. 그러므로 우리는 할 수 있는 모든 선을 행해야 합니다. 할 수 있는 모든 방법으로 할 수 있는 모든 시간에 할 수 있는 모든 사람에게 다 해야 합니다.

매일 당신과 동행하는 이웃의 길 위에 한 송이 꽃을 뿌려놓을 줄 안다면 지상의 길은 기쁨으로 가득 찰 것이다. **R. 잉글레제**

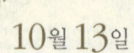

10월 13일

행복을 주는 말

너희가 대강 우리를 아는 것같이 우리 주 예수의 날에 너희가 우리의 자랑이 되고 우리가 너희의 자랑이 되는 것이라. 고린도후서 1:14

말은 우리의 마음과 마음을 이어주는 다리입니다. 정다운 인사 한마디가 하루를 활기차게 열어줍니다. "사랑해", "고마워", "미안해", "잘했어", "기도해줄게", "넌 항상 믿음직해", "넌 잘될 거야", "네가 내 곁에 있어서 참 좋아" 짧지만 이런 말 한마디가 우리를 행복하게 합니다.

우리는 인정받을 때 참 행복합니다. 남을 인정해주거나 자신이 인정받는 것은 말로 표현됩니다. 남을 인정해주면 자신도 인정을 받을 수 있습니다. 인간관계를 잘하는 사람은 아무리 작은 행동과 말이라도 다른 사람에게 도움이 되도록 합니다. 또한 자기에게 이익이 될 것인가를 생각하기 전에 남을 먼저 배려합니다. 따뜻한 말 한마디가 남을 인정해주고 자신의 삶도 인정받게 합니다.

우리의 말 한 마디 한 마디가 얼마나 중요한지 모릅니다. 그 사람이 사용하는 말은 그 사람의 삶을 말해줍니다. 오늘 우리도 주위 사람들을 행복하게 해주는 말을 해봅시다. 우리 곁에 있는 사람들이 행복할 때 우리는 더욱더 행복해집니다.

칭찬은 선을 반사하며 공정한 칭찬의 말은 선을 좀 더 높은 행위에까지 오르게 한다. **알레**

10월 14일

돌아오지 않는 세 가지

그런즉 너희가 어떻게 행할 것을 자세히 주의하여 지혜 없는 자같이 말고 오직 지혜 있는 자같이 하여 세월을 아끼라. 때가 악하니라.

에베소서 5:15-16

세상에는 한번 가면 돌아오지 않는 세 가지가 있습니다. 첫 번째는 우리 입에서 나간 말입니다. 한번 내뱉은 말은 다시는 돌이킬 수 없습니다. 두 번째는 화살입니다. 활시위를 떠난 화살은 다시는 돌아오지 않습니다. 세 번째는 흘러간 세월입니다. 흘러간 세월은 흐르는 물과 같아서 다시는 돌이킬 수 없습니다. 그런데 흘러가는 시간을 붙잡을 수 있는 길이 있습니다. 그것은 반성이라는 법정에 서서 지난 일을 돌이켜보며 "무엇을 잃었으며 또한 무엇을 얻었는가?"라고 스스로 묻는 것입니다. 그리하여 얻은 것에 감사하고 잃은 것에 대해 반성할 때 세월은 다만 흘러가는 것만 아니라 다시 새롭게 살아갈 수 있는 바탕이 됩니다.

우리는 모두 자신의 능력을 충분히 발휘하여 성공하기를 원합니다. 풍요로움을 누리고 싶어합니다. 변화를 원합니다. 건강과 행복을 누릴 수 있기를 원합니다. 의미 있는 인간관계를 맺기를 원합니다. 사랑과 기쁨, 축복과 만족을 원합니다. 그렇다면 우리는 일상생활 속에서 부정적인 것을 남김없이 다 버려야 합니다.

옛것을 거울삼는 것보다 지금을 잘 살피는 것이 더 중요하며 남의 일을 살피는 것보다 나 자신을 반성하는 것이 더 중요하다. 『일성록』 중에서

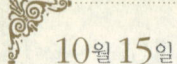

신의 나라는 우리의 마음속에

> 내가 천국 열쇠를 네게 주리니 네가 땅에서 무엇이든지 매면 하늘에서도 매일 것이요 네가 땅에서 무엇이든지 풀면 하늘에서도 풀리리라 하시고. 마태복음 16:19

천국은 언제나 힘이 넘쳐 있다
표리가 없으며 그런데도 여러 가지 모양이다
생명이 흐르고 있기 때문에
자기만 정지되어 썩는 일이 없다
천국의 한 시간은
인간관계의 일생보다 더 아름답고 보람차다
거기에는 천사가 거닐고 있다
인간관계에서와 같은 의심이 없기 때문에
조금도 힘에 낭비가 없다
모든 것이 이루어지고 힘차기만 하다 야기 주기치

신의 나라는 눈으로 볼 것이 아니고, 또 말할 것도 아니다. 신의 나라는 여기도 있고 저기도 있고, 그렇기 때문에 신의 나라는 우리의 마음속에 있다. **톨스토이**

10월 16일

주님께 맡기는 믿음

> 그러나 나의 나 된 것은 하나님의 은혜로 된 것이니 내게 주신 그의 은혜가 헛되지 아니하여 내가 모든 사도보다 더 많이 수고하였으나 내가 아니요 오직 나와 함께하신 하나님의 은혜로다. ㅡ고린도전서 15:10

어떤 통계 자료에 의하면 약 10퍼센트의 사람들은 인생의 실패자로 살아가고 약 80퍼센트의 사람들은 그 어떤 희망도 비전도 없이 되는대로 살아가고, 나머지 10퍼센트의 사람들만이 인생의 위대한 성공자가 된다고 합니다. 우리는 인생의 성공자로 살아가야 합니다. 이것이 바로 하나님의 자녀의 삶을 살아가는 것입니다. 긍정적이고 적극적이며 열정적으로 살아가는 믿음의 사람이 그리스도인입니다. 그들 중에 우리가 있습니다. 성경 속에는 하나님과 예수그리스도가 희망이 된 사람들도 많지만 도리어 절망이 된 사람들도 있습니다. 절망이 된 사람들은 그들의 욕망과 욕심 때문에 그렇게 되었습니다. 그러나 우리에게는 예수그리스도가 희망입니다.

우리는 예수그리스도를 만났기에 길을 찾은 사람들입니다. 삶의 방향을 바로잡은 사람들입니다. 지금도 수많은 사람이 방황하고 있습니다. 그러나 우리는 예수그리스도를 만나 우리가 가야 할 길을 가게 되었습니다. 모든 것을 주님께 맡기는 믿음을 가지면 됩니다.

믿음이야말로 삶의 의미를 깨닫게 하는 것이며, 삶과 관련된 의무와 책임을 받아들이게 하는 것이다. **톨스토이**

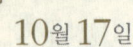
10월 17일

희망은 가슴에서 피어나는 꽃

이러므로 내 마음이 기뻐하였고 내 입술도 즐거워하였으며 육체는 희망에 거하리니 이는 내 영혼을 음부에 버리지 아니하시며 주의 거룩한 자로 썩음을 당치 않게 하실 것임이로다. 사도행전 2:26-27

희망은 우리의 삶에서 피어나는 꽃입니다. 지금 사랑하고 있는 사람의 얼굴에서 희망이 보입니다. 그의 얼굴은 빛나고 웃음이 있습니다. 그리고 기도를 드리고 일어서는 사람의 얼굴에서 희망이 보입니다. 왜냐하면 기도는 미래를 기대하는 마음에서 드려지는 것이기 때문입니다. 예술가의 작품을 만드는 모습에서도 희망이 보입니다. 예술가는 완성된 작품을 미리 보고 만들어갑니다.

희망을 갖는 것은 가능성을 갖는 것입니다. 희망은 우리가 원하는 것을 눈에 보이게 합니다. 희망을 갖는 것은 어려움을 극복할 수 있는 용기를 갖는 것입니다. 희망을 갖는 것은 좋은 결과를 기대하는 것입니다.

꿈과 비전이 있는 사람의 얼굴에서도 희망은 보입니다. 젊은이는 꿈을 현실로 바꿀 수 있는 열정이 가슴에 가득합니다. 우리에게는 미래가 열려 있습니다. 자기 일을 마치고 일어서는 사람의 얼굴에도 희망이 보입니다. 희망이 없는 세상은 없습니다. 희망은 가슴에서 피어나는 꽃입니다.

하나님께서 함께하심으로 우리는 계명을 지킬 수 있는 힘과 용기를 얻는다. 하나님의 가장 큰 계명은 바로 사랑이다. **데이비드 앨런 허버드**

10월 18일

잃는 고통, 찾는 기쁨

> 육에 속한 사람은 하나님의 성령의 일을 받지 아니하나니 저희에게는 미련하게 보임이요 또 깨닫지도 못하나니 이런 일은 영적으로라야 분변함이니라. 신령한 자는 모든 것을 판단하나 자기는 아무에게도 판단을 받지 아니하느니라. 고린도전서 2:14-15

실패는 부족하다는 뜻이기에 채우면 되는 것입니다. 실패를 통해 또 다른 가망성을 발견하면 되는 것입니다. 우리는 때때로 작은 것이라도 잃어버리면 오랫동안 괴로움을 느낍니다. 잃는 고통 없이는 찾는 기쁨도 없습니다.

주님은 우리의 목자가 되어주셔서 우리를 항상 인도해주십니다. 우리가 부족을 느끼거나 실패했을 때 더욱더 위로해주시고 용기를 주십니다.

오직 성서만이 인간의 불가해한 고난의 신비에 대한 진정한 해답을 준다. 고난에 대항하여 승리하려면 우리는 하나님 편에 서야 한다. **폴 투니에**

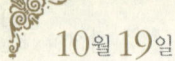
10월 19일

절망이 소망으로

너희 믿음의 시련이 불로 연단하여도 없어질 금보다 더 귀하여 예수 그리스도의 나타나실 때에 칭찬과 영광과 존귀를 얻게 하려 함이라.

베드로전서 1:7

절망을 소망으로 바꾸는 삶을 살아가려면 하나님의 부르심을 받았다는 분명한 사명감을 가져야 합니다. 갈 길을 잃어버렸다면 새 길을 만들어갈 수 있는 용기와 담력이 필요합니다. 믿음이 반석 위에 굳건히 섰다면 분명히 성공적인 믿음의 삶을 살 것입니다.

살아가는 동안에는 갖가지 어려움과 고통과 절망이 순간순간 다가옵니다. 그 역경을 이겨내지 못하는 사람이 낙오자가 되는 것입니다. 위대한 하나님의 사람들은 꿈을 꾸고 꿈을 이루며 살아갑니다. 앞이 보이지 않는 절망조차 그들을 막지 못합니다.

절망은 우리를 강하고 겸손하게 만들어줍니다. 절망을 겪은 사람은 그 고통을 알기에 어려움에 처한 사람들을 돕고자 하는 마음을 갖게 됩니다. 아픔과 시련을 경험했기에 병고에 시달리는 불쌍한 이웃들을 위해 사랑을 베풀고 복음을 전할 수 있습니다. 절망을 이겨낼 때 강한 집념이 생겨납니다. 예수그리스도의 고난이 얼마나 위대한지를 알 수 있게 합니다. 절망의 순간이 소망으로 바뀌는 순간부터 절망은 도리어 한때의 추억이 되어버립니다.

기쁨이 천국의 명랑함인 것처럼 절망은 지옥의 아지랑이다. **존 돈**

10월 20일

오늘이 마지막 날인 것처럼

> 너희 몸은 너희가 하나님께로부터 받은 바 너희 가운데 계신 성령의 전인 줄을 알지 못하느냐 너희는 너희의 것이 아니라 값으로 산 것이 되었으니 그런즉 너희 몸으로 하나님께 영광을 돌리라. 고린도전서 6:19-20

오, 주님!

나를 도와주소서

다른 사람들이 실패한 일을 대할 때 비웃지 않고

그들의 실패에서 성공의 씨를 거두도록 이끌어주소서

우리의 자신감에 겁을 주는 공포와

우리의 불행을 보고 여유 있게 웃을 수 있는 용기를 주소서

또한 목표를 달성할 수 있도록 나날을 충분히 허락해주소서

그런 중에 오늘이 마지막 날인 것처럼 살 수 있도록 도와주소서

오그 만디노

인생의 목적은 끊임없는 전진에 있다. 앞에는 언덕이 있고 시내가 있고 진흙이 있다. 걷기 좋은 평탄한 길만은 아니다. 먼 곳으로 항해하는 배가 풍파를 만나지 않고 조용히만 갈 수는 없다. 풍파는 언제나 전진하는 자의 벗이다. 풍파 없는 항해는 얼마나 단조로운 것인가. 고난이 심할수록 나의 가슴은 뛴다. 니체

10월 21일

준비된 마음

> 오직 주에게 피하는 자는 다 기뻐하며 주의 보호로 인하여 영원히 기뻐 외치며 주의 이름을 사랑하는 자들은 주를 즐거워하리다. 여호와여 주는 의인에게 복을 주시고 방패로 함같이 은혜로 저를 호위하시리다. 시편 5:11-12

우리는 언제나 긴장감을 갖고 살아가야 합니다. 그리고 용기 있게 도전할 수 있는 마음가짐이 필요합니다. 심한 걱정에 빠져 마음이 산란해지지 않도록 항상 건강한 정신을 길러야 합니다. 실패로 생활이 어려워져도 충분히 대처할 수 있는 마음의 자세가 필요합니다. 병에 걸리거나 재난을 당하는 등 자신에게 어려움이 찾아왔을 때 당황하지 않도록 늘 준비된 마음이 필요합니다.

분명한 삶의 방향과 뜻을 가진 사람은 항상 준비를 철저하게 하고 삶을 헛되게 살지 않습니다. 계획을 세우고 성취해나가는 기쁨을 압니다. 준비된 마음으로 모든 일을 두려움 없이 강하게 이루어갑니다.

평소에 마음을 훈련하며 살아가야 나이가 들면서 더 여유 있게 살 수 있습니다. 사사로운 정과 이익에 흔들리지 말아야 합니다. 어떤 상황에서도 흔들리지 않고 대처할 수 있는 마음이 되어야 합니다.

하나님은 우리에게 훨씬 더 많은 것을 주기 원하신다. 그분이 우리에게 주기 원하시는 평안은 단순히 갈등이 없는 상태를 훨씬 초월한다. **마르바 던**

뿌리 깊은 나무

10월 22일

> 여호와 우리 주여 주의 이름이 온 땅에 어찌 그리 아름다운지요. 주의 영광을 하늘 위에 두셨나이다. 시편 8:1

태양이 쨍쨍 내리쬐면 뿌리가 없는 나무는 금방 말라버립니다. 그러나 뿌리가 튼튼한 나무는 더욱더 잘 자라고 잎이 퍼지고 꽃이 아름답게 피어납니다. 우리의 삶도 마찬가지입니다. 믿음의 뿌리가 내려야 반석 위에 세운 믿음이 됩니다. 사는 동안 뜻하지 않은 환난과 고통, 그리고 절망이 다가올 때 뿌리가 없으면 금방 좌절하고 맙니다.

뿌리가 견고한 사람은 도리어 꽃을 피우고 열매를 맺습니다. 삶 속에 찾아오는 어떠한 어려움도 이겨낼 수 있도록 강하고 담대하게 살아가야 합니다. 삶은 모험이기에 믿음으로 살아야 합니다. 삶은 선물이기에 온전히 그 축복을 누릴 수 있어야 합니다.

삶은 학교입니다. 항상 배우며 살아야 합니다. 우리만의 삶이 아니라 하나님으로부터 위탁을 받은 삶이니 하나님을 경외하며 살아야 합니다. 우리 예수그리스도 안에서 생명을 얻고 만족스러운 삶을 누려야 합니다. 우리의 삶은 뿌리를 견고하게 내리고 꽃피우고 열매 맺어야 합니다.

예수 이름의 영광을 위하여 살아라. 예수 이름으로 기도해라. 예수 이름으로 섬겨라. 예수 이름을 믿어라. 예수 이름으로 영광을 돌려라. 예수 이름을 들고 어디를 가든지 승리해라. 예수 이름이 우리의 기도에 미치는 큰 혜택을 생각하고 기뻐해라. **웨슬리 듀웰**

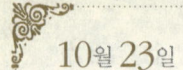
10월 23일

긍정하는 모든 것을 주시니 감사합니다

거기 곧 너희 하나님 여호와 앞에서 먹고 너희 하나님 여호와께서 너희 손으로 수고한 일에 복 주심을 인하여 너희와 너희 가족이 즐거워할지니라. 신명기 12:7

하나님
이처럼 놀라운 날을 주시니
감사합니다
나무의 푸른 혼은 뛰어오르고
하늘의 푸름은 꿈을 꿉니다
자연적인 모든 것
무한한 모든 것
긍정하는 모든 것을 주시니
감사합니다 커밍스

오늘 할 수 있는 일에 최선을 다해라. 그러면 내일에는 한 걸음 더 진보한다. **아이작 뉴턴**

10월 24일

희망은 멀리 있는 게 아닙니다

> 여호와께서는 자기에게 간구하는 모든 자 곧 진실하게 간구하는 모든 자에게 가까이하시는도다. 시편 145:18

희망을 가진 사람은 자신의 희망을 분명하게 말할 수 있어야 합니다. 성공한 사람들은 대부분 어려서부터 자신이 어떤 일을 하고 싶은지, 어떤 인물이 되고 싶은지를 구체적으로 표현한 사람들입니다. 때때로 젊은이들에게 "희망이 무엇이냐?"라고 물으면 대체로 머리만 긁적거리며 아무 말도 못하거나 "좋은 사람이 되고 싶어요", "행복하게 살고 싶어요"라고 막연하게 말합니다. 그러나 미래가 있는 사람이라면 자신의 내일을 분명히 말할 줄 알아야 합니다.

우리는 우리가 말한 대로 살아갑니다. 말에는 성취력이 있기 때문입니다. 우리와 가까운 사람들이 어떤 말을 하는가를 살펴보면 그들은 그들이 말한 대로 삶을 살아가고 있다는 걸 알게 될 것입니다. 긍정적으로 말하는 사람은 긍정적으로 살고, 부정적으로 말하는 사람은 부정적으로 살아갑니다. 말에는 그 사람의 모든 것이 표현되기 때문입니다. 자신의 희망을 남에게 분명하게 말하는 사람이 자신의 희망을 이룰 것입니다.

희망은 일상적인 시간이 영원과 속삭이는 대화다. 희망은 멀리 있는 게 아니다. 바로 내 곁에 있다. 나의 일상을 점검하자. **릴케**

10월 25일

시련 후에 있는 성장

우리에게 많고 심한 고난을 보이신 주께서 우리를 다시 살리시며 땅 깊은 곳에서 다시 이끌어 올리시리이다. 시편 71:20

헬렌 켈러는 "이 세상에서 가장 불행한 사람은 실력은 있는데 비전이 없는 사람이다"라고 말했습니다. 우리에게는 시련을 이겨낼 힘이 있습니다. 그 힘은 희망이며 사랑입니다. 우리는 지나간 슬픔에 눈물을 낭비해서는 안 됩니다.

이 세상의 모든 피조물은 고통과 시련을 겪고 살아갑니다. 나무도 시련 속에 성장하고 꽃도 시련을 겪어야 성숙할 수 있습니다. 당신에게 어떠한 시련이 다가와도 비전을 바라보고 일어서길 바랍니다. 이 시련은 당신을 훈련할 좋은 기회입니다.

주의 성령이 임하면 우리의 육신과 심령을 치료해주시고 온갖 환경을 치료해주시는 역사가 일어납니다. 세상을 이길 수 없었던 사람들이 세상을 이길 권능을 받고 하나님의 영광을 증거하게 되고, 환난과 고난과 가난 가운데 있던 사람들이 하나님의 살아 계심을 증거하게 됩니다. 이는 바로 성령의 역사하심 속에 일어나는 놀라운 기적입니다.

그대를 괴롭고 슬프게 하는 일을 하나의 시련이라고 생각해라. 쇠는 불에 달구어야 강해진다. 그대도 지금 당하고 있는 시련을 통해서 더욱 마음이 굳어질 것이다. **아우렐리우스**

10월 26일

나눔의 손길을 채우며

> 소금이 좋은 것이나 소금도 만일 그 맛을 잃었으면 무엇으로 짜게 하리요. 땅에도 거름에도 쓸데없어 내어버리느니라. 들을 귀가 있는 자는 들을지어다 하시니라. 누가복음 14:34-35

아기는 태어나면서 세 가지 모습을 보여줍니다. 울고, 움켜쥐고, 발버둥을 칩니다. 그런데 사람들이 평생 바로 이 모습으로 살아간다는 것을 아십니까? 기뻐서 울고, 슬퍼서 울고, 돈과 명예와 권세를 쥐려 하고, 무언가를 이루려고 날마다 발버둥을 치며 살아갑니다. 그러나 인생은 빈손으로 왔다가 빈손으로 가는 것입니다.

성경은 말합니다. 하늘에 보화를 쌓아놓으라고. 지극히 작은 자에게 냉수 한 그릇을 대접한 일을 기억하겠다고 말입니다. 나이가 들어갈수록 욕심을 더하며 사는 사람과 나눔의 삶을 사는 사람은 얼굴 모습과 주변 사람들의 평가가 전혀 다르게 나타납니다.

욕심을 부리는 사람은 신경질적이고 나누며 사는 사람에게는 평안과 기쁨이 있습니다. 그리고 웃음이 있습니다. 소중한 삶 속에서 나눔의 손길을 채우며 살아가는 모습은 정말 아름답습니다. 우리의 삶은 분명히 가치가 있습니다. 이는 예수그리스도를 믿는 믿음 안에서 가능합니다.

신실한 그리스도인들에게는 고난을 피할 길이 없다. 그러나 고난이 우리를 대적하는 것이 아니라 우리를 위한다는 것으로 받아들일 길은 있다. 그렇다면 그 방법은 무엇인가? 그것은 우리 자신을 하나님께 드리고 하나님의 사랑과 뜻을 의뢰하는 것이다. **워렌 워스비**

10월 27일

침묵 중에 바치는 기도

너희가 거룩하게 입맞춤으로 서로 문안하라. 그리스도의 모든 교회가 다 너희에게 문안하느니라. 로마서 16:16

진실한 기도는 우리의 모든 삶을 새롭게 변화시켜줍니다. 그러므로 날마다 주님의 이름으로 기도하는 삶을 살아야 합니다.

하나님은 우리의 기도를 기쁨으로 응답하십니다. 침묵 중에 바치는 기도는 하나님께로 향하는 사랑을 강하게 하고 인간의 여러 가지 감정을 그 안에서 정화해줍니다. 침묵의 세계에서 사랑은 깨끗해지고 다듬어지고 순수해져 하나님과의 일치가 깊어지는 것입니다.

우리가 기도할 때 하나님은 역사하십니다. 교회가 기도하는 것은 예수그리스도의 주권을 시인하며 그들의 지도자를 인정하는 것이며 서로 협력하여 일시에 동참하는 것입니다. 교회가 기도할 때 역사가 일어납니다.

오늘날 교회가 필요로 하는 것은 보다 많은 시설도 아니고 새로운 기관이나 조직도 아니고 보다 고상한 방법도 아니다. 오늘날 교회가 필요로 하는 것은 성령이 사용할 수 있는 사람, 기도의 사람들, 기도의 용사들이다. **바운즈**

10월 28일

나를 지켜주소서

> 하나님이여 주의 이름으로 나를 구원하시고 주의 힘으로 나를 판단하소서. 하나님이여 내 기도를 들으시며 내 입의 말에 귀를 기울이소서. 시편 54:1-2

축복으로써 오늘도 길을 나서

어느 땅으로 향하든지

당신의 보호 아래 여행할 수 있게 하소서

우리 주 그리스도여

당신의 은총을 우리에게 내려주시사 보호하소서

하나님으로서는 오래고 사람으로서는 새로운 당신이

나귀와 소를 앞에 두고서 겸손히

구유 속에 누워 계시어

한없는 축복과 보호로써

천사장 가브리엘이 잠시도 한눈팔지 않고

충실하게 당신을 보호하던 그때

거룩한 천사가 당신에게 하셨던 바와 같이

나를 지켜주소서

당신의 한없이 깨끗한 훈계로

내 위에 새로 임하소서 발터

기도에 대한 하나님의 응답 시기와 방법은 인간의 계산과 생각을 훨씬 뛰어넘는다. 믿음이 연약한 사람은 응답의 때가 되기도 전에 미리 낙담하는 경향이 있다. 그러나 하나님에 대한 분명한 믿음을 가진 사람, 하나님의 뜻과 섭리를 믿으며 기다릴 줄 아는 사람은 기도의 응답에 대한 기다림의 가치를 분명히 알고 있다. **조지 뮬러**

10월 29일

자비로우신 하나님

> 네 하나님 여호와는 자비로우신 하나님이라. 그가 너를 버리지 아니하시며 너를 멸하지 아니하시며 네 열조에게 맹세하신 언약을 잊지 아니하시리라. 신명기 4:31

전능하신 하나님은 우리에게 자비를 베푸시기를 기뻐하십니다. 하나님께서 우리에게 자비를 베푸시는 데는 아무런 어려움이 없습니다. 우리는 늘 받는 것에만 마음을 쓰지만 주님은 주시는 데 싫증을 내지 않으십니다. 왜냐하면 주는 것이 받는 것보다 복된 일이기 때문입니다. 따라서 하나님은 받는 것보다 주는 데 더 큰 만족을 느끼십니다.

하나님은 우리가 행복하기를 바라고 계십니다. 그러나 한 사람만이 아니라 모든 인간이 행복하기를 바라시기에 우리에게 사랑의 욕구를 주셨습니다. 그래서 인간은 모두가 서로 사랑할 때 비로소 행복할 수 있습니다.

하나님께서는 그의 자녀를 지팡이와 막대기로 양육하십니다. 사랑의 채찍으로 인도하시는 것입니다. 성령으로 충만한 그리스도인들은 누구나 경건하고 진실합니다. 우리 스스로 자신의 삶을 채찍질할 줄 알아야 합니다.

당신에게 어떤 문제가 있다고 하면 하나님은 당신을 위해 기도할 수 있는 사람을 찾으실 것이다. 하나님은 당신과 가까운 사람을 선택하실 수도 있고 아니면 당신이 잘 알지 못하는 사람을 선택하실 수도 있다. **찰스 스탠리**

예수그리스도의 피로 구원

> 그러면 이제 우리가 그 피를 인하여 의롭다 하심을 얻었은즉 더욱 그로 말미암아 진노하심에서 구원을 얻을 것이니 곧 우리가 원수 되었을 때에 그 아들의 죽으심으로 말미암아 하나님으로 더불어 화목되었은즉 화목된 자로서는 더욱 그의 살으심을 인하여 구원을 얻을 것이니라. 로마서 5:9-10

예수그리스도는 우리를 쉬게 하시기 위해 무거운 십자가를 지셨습니다. 지금도 그 십자가의 피는 흐르고 있습니다. 주님은 하나님 우편에서 우리를 위해 기도하시며 우리를 변호하는 대언자 역할을 하고 계십니다. 우리를 쉬게 하려고 지금도 일하고 계십니다. 예수그리스도는 종이 되셨기에 왕이 되셨습니다. 죄 짐을 지고 가는 어린양이 되셨기에 구세주가 되셨습니다.

죄는 우주 가운데 가장 값비싼 물건입니다. 용서를 받든지 못 받든지 죄의 대가는 무한히 큽니다. 죄가 용서를 받을 경우 그 대가는 위대한 대속자가 져야 합니다. 죄를 용서받지 못할 경우에는 그 죄의 대가가 죄인의 머리 위에 떨어질 것입니다.

우리 죄의 용서는 오직 예수그리스도의 피에만 의지합니다. 우리는 그의 말씀으로만 용서를 받은 것이 아니라 그가 갈보리에서 대신 죽으심으로 성취하신 구속 사역으로 용서받았음을 알아야 합니다. 우리는 예수그리스도의 죽음을 통해 그의 피로 구원을 받았습니다.

예수의 죽으심은 죄에 대한 하나님의 분노 표시요, 예수의 부활은 하나님의 사랑과 용서하심의 증명이다. **에이퍼트**

10월 31일

우리가 구할 것은 무엇입니까?

> 여호와께서 내 음성과 내 간구를 들으시므로 내가 저를 사랑하는도다. 그 귀를 내게 기울이셨으므로 내가 평생에 기도하리로다. 시편 116:1-2

새 두 마리가 캘리포니아 사막 위를 날아가고 있었습니다. 한 마리는 아주 작은 벌새였고 다른 한 마리는 독수리였습니다. 하늘을 나는 독수리의 눈에는 동물의 시체만 보였습니다. 결국 독수리가 찾은 것은 상한 고기뿐이었습니다. 그러나 벌새는 시체나 썩은 고기 따위에는 관심이 없었습니다. 그 대신 작은 꽃봉오리나 선인장 꽃을 찾아 사막을 이리저리 돌아다녔습니다. 독수리와 벌새는 각각 자기들이 원하는 것을 구하며 하늘을 날아다녔습니다.

우리도 무언가를 구하며 살고 있습니다. 중요한 것은 그 무언가가 '무엇'인가 하는 것입니다. 죄악을 구하면 죄악이 따르고, 사랑을 구하면 사랑이 따르고, 불행을 구하면 불행이 따르고, 행복을 구하면 행복이 따르는 법입니다. 자신이 무엇을 구하느냐에 따라 삶의 열매가 달라집니다. 그러면 우리가 구할 것은 무엇이겠습니까? 진리와 행복, 사랑과 기쁨이 아니겠습니까?

희망은 갈망하고 추구하는 사람을 결코 외면하지 않는다. J. 플레처

11월
November

변화된 생활

변화의 법칙에 충실할 때 우리는 계속해서 성장할 수 있다. 이 진리는 개인만이 아니라 기업과 국가에도 마찬가지다. 우리가 변화를 거부하고 기계적인 습관의 틀에 얽매일 때 어떤 신비로운 힘이 찾아와 낡은 습관에 철퇴를 가해 소멸시키고 과거보다 나은 새로운 습관을 위한 디딤돌을 놓아준다. **나폴레온 힐**

11월 1일

인간관계의 벽

> 마지막으로 말하노니 형제들아 기뻐하라. 온전케 되며 위로를 받으며 마음을 같이하며 평안할지어다. 또 사랑과 평강의 하나님이 너희와 함께 계시리라. 거룩하게 입맞춤으로 서로 문안하라. **고린도후서 13:11**

삶은 사람들과 더불어 살아가는 것입니다. 교회도 홀로 이루어지지 않습니다. 성도란 예수그리스도의 보혈로 구원받은 거룩한 무리라는 뜻입니다.

고독은 자신을 방어하려는 사람들이 치르는 대가입니다. 어떤 사람의 마음의 벽은 마치 중세의 성을 연상시킵니다. 그들이 둘러친 높은 담벼락은 그들을 상처받지 않도록 안전하게 지켜줍니다. 그들은 다른 사람들과 전혀 감정의 교류를 갖지 않음으로써 정서적인 면에서 스스로를 보호합니다. 어느 누구도 그 성안으로 들어갈 수 없습니다. 성안에 있는 사람들은 공격으로부터 안전합니다.

그러나 그들의 모습을 가만히 살펴보면 외롭게 홀로 말을 타고 성 주변을 돌아다니고 있는 것을 발견하게 됩니다. 성안에 있는 사람은 스스로 만들어놓은 감옥 속에 갇혀 있는 죄수입니다. 그들은 누군가로부터 사랑받는다는 것을 느껴야 할 필요가 있지만 담벼락이 너무도 높아 누군가가 안으로 손을 들이미는 것이 어렵게 되는 것입니다. 내가 먼저 나의 벽을 허물 때 다른 사람도 함께 마음의 문을 열 수 있는 것입니다.

친구를 얻는 유일한 방법은 스스로 완전한 친구가 되는 것이다. **에머슨**

그리스도인의 변화

> 그러므로 형제들아 내가 하나님의 모든 자비하심으로 너희를 권하노니 너희 몸을 하나님이 기뻐하시는 거룩한 산제사로 드리라. 이는 너희의 드릴 영적 예배니라. 로마서 12:1

오직 예수 안에서 변화된 그리스도인만이 사탄의 권세 아래 있는 세상을 변화시킬 수 있습니다. 단순히 종교적인 사람이나 형식상의 그리스도인은 예수그리스도의 지상 사역 당시 바리새인이나 사두개인들과 같이 세상을 변화시킬 수가 없습니다.

그리스도인의 변화는 신령과 진정으로 예배드림으로써 하나님을 만나는 예배자의 자리를 지켜나갈 때 가능합니다. 하나님은 이 세상을 변화시킬 수 있는 예배자를 찾으십니다. 예배자는 날마다 하나님의 보좌 앞에 나아가 그분과 교제함으로써 하나님을 알아가는 사람입니다.

하나님께서는 사람을 불러서서 먼저 예배자로 만드시고 그 후에 일하는 자로 만드신다. **토저**

11월 3일

신앙은 사는 힘입니다

> 주께서 이같이 우리를 명하시되 내가 너를 이방의 빛을 삼아 너로 땅 끝까지 구원하게 하리라 하셨느니라 하니 이방인들이 듣고 기뻐하여 하나님의 말씀을 찬송하며 영생을 주시기로 작정된 자는 다 믿더라. 사도행전 13:47-48

신앙은 사는 힘입니다. 우리는 살아 있는 한 무엇인가를 믿으며 살아갑니다. 인간이 무엇인가 때문에 살아야 한다는 사실을 믿지 않는다면 그 사람은 살아 있지 않은 것입니다.

인간은 신앙 없이는 살 수 없습니다. 신앙 없는 삶은 아무런 가치도 존재의 이유도 없습니다. 신앙은 우리의 삶을 가치 있는 것으로 만듭니다. 신앙이 있는 사람은 진리 속에서 살기를 원하고 하나님이 원하시는 삶을 살기를 원합니다. 믿음대로 살기를 원합니다. 믿음은 바라는 것을 이루어줍니다. 신앙 없이는 살 수 없습니다. 신앙은 하나님을 믿는 것입니다. 신앙은 진실하게 영원한 삶을 믿는 것입니다.

어떤 이는 하나님께 자주 기도하는 것이 성가심을 끼치는 줄로 생각한다. 그러나 오히려 하나님은 기도하지 않는 사람으로 인해 애태우신다. **무디**

11월 4일

절망 속에도 희망은 있습니다

> 무리와 제자들을 불러 이르시되 아무든지 나를 따라오려거든 자기를 부인하고 자기 십자가를 지고 나를 좇을 것이니라. 누구든지 제 목숨을 구원코자 하면 잃을 것이요 누구든지 나와 복음을 위하여 제 목숨을 잃으면 구원하리라. 마가복음 8:34-35

빅터 프랭클은 세계적으로 유명한 심리학자입니다. 그는 자신의 저서에서 이렇게 기록하고 있습니다.

"나치 수용소에서 겪은 말할 수 없이 잔인한 고문이나 무서운 형벌, 비인간적인 학대 속에서도 나를 생존하게 만든 것은 희망이었다."

그는 고문을 받으면서도 마음속으로 이런 꿈을 키웠습니다.

"이들의 시대는 언젠가는 끝난다. 그때 나는 이 수용소를 나가서 내가 붙잡은 이 삶의 희망을 수많은 사람에게 전해주겠다. 끔찍하고 절망적인 고문을 넘어선 곳, 저 건너편에 있는 희망을 사람들에게 보여주기 위해 나는 끝까지 견뎌내겠다."

프랭클은 죽음의 수용소에서 살아남은 몇 안 되는 생존자 중 하나였습니다. 그 후 그는 전 세계를 돌아다니며 삶의 희망을 전파하는 위대한 전도자요, 심리학자가 되었습니다.

이 세상을 움직이는 힘은 희망이다. 수확을 할 희망이 없다면 농부는 씨를 뿌리지 않는다. 이익을 얻을 희망이 없다면 상인은 장사를 하지 않는다. 좋은 희망을 품는 것은 바로 그것을 이루는 지름길이 된다. **마르틴 루터**

11월 5일

하나님 나라의 특징

> 예수께서 이르시되 내가 다른 동네에서도 하나님의 나라 복음을 전하여야 하리니 나는 이 일로 보내심을 입었노라 하시고 갈릴리 여러 회당에서 전도하시더라. 누가복음 4:43-44

하나님 나라의 성장에는 인간의 능력이 무용합니다.

오직 하나님만이 그 나라를 자라나게 하실 수 있습니다.

그렇다고 해서 그리스도인들이 팔짱을 끼고 구경만 해서는 안 될 것입니다.

하나님의 일에 참여해야 합니다.

하나님의 나라는 후퇴나 쉼 없이 계속 성장합니다.

이 성장은 필연적입니다.

하나님의 나라는 완성하여 성장합니다.

우리는 하나님의 나라를 이루는 일에 앞장서야 할 것입니다.

기도해보지 않은 사람은 기도의 맛을 모른다. 기도와 함께 주님과의 사귐이 삶을 변화시킨다.
타나

11월 6일

교회와 성도들은 부흥을 원합니다

> 나의 의를 즐거워하는 자로 기꺼이 부르고 즐겁게 하시며 그 종의 형통을 기뻐하시는 여호와는 광대하시다 하는 말을 저희로 항상 하게 하소서. 나의 혀가 주의 의를 말하며 종일토록 주를 찬송하리다.
>
> 시편 35:27-28

교회와 성도들은 부흥을 원합니다.

1. 부흥은 하나님의 백성에게서 시작됩니다.
2. 부흥은 하나님의 능력이 나타나는 것입니다.
3. 부흥은 언제나 죄에 대한 깊은 각성을 일으킵니다.
4. 부흥은 기도의 능력 속에 옵니다.
5. 부흥은 말씀의 능력 속에 옵니다
6. 부흥은 대가를 치른 결과로 옵니다.

하나님을 경외하는 가정과 여호와를 영광스럽게 하는 교회에는 반드시 기도회가 있다. 교회 역사와 성경이 성도들이 기도하러 모인 곳에 하나님께서 어떻게 역사하시는지를 보여준다. 기도는 하나님께서 이 땅에 하늘의 축복을 부어주시기 위한 통로다. 가족과 교회와 이웃을 생각한다면 기도회 참석을 최우선 순위로 삼아라. 부흥은 기도회에서 시작된다는 것을 명심해라. **조엘 비키**

11월 7일

하나님의 뜻은 기쁨과 감사입니다

> 그리스도의 말씀이 너희 속에 풍성히 거하여 모든 지혜로 피차 가르치며 권면하고 시와 찬미와 신령한 노래를 부르며 마음에 감사함으로 하나님을 찬양하고 또 무엇을 하든지 말에나 일에나 다 주 예수의 이름으로 하고 그를 힘입어 하나님 아버지께 감사하라. 골로새서 3:16-17

하나님의 뜻은 기쁨과 감사입니다. 그 표현은 웃는 얼굴입니다. 하나님은 사랑입니다. 그러므로 우리는 밝은 얼굴을 가지고 기쁨이 넘치는 삶을 살아야 합니다. 얼굴은 그 사람의 마음을 나타냅니다. 얼굴에 웃음이 가득한 사람은 행복한 사람입니다.

웃음에는 거짓된 웃음도 있습니다. 가룟 유다의 웃음과 헤롯의 웃음이 바로 그런 웃음입니다. 속으로는 악한 마음을 품고 있으면서 겉으로는 웃고 있는 것입니다. 이것은 간사하고 악한 것이며 선을 가장한 타락한 영혼의 웃음입니다.

우리의 삶에 있어서 가장 큰 특권이며, 우리가 배웠던 커다란 교훈 중의 하나는 하나님을 신뢰하는 것입니다. 우리는 믿음으로 사는 법을 배우고 있습니다. 앞으로 언젠가는 우리가 지금 예수그리스도를 신뢰하는 것보다 훨씬 더 큰일에 대해서도 하나님을 신뢰하게 될 것입니다.

하나님은 도움이 필요할 때마다 언제나 우리의 도움이 되신다. 하나님은 언제나 즉각 간섭하신다. 이는 양의 문제가 아니라, 주어진 그 순간 무엇이 필요한가의 문제다. **테레사 수녀**

11월 8일

부족한 만큼 노력으로

네 의뢰가 경외함에 있지 아니하냐. 네 소망이 네 행위를 완전히 함에 있지 아니하냐. 욥기 4:6

성공하는 사람은 늘 긍정적인 사고를 가지고 다른 사람과 자신의 장점을 찾아냅니다. 그러나 실패하는 사람은 늘 부정적인 사고를 가지고 다른 사람과 자신의 단점을 찾아내 불평하다가 세월을 흘려보냅니다. 이는 참으로 어리석은 일입니다.

그 어느 것도 처음부터 완성된 것은 없습니다. 처음에는 다 초라하고 부족한 것입니다. 우리가 각자의 부족한 점을 깨닫고 그만큼을 노력으로 채운다면 즐겁고 행복한 인생을 살 수 있습니다.

어떠한 일도 갑자기 이루지지 않는다. 한 알의 과일, 한 송이의 꽃도 그렇게 되지 않는다. 나무의 열매조차 금방 맺히지 않는데, 하물며 인생의 열매를 노력도 하지 않고 조급하게 기다리는 것은 잘못이다. **에픽테토스**

11월 9일

주여, 밝은 빛으로 나를 인도하소서

> 그날에는 너희가 아무것도 내게 묻지 아니하리라. 내가 진실로 진실로 너희에게 이르노니 너희가 무엇이든지 아버지께 구하는 것을 내 이름으로 주시리라. 요한복음 16:23

나 어둠 속을 헤맬 때

주여, 밝은 빛으로 나를 인도하소서

밤은 어둡고 고향 길은 머니

주여, 나를 인도하소서

먼 곳이 보이지 않으니

한 걸음 한 걸음 지켜주소서

지금껏 주가 주신 은혜 놀라워

장차 나 바른길 가리니

험한 산 거친 들을 넘어

어둡던 밤이 지나면

그토록 오래 기다리던

기쁨의 아침을 맞게 하소서   존 헨리 뉴먼

예수님은 사람이 어떻게 생계를 이어갈 것인가를 가르치시지 않고 어떻게 살 것인가를 가르치셨다. **밥 존스**

11월 10일

신앙의 목표

주께 힘을 얻고 그 마음에 시온의 대로가 있는 자는 복이 있나이다.
시편 84:5

우리 신앙의 목표가 하나님과의 동역 관계에서 기초하여 세워졌다면 분명하게 두 부분으로 나뉘어야 합니다. 즉, 하나님의 역할과 우리의 역할입니다. 믿음의 삶에서는 어느 때든지 포기하지 말아야 합니다. 하나님은 우리의 모든 신앙의 계획 과정에서 함께하실 것을 약속하셨습니다. 우리의 전체의 목표가 완성될 때까지 한 걸음 더 내디딜 수 있는 힘을 주실 것입니다.

목표가 없는 사람은 힘이 없습니다. 신앙의 목표가 분명할 때 바른 신앙을 가질 수 있습니다. 우리가 지금 규칙적으로 하나님과 만나는 시간을 갖고 있지 않다면 지금부터라도 시작해야 합니다. 방해를 받지 않는 시간과 장소를 선택해서 사랑하는 하나님 아버지에 대한 지식을 늘려가도록 해야 합니다.

하나님은 우리에게 강 같은 평화가 임하거나 바다 같은 슬픔이 밀려오거나 내 운명이 어떠하든지, 말씀하시기를 우리의 영혼과 더불어 기뻐하라고 하셨습니다. 그리스도인은 어떤 환경에서도 기뻐할 수 있는 믿음을 가진 사람입니다.

길을 걸어가려면 자기가 어디로 향하는지를 알아야 한다. 합리적이고 선량한 생활을 영위하려는 경우도 마찬가지다. 자기와 타인의 생활을 어디로 이끌어가고 있는지 알아야 한다. **톨스토이**

11월 11일

한 번뿐인 소중한 삶

> 너는 귀를 기울여 지혜 있는 자의 말씀을 들으며 내 지식에 마음을 둘지어다. 이것을 네 속에 보존하며 네 입술에 있게 함이 아름다우니라. 잠언 22:17-18

우리 주변을 보면 같은 직장에서 같은 월급을 받는데도 살아가는 모습이 전혀 다른 가정이 있습니다. 한쪽은 언제나 행복한 모습이고 한쪽을 늘 불평불만이 가득한 모습입니다. 삶에 대한 애정과 따뜻한 마음이 있을 때 행복할 수 있습니다. 칼 힐티가 이렇게 말했습니다. "따뜻한 마음을 잃는다면 무엇보다도 그 사람 자신의 인생이 비참하게 되고 만다." 우리는 언제나 처해진 상황을 긍정적으로 바라봐야 합니다. 자신이 원하는 대로 일이 진행되기를 생각하고 노력할 때 그것이 이루어지는 것입니다.

이 세상에는 세 종류의 사람이 있다고 합니다. 꼭 필요한 사람, 있으나 마나 한 사람, 있어서는 안 될 사람. 우리는 꼭 필요한 사람으로 살아가야 합니다. 삶은 소중합니다. 그래서 우리는 늘 삶이란 무엇인가 하고 물으며 살아가고 있습니다. 우리의 삶은 밭과 같다고 합니다. 무엇을 심든지 그대로 거두면서 살아간다고 합니다. 악을 심으면 악을 거두고 선을 심으면 선을 거두게 됩니다. 한번 흘러간 시간은 돌아오지 않기에 이 삶을 소중히 여겨야 합니다.

> 삶이 그대에게 주는 것은 오직 10퍼센트다. 나머지 90퍼센트는 이제부터 그대가 할 몫이다.
> **앨리스 크로**

11월 12일

신앙생활의 10대 헌장

> 그 이름을 믿으므로 그 이름이 너희 보고 아는 이 사람을 성하게 하였나니 예수로 말미암아 난 믿음이 너희 모든 사람 앞에서 이같이 완전히 낫게 하였느니라. 사도행전 3:16

신앙은 살아가는 힘입니다. 우리는 하나님을 믿고 있습니다.

1. 주일은 주님의 날입니다. 주일은 반드시 지켜야 합니다.
2. 십일조는 하나님의 것입니다. 온전한 십일조를 드려야 합니다.
3. 하나님의 말씀은 영혼의 양식입니다. 매일 읽어야 합니다.
4. 기도는 영혼의 호흡입니다. 쉬지 말고 기도해야 합니다.
5. 주님의 지상명령은 선교입니다. 전력을 다해 선교해야 합니다.
6. 성도는 주님의 증인입니다. 행함으로 증거해야 합니다.
7. 은혜의 열매는 감사입니다. 범사에 감사해야 합니다.
8. 성도의 단결은 화목입니다. 서로 사랑하기에 힘써야 합니다.
9. 사랑의 실천은 봉사입니다. 내가 먼저 앞장서야 합니다.
10. 가정은 지상의 천국입니다. 가정 예배를 꼭 드려야 합니다.

하나님의 자녀는 기도로 모든 것을 정복할 수 있다. 사탄이 그리스도인에게 이 기도의 무기를 빼앗거나 그것을 사용하지 못하도록 최선을 다하는 것은 이상한 일이 아니다. **앤드루 머리**

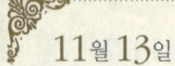 11월 13일

함께하는 것들을 소중히 여겨야 합니다

곧 내가 저희 안에 아버지께서 내 안에 계셔 저희로 온전함을 이루어 하나가 되게 하려 함은 아버지께서 나를 보내신 것과 또 나를 사랑하심같이 저희도 사랑하신 것을 알게 하려 함이로소이다. 요한복음 17:23

하나님이 우리에게 주신 것은 모든 것이 소중한 것입니다. 우리의 가정도 직장도 교회도 친구도 모두가 소중합니다. 그러므로 우리는 우리와 함께하는 것들을 소중히 여기고 아껴야 합니다. 우리 주변에 함께하는 모든 것이 없었다면 우리도 없었을 것입니다. 함께하는 모든 것을 소중하게 여길 때 우리의 삶에 평안과 기쁨이 찾아오는 것입니다.

● 삶을 열정적으로 사는 방법
1. 작은 것에서 행복을 느낀다.
2. 나 자신을 사랑한다.
3. 배우는 것을 게을리 하지 않는다.
4. 많이 웃고 좋은 생각만 한다.
5. 계획을 세워 실천한다.

그대의 마음속에 식지 않는 열과 성의를 가져라. 당신은 드디어 일생의 빛을 얻을 것이다. **괴테**

11월 14일

우리는 지금 어떤 사랑을 하고 있습니까?

보옵소서. 내게 큰 고통을 더하신 것은 내게 평안을 주려 하심이라. 주께서 나의 영혼을 사랑하사 멸망의 구덩이에서 건지셨고 나의 모든 죄는 주의 등 뒤에 던지셨나이다. 이사야서 38:17

사랑이라는 말을 싫어하는 사람은 아무도 없을 것입니다. 그러나 중요한 것은 사랑이 어떤 모습으로 자신에게 다가오며 어떤 사랑으로 이루어지는가 하는 것입니다. 사랑 중에 최대 사랑은 생명을 사랑하는 것입니다. 그 생명 사랑이 지상에서 영원까지 지속된다면 그보다 좋은 것은 없습니다. 그 사랑은 바로 예수그리스도의 구속의 사랑이요, 십자가의 대속의 사랑입니다. 이 사랑은 변치 않는 영원한 사랑입니다.

오늘날 많은 사람이 사랑 때문에 상처를 받았다고 말합니다. 그렇게 된 것은 육체적 사랑에 머물렀거나 머리로 사랑하는 데 그쳤기 때문입니다.

우리는 지금 어떤 사랑을 하고 있습니까? 한순간의 열정이거나 호기심에서 비롯된 사랑은 아닙니까? 예수 그 이름으로 주 안에서 가족과 형제자매, 그리고 주변을 사랑해야 합니다. 그리하면 예수 안에 기쁨이 있습니다.

모든 기쁨을 함께 나누며 조용한 무언의 기억에서 서로 하나가 되는 데 있어서 두 사람의 영혼이 함께한다는 것을 느끼는 것보다 더 강한 것이 도대체 있을까? **조지 엘리엇**

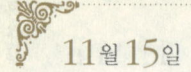
11월 15일

믿음의 삶을 살아야 합니다

네 하나님 여호와를 사랑하고 그 말씀을 순종하며 또 그에게 부종하라. 그는 네 생명이시요 네 장수시니 여호와께서 네 열조 아브라함과 이삭과 야곱에게 주리라고 맹세하신 땅에 네가 거하리라. 신명기 30:20

우리는 하나님께 순종하는 믿음의 삶을 살아야 합니다. 진정한 순종은 우리 자신이 내건 조건으로 하나님을 섬기는 것이 아닙니다. 하나님께 대한 진정한 순종은 단순히 그의 계명에 대한 외적 순응이 아닌, 마음으로부터의 갈망입니다.

우리가 왜 하나님께 순종해야 합니까? 하나님께서 우리를 사랑하셨기 때문입니다. 하나님은 우리의 순종을 받으시기 합당하신 분입니다. 하나님께 우리의 사랑을 입증하기 위한 방법이 바로 순종입니다. 하나님께서 분명하게 우리에게 순종할 것을 명하셨습니다. 순종하는 삶을 살아가기 위해서는 지속적으로 경건한 삶을 살아야 합니다. 지속적인 기도의 삶을 살아야 합니다. 지속적인 전도의 삶을 살아야 합니다. 그리스도인의 표시가 될 수 있는 것은 기쁨, 감사, 선교, 기도입니다. 이 모든 것은 하나님의 뜻에 순종할 때 자연스럽게 일어나는 것입니다.

그리스도인의 순종은 다른 모든 종류의 순종과 다르다. 그것은 노예나 군인의 순종이 아니라, 본질상 사랑의 순종, 즉 명령을 발하신 분을 알고 신뢰하고 사랑하는 자의 순종이다. **존 스톳**

11월 16일

마음의 기도

가라사대 하나님 나라의 비밀을 아는 것이 너희에게는 허락되었으나 다른 사람에게는 비유로 하나니 이는 저희로 보아도 보지 못하고 들어도 깨닫지 못하게 하려 함이니라. 누가복음 8:10

하늘의
아버지시여
내 병든 마음을
진정시켜주옵소서
저로 하여금
땅 위의 모든
유혹을 잊게 하옵소서
그리하여 당신이 임하신
낙원에 들어가는
마음의 힘을 주옵소서
이 몸에게도 주옵소서! 예브게니 바라틴스키

지옥에 대한 두려움은 그 자체가 지옥이고, 낙원에 대한 열망은 그 자체가 낙원이다. **칼릴 지브란**

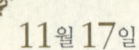
11월 17일

바른 믿음의 생활

> 심히 교만한 말을 다시 하지 말 것이며 오만한 말을 너희 입에서 내지 말지어다. 여호와는 지식의 하나님이시라 행동을 달아보시느니라. 사무엘상 2:3

교만이란 자기를 과대평가하고, 거만한 자세로 다른 사람을 무례하게 대하는 것으로 정의할 수 있습니다. 주로 인격적으로 덜 성숙하여 도량이 좁은 사람이 자기 자신을 과대평가합니다.

교만은 하나님의 나라에 들어가는 데 장애가 되는 아주 큰 죄입니다. 이는 극복하기 힘든 죄로, 어떤 의미에서는 교만과 관련되지 않은 범죄란 거의 있을 수 없습니다. 하나님께서는 교만한 자를 물리치시기 때문에 그리스도인은 교만을 미워하고 겸손으로 옷을 입어야 할 것입니다.

그리스도인은 세 가지를 멀리해야 바른 믿음의 생활을 할 수 있습니다. 첫째로 내가 가진 것을 가지고 우쭐대는 교만, 둘째로 아무것도 가진 게 없으면서 거들먹거리는 거만, 셋째로 하나님을 업신여기는 오만입니다.

오만함으로 대지를 걷지 마라. 너희가 그 대지를 가르지 못하며 산 높이에 이르지 못하느니라.
「코란」 중에서

11월 18일

실패를 통해 성공은 만들어집니다

내가 알거니와 여호와는 고난당하는 자를 신원하시며 궁핍한 자에게 공의를 베푸시리이다. 시편 140:12

우리는 목표를 향해 성실하게 노력하다가 무참하게 실패할 때가 있습니다. 그러나 그것이 게으르고 소심한 사람으로 평생을 사는 것보다 나은 일입니다. 용기를 다해서 싸운 끝에 지는 것이 모험하지 않고 혼자만의 안일함 속에 살아가는 것보다 낫습니다. 왜냐하면 노력하다가 실패한 사람은 좀 더 나은 뒷날을 위한 건설자가 될 수 있기 때문입니다. 비록 승리를 얻지는 못했다고 하더라도 실패와 새로운 체험 속에 성공하는 방법을 배울 수 있습니다. 실패하더라도 목표가 분명하면 다시 도전할 수 있습니다.

목표 설정은 힘의 근원이 됩니다. 목표 설정은 문제 극복의 원동력이 됩니다. 목표 설정은 성공의 원동력이 됩니다. 그 어떤 위대한 성공도 실패 없이 이루어지지 않습니다. 성공은 실패를 통해 만들어집니다.

나의 현재가 성공이라면 그것은 과거의 실패를 토대로 하여 이루어진 것이다. 모든 성공은 실패의 연속선상에 있다. **혼다 소이치로**

11월 19일

기도와 찬양과 말씀으로

> 피차 사랑의 빚 외에는 아무에게든지 아무 빚도 지지 말라. 남을 사랑하는 자는 율법을 다 이루었느니라. 로마서 13:8

성도는 예수그리스도의 보혈의 피로 구원을 받은 사람들입니다. 성도는 거룩한 무리입니다. 하나님의 자녀들입니다. 천국에 들어갈 하나님의 백성입니다. 그러므로 성도들은 주 안에서 긴밀한 교제를 나누어야 합니다.

성도의 교제에는 관심을 갖고 염려해주어야 합니다. 성도의 교제에는 마음을 나누는 일이 있어야 합니다. 성도의 교제에는 격려가 있어야 합니다. 성도의 교제에는 겸손과 섬김이 있어야 합니다. 성도의 교제에는 자기희생이 있어야 합니다. 성도의 교제에는 기도와 찬양과 말씀이 있어야 합니다.

기쁨은 사랑의 힘입니다. 평안은 사랑의 보증입니다. 친절은 사랑의 행위입니다. 선함은 사랑의 특성입니다. 충성은 사랑의 확신입니다. 온유는 사랑의 겸손입니다. 절제는 사랑의 승리입니다. 그런 일을 대상할 법은 없습니다. 성령의 지배를 받는 사람은 의로운 삶을 살기 위한 법이 따로 필요가 없습니다. 성령의 지배를 받는 삶의 비결은 하나님께 드리는 것입니다.

마음의 평화를 원하거든 영혼을 양육하고, 욕망을 억제하며, 구제에 앞장서고, 성도와 교제하고, 질서를 존중하고, 주님을 경외해라. **어거스틴**

주님, 내가 무엇을 말하겠습니까?

> 사람의 사정을 사람의 속에 있는 영 외에는 누가 알리요. 이와 같이 하나님의 사정도 하나님의 영 외에는 아무도 알지 못하느니라. 고린도전서 2:11

주님, 내가 무엇을 말할지 말씀하옵소서

주님의 음성이 내 안에 산 메아리가 되어

길 잃은 외로운 주의 자녀들에게 말할 수 있도록

그 영들을 찾게 하소서

주님의 방법을 따라서

오! 주님, 내가 무엇을 가르칠지 가르쳐주옵소서

당신이 주신 귀하고 값진 것을 가르치기 위해

나의 말에 날개를 달아서

저토록 많은 영혼의 깊은 곳에 이르도록

나를 가르치소서

기도를 함으로써 더 나은 사람이 되는 이의 기도는 응답을 받는다. **조지 메러디스**

11월 21일

항상 함께하시는 주님

나를 보내신 이가 나와 함께하시도다. 내가 항상 그의 기뻐하시는 일을 행하므로 나를 혼자 두지 아니하셨느니라. 요한복음 8:29

우리가 가야 하는 곳 그 어느 곳에나 주님은 함께하십니다. 주님의 발은 우리가 겪게 될 모든 경험에서 우리의 길을 부드럽게 예비해주십니다. 그분은 모든 길을 아십니다.

미끄러운 골짜기를 따라 나 있는 험준한 길이든 정상을 따라 나 있는 현기증 나는 길이든 어디서나 함께하십니다. 우리가 가는 길이 어디든지 우리 주님께서는 알고 계십니다.

하나님의 작정하신 선택 속에 있는 우리의 모습을 보시기 바랍니다. 우리 자신의 선한 행동이나 자랑 때문에 우리가 구원을 얻게 된 것이 아닙니다. 우리의 구원은 전적인 하나님의 은혜입니다. 그러므로 타락의 깊은 수렁에 빠진 인류 가운데서 하나님을 알고 믿음으로 구원을 얻게 하신 하나님께 감사할 수밖에 없습니다.

하나님은 우리를 사랑하십니다. 우리와 함께하시는 주님의 사랑을 온 세상에 나타내야 합니다. 하나님은 언제나 우리와 함께해주십니다. 우리가 있는 곳에 하나님도 언제나 함께해주십니다.

하나님을 위해 큰일을 하기 위해서는 하나님과 많은 시간을 함께해야 한다. **레너드 레이븐힐**

11월 22일

진정한 그리스도인의 믿음의 자세

믿음의 기도는 병든 자를 구원하리니 주께서 저를 일으키시리라. 혹시 죄를 범하였을지라도 사하심을 얻으리라. 야고보서 5:15

기도를 한다는 것은 그리스도인을 그리스도인답게 하는 뿌리를 확인하는 것입니다. 우리를 선택하여 사랑해주시고 끌어당겨 주시는 하나님을 향한 믿음이 기도가 되기 위해서는 두 가지 자세가 요구됩니다. 하나는 기도를 마음으로부터 하는 것이고, 다른 하나는 의식을 집중하는 것입니다. 삶의 위험에서 벗어나게만 해달라고 기도하는 것은 어리석은 것입니다. 어떠한 위험에 처해도 겁내지 않고 헤쳐 나갈 수 있는 힘을 달라고 기도해야 합니다. 그리고 어떠한 고통을 당해도 무조건 구원해달라고 기도하지 말고 고통을 극복할 용기를 달라고 기도를 드리는 것이 진정한 그리스도인의 믿음의 자세입니다.

기도는 믿음의 성벽이며 우리를 노리는 자들에 대한 무기다. 그러므로 밤이나 낮이나 무기 없이 다니지 말자. 기도라는 무기로써 주님의 군기를 수호하며 천사들의 나팔 소리를 기다리자.
테르툴리아누스

11월 23일

기도는 하나님과 만나는 시간

> 그러므로 내가 첫째로 권하노니 모든 사람을 위하여 간구와 기도와 도고와 감사를 하되 임금들과 높은 지위에 있는 모든 사람을 위하여 하라. 이는 우리가 모든 경건과 단정한 중에 고요하고 평안한 생활을 하려 함이니라. 디모데전서 2:1-2

기도의 깊이가 그 사람의 생활 태도와 관련이 있다고 하는 것은 맞는 말입니다. 그 사람의 생활 태도를 보면 그 사람의 기도를 알 수 있습니다.

기도는 죄를 고백하는 통로입니다. 기도는 하나님의 인도를 받는 수단입니다. 기도는 소원을 아뢰는 수단이며, 타인의 어려움을 도와주는 방법입니다. 기도는 하나님께 감사를 드리는 방법입니다. 기도는 하나님께 영광을 돌리는 방법입니다. 기도는 자신을 하나님께 드리는 활동입니다.

기도하지 않고 내 마음대로 행한 것에 대해서는 하나님이 책임지실 이유가 없습니다. 그러나 결단하기 전에 하나님께 기도하여 응답받은 것이라면 끝까지 믿으시기 바랍니다. 하나님의 영광을 볼 것입니다.

기도는 결국 하나님께서 지정하신 일들 중에 최상의 일입니다. 우리는 기도하는 사람이 되어야 합니다. 기도한 것을 응답받아 행동으로 옮기는 살아 있는 그리스도인의 삶을 살아가야 합니다.

기도하는 시간은 하나님과 만나는 시간이다. **새뮤얼 러더퍼드**

11월 24일

기도는 기쁨의 시간

> 그는 하나님께 기도하므로 하나님이 은혜를 베푸사 그로 자기의 얼굴을 즐거이 보게 하시고 사람에게 그 의를 회복시키시느니라. 욥기 33:26

기도는 영적인 호흡이며 생명 줄입니다. 그러므로 기도를 게을리 하지 말아야 합니다. 기도를 게을리 하는 이유는 무엇 때문이겠습니까? 기도를 쉬는 것이 죄가 된다고 생각하지 않기 때문입니다. 기도가 신앙생활에서 최우선 순위임을 느끼지 못하기 때문입니다. 기도하지 않는 것이 하나님과 만날 시간을 어기는 것임을 알지 못하기 때문입니다. 기도 시간을 하나님을 만나는 기쁨의 시간이라고 생각하지 않기 때문입니다. 기도 생활을 게을리 하는 것이 얼마나 어리석은 일인가를 깨닫지 못하기 때문입니다. 기도하지 않음으로 영혼이 병든다는 사실을 모르기 때문입니다.

기도는 상황을 변화시키고 삶을 변화시킵니다. 하나님께서는 치밀하게 우리의 기도를 응답해주십니다. 우리가 기도로 하나님을 의지할 때 하나님은 놀라우신 분일 뿐만 아니라 전지전능하신 분이라는 사실을 알 수 있습니다.

기도를 큰 결심으로 해라. 기도하는 생활을 유지하기 위해 무슨 희생이든지 해라. **저드슨**

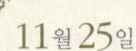 11월 25일

기도는 하나님과의 대화

너희는 여호와를 만날 만한 때에 찾으라. 가까이 계실 때에 그를 부르라. 악인은 그 길을 불의한 자는 그 생각을 버리고 여호와께 돌아오라. 그리하면 그가 긍휼히 여기시리라. 우리 하나님께로 나아오라. 그가 널리 용서하시리라. 이사야서 55:6-7

예수그리스도의 믿음으로 간구해야 합니다. 예수그리스도 안에서 기도해야 합니다. 예수그리스도의 말씀이 우리 안에 거하도록 해야 합니다. 자신의 욕망을 이루려고 이기적인 동기로 기도해서는 안 됩니다. 기도는 인간으로부터 나오지 않았습니다. 모든 것은 하나님께로부터 나왔습니다. 하나님은 모든 것의 기초가 되십니다. 하나님께서는 구하는 자에게 응답을 주십니다.

기도할 때는 예수그리스도를 믿고 의심 없이 기도해야 합니다. 기도할 때는 모든 것을 하나님 앞에 내어놓고 먼저 회개해야 합니다. 하나님 아버지께서 모든 영광을 홀로 받으시도록 진심으로 기도해야 합니다. 기도는 응답될 때까지 지속적으로 해야 합니다. 기도를 통해 모든 일이 합력하여 선을 이루도록 해야 합니다.

기도는 하나님과의 대화 속에서 우리의 마음을 표현하는 것이다. 옷을 만드는 것은 재단사의 일이고, 구두를 수선하는 것은 구두장이의 일이고, 기도하는 것은 그리스도인의 일이다. **바운즈**

생명을 주신 것에 감사합니다

십자가의 도가 멸망하는 자들에게는 미련한 것이요 구원을 얻는 우리에게는 하나님의 능력이라. 고린도전서 1:18

우리의 목표는 예수그리스도의 마음을 앎으로써 성숙해지는 것입니다. 그래서 어떤 결정을 할 때면 예수그리스도가 결정하는 지식 안에서 우리가 결정하게 됩니다. 우리가 행동할 때도 예수그리스도가 원하는 방향으로 움직이게 되고 그가 원하시는 것을 하게 됩니다.

하나님의 방법은 최선입니다. 하나님의 뜻을 알고 행하는 것은 자연적인 삶에 있어서 가장 중요하고 기본적인 것이며, 초자연적인 비결은 우리의 삶 가운데 성령의 능력과 지배하심입니다. 우리가 성령 안에서 살아갈 때는 우리는 초자연적으로 살아가게 됩니다.

그리스도인의 삶을 잘 이해하면 복잡하거나 어렵지 않습니다. 그리스도인의 삶은 대단히 단순합니다. 그것은 너무나 단순해서 사람들은 가끔 그 단순함 때문에 시험에 듭니다. 이것은 그리스도인의 삶이 초자연적인 삶이기 때문입니다.

우리는 믿음을 주신 것에 감사하고, 생명을 주신 것에 감사하며 살아야 합니다. 그리고 우리에게 감사할 조건을 너무나 많이 주신 것을 감사하며 살아야 합니다.

짐을 가볍게 하기 위해 기도하지 말고 더 튼튼한 등을 갖기 위해 기도해라. **로저 밥슨**

11월 27일

예수그리스도의 삶을 본받아

주의 손이 나를 만들고 세우셨사오니 나로 깨닫게 하사 주의 계명을 배우게 하소서. 시편 119:73

예수그리스도를 우리의 삶 가운데서 욕되게 하지 말아야 합니다. 우리가 잠을 깬 아침, 그리고 하루 중에도 예수그리스도가 우리의 삶 가운데 있음을 감사해야 합니다. 매일 우리의 발걸음을 인도하시는 예수그리스도의 사랑을 다른 사람들과 나눌 수 있기를 원해야 합니다.

우리는 예수그리스도를 신뢰하고 있습니까? 예수그리스도의 명령을 따르고자 합니까? 성령의 인도하심 속에 살기를 원합니까? 우리는 완전하시고 사랑이 많으시며 전지전능하신 하나님께 모든 것을 맡기며 살아야 합니다. 그렇게 하기를 원한다면 하나님의 뜻을 깨닫고 행하는 데 성경적인 방법을 따라야 합니다.

예수그리스도는 다른 사람들을 돌보는 일에 온 생애를 보내셨습니다. 주님의 전 사역을 통하여 병든 자를 고치시고 굶주린 자를 먹이시며 언제나 보살피셨습니다. 예수그리스도는 한 번도 사람을 돌보는 일을 멈추신 적이 없습니다. 우리는 예수그리스도의 삶을 본받아 그분의 사랑을 나타내며 살아가야 합니다.

가난한 사람들을 도울 때마다 그것이 진정 예수님을 돕는 일이라고 확신해야 한다. **테레사 수녀**

고난을 이겨내고

> 그리스도의 고난이 우리에게 넘친 것같이 우리의 위로도 그리스도로 말미암아 넘치는도다. 우리가 환난받는 것도 너희의 위로와 구원을 위함이요 혹 위로받는 것도 너희의 위로를 위함이니 이 위로가 너희 속에 역사하여 우리가 받는 것 같은 고난을 너희도 견디게 하느니라. 고린도후서 1:5-6

미국의 유명한 전도자인 존 해가이는 목회자가 되려고 준비하던 중에 그의 아들이 갑자기 뇌성마비로 쓰러지는 일을 겪게 되었습니다. 비록 아들이 자리에 누웠으나 그는 이를 어려운 시험이라고 생각하지 않고 오히려 "제 아들로 인하여 나를 겸손하게 만드셨고 어려움에 처한 사람들을 도울 수 있는 마음이 생기게 하셨습니다. 제 아들처럼 병고에 시달리는 불쌍한 이웃들을 위해 사랑을 베풀고 복음을 전할 수 있는 길을 열어주시니 감사합니다"라고 기도를 드렸습니다. 후에 그는 세계적으로 유명한 목회자가 되었습니다.

주님의 은혜는 참으로 놀라운 것입니다. 우리가 그리스도인이라면 예수그리스도의 은혜를 잊어선 안 됩니다. 우리는 언제나 진리 안에서 진실되게 살아야 합니다.

기도는 강한 것 중의 강한 것이요, 높으신 하나님의 보좌에 둘러싸인 대기와 같다. **피터 포사이스**

어머니의 기도

> 너희 중에 누구든지 지혜가 부족하거든 모든 사람에게 후히 주시고 꾸짖지 아니하시는 하나님께 구하라. 그리하면 주시리라. 야고보서 1:5

어느 전쟁 중의 일입니다. 작전이 시작되어 총소리가 나기 시작했습니다. 전투가 시작된 것입니다. 이때 한 병사가 적진을 향해 돌진을 하다가 그만 총탄에 맞아 쓰러졌습니다. 소대장이 소리쳤습니다. "누가 저 병사를 데리고 와라!" 그러나 병사들은 공포와 두려움 속에 떨며 아무도 나가지 못했습니다. 이때 한 병사가 시계를 보더니 소리쳤습니다. "소대장님, 제가 가겠습니다!" 아무도 나가지 못하고 있을 때 이 병사는 용감히 나서서 전우를 구출해 왔습니다. 전투가 끝나고 소대장이 물었습니다. "자네는 정말 용감했네! 다른 병사들은 가지 못했는데 자네는 어떻게 그런 용기가 생겼는가?" 그러자 병사는 이렇게 말했습니다. "그때 그 시간이 어머니가 항상 저를 위해서 기도해주시는 시간이었습니다. 그래서 하나님께서 저를 보호해주실 거라 굳게 믿었습니다!"

기도의 힘은 위대합니다. 시간과 공간을 초월하고 하늘과 이 땅을 연결하여 변화를 일으킵니다.

기도는 어떠한 힘보다도 위대한 능력을 가지고 있는 힘이다. 캔터

11월 30일

용서는 사랑에서 시작됩니다

너희가 사람의 과실을 용서하면 너희 천부께서도 너희 과실을 용서하시려니와 너희가 사람의 과실을 용서하지 아니하면 너희 아버지께서도 너희 과실을 용서하지 아니하시리라. 마태복음 6:14-15

영국에 유명한 웰링턴 제독이 있었습니다. 한번은 제독이 상습적인 탈영병인 부하에게 사형 선고를 내리기 직전에 이렇게 말했습니다. "나는 너를 교육도 해보았다. 상담도 해보았고 처벌도 해보았다. 채찍을 들어 때려도 보았다. 그런데 너는 반성하지도 않았고 새로워지지도 않았다. 별수가 없으니 너는 죽어야겠다." 이때 지혜로운 부하 한 사람이 이렇게 말했습니다. "각하! 각하께서는 한 가지 시도하지 않은 것이 있습니다. 각하는 이 사람을 용서해보신 적이 있으십니까?" 웰링턴 제독은 부하의 이야기를 받아들여 그를 용서해주었습니다. 그 후 그 부하는 변화되어 충성스러운 군인이 되었습니다.

용서는 사랑에서 시작됩니다. 우리는 모두 다 예수그리스도로부터 죄를 용서받은 사람들입니다. 용서를 받았으니 용서할 수 있는 믿음과 사랑과 용기가 있어야 합니다. 용서는 사랑에서 시작됩니다. 용서받은 사람이 용서할 수 없다면 용서받은 사람의 삶을 살아가는 것이 아닙니다.

용서는 가장 고결하고 가장 아름다운 사랑의 형태로, 이 세상에서 듣지 못할 평화와 행복을 그 보답으로 준다. **로버트 뮬러**

야곱 집이여 이스라엘 집의 남은 모든 자여 나를 들을지어다.

배에서 남으로부터 내게 안겼고 태에서 남으로부터 내게 품기운 너희여

너희가 노년에 이르기까지 내가 그리하겠고

백발이 되기까지 내가 너희를 품을 것이라.

내가 지었은즉 안을 것이요 품을 것이요 구하여 내리라.

이사야서 46:3-4

12월
December

우리를 찾아오시는 예수그리스도

예수그리스도의 왕권과 통치는 이 세상의 한계를 초월한다. 우리의 삶에 영향을 주는 하나님의 나라는 이 세상에 뿌리내리고 있지 않다. 하나님의 나라 백성들은 하나님께 순종하여 다른 사람들의 생명을 위해 자신의 생명을 버릴 준비가 되어 있는 사람들이다. 우리가 속한 그리스도의 나라와 목적과 원리 방법은 하늘에 속한 것이다. **그랜트 오스본**

12월 1일

지나간 모든 것은 아름답습니다

> 우리가 우리를 전파하는 것이 아니라 오직 그리스도 예수의 주 되신 것과 또 예수를 위하여 우리가 너희의 종 된 것을 전파함이라. 어두운 데서 빛이 비취리라 하시던 그 하나님께서 예수그리스도의 얼굴에 있는 하나님의 영광을 아는 빛을 우리 마음에 비취셨느니라. 고린도후서 4:5-6

지나간 모든 것은 아름답다고 말합니다. 자나간 세월이 추억을 만들기 때문일 것입니다. 올해도 마지막 남아 있는 달력을 보노라면 쓸쓸하기도 하지만 한편으로는 보람과 기쁨도 있습니다. 올해도 지나고 나면 모든 것이 다 추억이 될 것입니다. "지나가 버린 아름다운 날은 또다시 오지 않는다"라는 시인 테니슨의 말이 실감이 납니다. 올해를 열심히 살아온 가족과 주변 사람들에게 따뜻한 격려와 칭찬을 아끼지 말아야 할 것입니다.

영국의 소설가인 아널드 베넷이 이렇게 말했습니다.

"그날그날의 24시간이야말로 인생의 양식이다. 시간이 있으면 모든 것을 할 수 있으나, 시간이 없으면 아무것도 이룰 수 없다. 우리에게 필요한 건강과 즐거움과 만족, 그리고 다른 사람들에게 받는 존경도 오직 시간 속에서 짜내어야 한다."

올해 남은 시간도 서두르지 말고 차근차근 마무리를 잘해야 할 것입니다. 유종의 미를 거두는 것은 아름다운 일입니다.

오늘이라는 날은 두 번 다시 오지 않는다는 것을 잊지 마라. **단테**

지금 이 순간은 소중한 시간입니다

> 너희가 자기를 위하여 의를 심고 긍휼을 거두라. 지금이 곧 여호와를 찾을 때니 너희 묵은 땅을 기경하라. 마침내 여호와께서 임하사 의를 비처럼 너희에게 내리시리라. 호세아서 10:12

올해가 얼마 남지 않았습니다. 지금 이 순간은 너무나 소중한 시간입니다. 한 해를 보내면서 뭔가 서운하거나 부족함을 느끼고 있다면 부족한 것을 채우며 내일을 향해 더 힘차게 살아가야 합니다. 비스마르크는 이렇게 말했습니다.

"자기 앞길에 어떠한 운명이 기다리고 있는가? 그것을 묻지 말고 앞으로 나아가라. 그리고 대담하게 자신의 운명과 맞서라. 그곳에 인생의 풍파를 헤치고 넘어가는 묘법이 있다. 운명을 겁내는 사람은 운명에 먹히고 운명에 부딪치는 사람은 운명이 길을 비킨다."

올해의 남은 날은 추억 속으로 사라지겠지만 한 해를 땀 흘려 살았기에 새로운 해가 기대될 것입니다. 삶은 하루하루가 소중합니다. 하루하루가 우리의 일생을 만들기 때문입니다. 아미엘이 이렇게 말했습니다.

"오늘 하루를 헛되이 보냈다면 그것은 커다란 손실이다. 하루를 유익하게 보낸 사람은 하루의 보물을 파낸 사람이다. 하루를 헛되이 보냄은 내 몸을 헛되이 소모하는 것임을 기억해야 한다."

미래를 신뢰하지 마라. 죽은 과거는 묻어버려라. 그리고 살아 있는 현재에 행동해라. **롱펠로**

12월 3일

마지막까지 최선을 다하는 삶

> 예수께서 가라사대 내가 곧 길이요 진리요 생명이니 나로 말미암지 않고는 아버지께로 올 자가 없느니라. 너희가 나를 알았더면 내 아버지도 알았으리로다. 이제부터는 너희가 그를 알았고 또 보았느니라. 요한복음 14:6-7

우리는 영원한 현재를 살아가지만 어제가 있었기에 오늘을 살아갈 수 있는 힘과 능력이 있습니다. 올해를 헛되이 보내지 않았다면 우리는 참으로 행복한 사람입니다. 날마다 의미 있고 보람된 삶을 살았다면 후회 없는 삶입니다. 우리는 날마다의 삶을 성공으로 이끄는 능력을 가져야 할 것입니다. 올해가 가기 전에 해야 할 일이 있다면 미루지 말고 해야 합니다. 마지막까지 최선을 다하는 삶이 더 보람되고 아름답게 기억될 것입니다.

그레이엄 벨이 이렇게 말했습니다.

"자기 스스로 어떤 일을 하고 싶은가를 찾아내고 전력을 다해 그 일에 몰두하라. 다른 사람보다 한 걸음 앞서고 싶다면 장래의 계획은 자신이 정해야 한다. 자신이 몰두할 수 있는 일에서 의욕과 힘을 찾고 성공을 향한 길로 힘껏 나아가라."

삶을 후회로 남기기보다는 아름다운 추억과 보람과 감동으로 남기며 살아야 합니다. 믿음은 우리의 삶을 성공으로 이끌어가는 힘을 보여줄 것입니다.

시간의 참된 가치를 알아라. 그것을 붙잡아라. 그리고 그 순간순간을 즐겨라. 게을리 하지 말며, 우물거리지 마라. 오늘 하루 이 시간은 당신의 것이다. 하루를 착한 행위로 장식해라. **루스벨트**

12월 4일

진리의 자유를 누리는 방법

> 그러므로 예수께서 자기를 믿은 유대인들에게 이르시되 너희가 내 말에 거하면 참 내 제자가 되고 진리를 알지니 진리가 너희를 자유케 하리라. 요한복음 8:31-32

예수그리스도 안에서 진리의 자유를 완전히 누리려면 마음의 창문을 세 방향으로 활짝 열어야 합니다. 첫째, 하나님을 향해 어둠이 없어야 합니다. 둘째, 자신을 향해 쓴 뿌리가 없어야 합니다. 셋째, 이웃을 향해 막힘이 없어야 합니다. 우리가 이 세 가지에 대해 막힘이 없다면 주님께서 인정하시는 온전한 예배자로서 완전한 자유를 누릴 것입니다.

우리는 모든 곳에서, 어느 때나 하나님을 예배해야 합니다. 또한 우리가 사랑과 선행을 서로 격려하기 위해, 그리고 하나님을 경배하고 예배하기 위해 그의 구속된 회중 가운데 모이는 것도 아주 중요합니다. 예배는 생활의 핵입니다. 시간과 영원은 인간이 드리는 예배의 본질에 의해 결정되는 것입니다. 우리를 채워주시는 예수그리스도를 통해서만 우리는 진리 안에서 진정한 자유를 누리며 복된 성도의 삶을 살아갈 수 있습니다.

기도는 활이고 약속은 화살이며 믿음은 활을 당기는 손이다. **실터**

12월 5일

주님의 손길

> 나더러 주여 주여 하는 자마다 천국에 다 들어갈 것이 아니요 다만 하늘에 계신 내 아버지의 뜻대로 행하는 자라야 들어가리라. 마태복음 7:21

주님의 손길이 닿은 곳에는 복음이 나타납니다. 주님의 손길이 닿은 곳에는 생명이 나타납니다. 주님의 손길이 닿은 곳에는 새 삶의 희망과 섬김의 삶이 나타납니다.

성경은 우리가 믿음을 가지고 그 믿음대로 실천할 책임을 가르칩니다. 우리가 믿음으로 하나님과의 바른 관계에 들어간 것같이 우리는 매사의 삶을 믿음으로 살아야 합니다. 우리를 통해서 하나님의 놀라우신 능력이 역사할 수 있도록 하는 것이 바로 믿음이기 때문입니다. 주님은 우리를 위해 십자가 위에서 죽으셨으며 성령으로 우리 가운데 역사하십니다. 우리가 기도하며 주님께 순종할 때 그분은 우리와 함께 온 세상에 나아가 역사하실 것입니다. 세상을 이기신 예수께서 우리와 함께하시므로 우리는 온 세상에 복음을 전파할 수 있습니다.

응답받지 못하는 기도는 영적 조건이 채워지지 않았기 때문이므로 하나님은 그 조건이 채워질 때까지 기다리신다. **존 터너**

12월 6일

복음에 합당한 삶을 살아야 합니다

너희 말을 항상 은혜 가운데서 소금으로 고르게 함같이 하라. 그리하면 각 사람에게 마땅히 대답할 것을 알리라. 골로새서 4:6

우리는 그리스도인으로서 복음에 합당한 삶을 살아가야 합니다.

가난한 마음으로 성경적 원리에 입각하여 늘 자신의 삶을 바르게 성찰하는 것입니다. 삶에서 잘못된 부분이 있다면 속히 회개하는 것입니다. 자신의 의지만으로는 불가능하므로 성령을 의지하며 하나님께 의뢰해야 합니다. 기도한 대로 행하고, 또다시 시도하는 삶을 살아야 합니다. 예수그리스도께서는 우리에게 세상을 살맛 나게 만들고 썩지 않게 만들라고 하셨습니다. 우리에게 세상의 소금이 되라고 하신 것입니다.

그대는 마치 그대가 지금 기도를 드리고 있는 것같이 평안히 말하고 움직이며 행동해라. 이런 것이 오히려 진정한 기도가 될 수 있다. **페늘롱**

12월 7일

오늘 하루를 산다는 것은

> 오늘 내가 네게 명하는 여호와의 규례와 명령을 지키라. 너와 네 후손이 복을 받아 네 하나님 여호와께서 네게 주시는 땅에서 한없이 오래 살리라. 신명기 4:40

때때로 나는 말로 기도하지 않습니다
내 손으로 내 마음을 취해
주 앞에 올려놓습니다
그가 이해하시므로 나는 기쁩니다

때때로 나는 말로 기도하지 않습니다
주님의 발 앞에 영혼의 고개를 숙이고
주님의 손을 내 머리에 얹게 하여
우리는 조용하며 달콤하게 사귐을 나눕니다

때때로 나는 말로 기도하지 않습니다
피곤해진 나는 그냥 쉬기만을 바랍니다
내 약한 마음은 구주의 온유한 품속에서
모든 필요를 채웁니다 마사 스넬 니컬슨

지금이야말로 일할 때다. 지금이야말로 싸울 때다. 지금이야말로 나를 더 훌륭한 사람으로 만들 때다. 오늘 그것을 못 하면 내일 그것을 할 수 있는가. **토마스 켐피스**

12월 8일

우리에게 더 큰 갈망을 주소서

> 하나님이여 주는 나의 하나님이시라. 내가 간절히 주를 찾되 물이 없어 마르고 곤핍한 땅에서 내 영혼이 주를 갈망하며 내 육체가 주를 앙모하나이다. 시편 63:1

주여, 우리가 지금까지 알았던 그 어떤 갈망보다도
더 큰 갈망을 우리에게 주소서
주님의 능력이 보일 때까지
한마음으로 기다릴 수 있는 은혜를 저희에게 주소서
축복의 홍수가 바다 물결처럼 우리 모두 위에 넘칠 때까지
주의 자녀들이 무릎을 꿇고 간청하며
주의 얼굴을 계속 구하게 하소서 웨슬리 듀웰

하나님의 뜻은 사랑이다. 언젠가 그분의 사랑이 모든 사람에게 실현될 것이며 사랑의 나라인 그분의 나라가 도래할 것이다. **에르네스토 카르디날**

12월 9일

하나님의 구원 계획

> 그리스도의 평강이 너희 마음을 주장하게 하라. 평강을 위하여 너희가 한 몸으로 부르심을 받았나니 또한 너희는 감사하는 자가 되라.
> 골로새서 3:15

하나님은 영이십니다. 하나님은 유일하신 분입니다. 하나님은 영원하시며 광대하시며, 어느 곳에나 계십니다. 하나님은 전지전능하십니다. 하나님은 거룩하시며, 의로우시며, 진실하십니다. 하나님은 영원한 계획을 가지고 계십니다. 하나님은 보이는 세계뿐 아니라 보이지 않는 세계도 창조하셨습니다. 하나님은 우리의 구원 계획을 가지고 계십니다. 하나님께서는 자기 백성의 신뢰와 사랑을 확보하기 위해 모든 일을 하셔야만 했습니다. 그는 이 위대한 목적을 너무나 거룩하게 여기셨습니다. 그래서 우주의 사랑 속에는 가장 깊으신 연민이 포함되어 있는 것입니다.

하나님을 찬양하는 사람들은 믿음의 눈을 그분에게 고정하고 있습니다. 이에 반해 침묵하는 성도는 단지 자신만을 바라봅니다. 하나님이 삶의 중심에 계실 때 우리는 하나님을 찬양할 수 있습니다.

하나님의 계획 속으로 깊이 빠져 들어라. 그대의 약한 몸을 누리는 큰 바다를 두려워하지 말고 그대가 할 수 있는 깊이만큼 그분의 계획 속으로 빠져 들어라. **돔 헬더 카마라**

12월 10일

용서의 따뜻함을 나누는 시간

> 우리가 마음에 사형 선고를 받은 줄 알았으니 이는 우리로 하여금 자기를 의뢰하지 말고 오직 죽은 자를 다시 살리시는 하나님만 의뢰하게 하심이라. 그가 이같이 큰 사망에서 우리를 건지셨고 또 건지시리라. 또한 이후에라도 건지시기를 그를 의지하여 바라노라. 고린도후서 1:9-10

하나님이 지으신 세상에는 질서가 있습니다. 하나님이 지으신 세상에는 풍요가 넘칩니다. 각양각색의 생명이 우주에 가득 차 있고 그 창조의 다양성은 화산처럼 피어오릅니다. 그러나 지금 우리가 살고 있는 세상은 하나님이 지으신 애초의 그 세상과는 정반대입니다.

우리가 살아가면서 서로 용서의 따뜻함을 나누는 시간은 영원과 천국에서 이미 사는 것이고, 서로가 미움과 욕설로 대하는 삶은 이미 이 땅에서 분열된 마음으로 지옥의 삶을 살아가는 것입니다. 인간은 삶의 순간 순간에서 천국과 지옥을 체험하면서 살아가고 있는 것입니다.

자신에게 다가오는 불행을 혼자서만 당하는 불행처럼 느끼면 그 불행이 더욱 무겁게 느껴집니다. 그러나 불행을 예수그리스도의 십자가가 지니는 고귀한 가치와 동일시하면서 구속적 가치의 수단으로 기쁘게 받아들이면 우리의 삶 속에는 예수그리스도가 함께 살게 되는 것입니다. 그리하면 우리가 앓는 육체적 아픔이나 육신의 불구가 하나님의 아픔으로 동일시되는 신앙의 신비와 기쁨과 치유를 체험하게 될 것입니다.

사람을 사랑한다는 것은 그 사람을 위해 내 몸을 십자가에 못 박는 일이다. **쿠오스트**

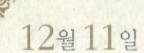 12월 11일

예수그리스도의 한결같은 사랑

우리 주 예수그리스도를 변함없이 사랑하는 모든 자에게 은혜가 있을지어다. 에베소서 6:24

가난하고 보잘것없는 인간들의 비참한 죄악의 삶을 보시고 마음이 아파 지상에 육신을 입고 오신 예수그리스도를 통해 우리는 구원을 받았습니다. 예수그리스도는 이 시간에도 우리를 가장 친절한 음성으로 부르십니다. 예수그리스도의 부르심에 응답하기 위해 겸손히 무릎을 꿇어야 합니다. 예수그리스도를 통해 사람들이 마음의 고백을 이어갈 때 참 구원의 열매를 맺는 것입니다. 예수그리스도에 대한 한결같은 사랑이야말로 구원의 신비를 열 수 있는 열쇠입니다. 예수그리스도에 대한 사랑은 하나님의 사랑으로 이어지는 것입니다. 구원의 비결은 예수그리스도를 사랑하는 것입니다.

예수그리스도께서 우리의 죄를 용서하실 수 있는 유일한 분이신 것처럼 성령은 우리가 믿음 안에서 삶을 살도록 하는 유일한 분입니다. 실제적으로 성령은 우리가 믿음의 삶을 살도록 인도해주시는 것입니다.

그리스도를 사랑하지 않는 자는 하나님의 아들이 될 수 없다. **존 라일**

12월 12일

목표가 있는 삶

> 너희를 위하여 하늘에 쌓아둔 소망을 인함이니 곧 너희가 전에 복음 진리의 말씀을 들은 것이니라. 골로새서 1:5

삶을 성공적으로 살기 위해서는 반드시 목표가 있어야 합니다. 목표가 없으면 아무것도 이룰 수 없습니다. 목표가 분명할수록 모든 열정을 다 쏟을 수 있습니다. 목표를 세웠으면 목표가 현실이 되도록 해야 합니다. 목표는 우리를 끊임없이 발전하게 만들어줍니다. 노력하는 것도 중요하지만 힘을 쏟아야 하는 일을 하나로 집중해야 효과가 있는 것입니다. 목표를 세워야 변화가 있는지 성과가 있는지 알 수 있게 됩니다.

우리는 성공하기 위해 구체적이고 확실한 목표를 세워야 합니다. 평생 동안의 목표와 20년, 10년, 5년, 3년, 1년, 그리고 매일의 목표를 세워 그것을 실천해나가야 합니다. 목표에 도달하기 위해 수많은 시련과 아픔이 있겠지만 그렇기에 더 값진 삶을 살게 되는 것입니다. 우리의 땀과 노력으로 목표는 이루어질 수 있습니다.

우리에게 성공을 향한 목표가 없으면 자신이 지금 어떤 위치에 있는지 전혀 알 수가 없습니다. 목표는 기준과 척도를 제공해주는 것입니다. 명확한 목표를 설정했을 때 우리는 자신이 원하는 방향으로 가고 있는지를 알 수 있습니다. 목표를 향해 자기 능력을 마음껏 발휘해야 합니다.

목표라는 항구를 모르는 사람에게 순풍은 불지 않는다. **세네카**

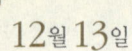
12월 13일

인내하는 사람이 성공합니다

인내를 온전히 이루라. 이는 너희로 온전하고 구비하여 조금도 부족함이 없게 하려 함이라. 야고보서 1:4

인내심은 마음이 움직이는 것입니다. 성공은 하루아침에 이루어지는 것이 아니기에 우리에게 맡겨진 일에 최선을 다하며 기다려야 합니다. 씨앗이 나무가 되어 열매를 맺을 때까지 기다림이 있는 것처럼 성공도 마찬가지입니다. 잘 기다릴 줄 아는 사람이 성공합니다.

성공적인 삶을 위해서는 마음속에 뚜렷한 목표를 가지고 그것을 위해 전력투구해야 합니다. 성공의 문에 들어서기까지는 길고 어두운 밤을 지내야 합니다. 그 어두운 밤을 무사히 견뎌내는 사람만이 곧 성공의 아침에 도달할 수 있습니다.

인내심을 가지려면 무엇을 바라고 있는가를 확실하게 알아야 합니다. 이것은 인내심을 만드는 데 가장 중요한 것입니다. 강렬한 동기부여야말로 우리에게 온갖 고난을 극복해나가는 힘을 북돋아줍니다. 우리의 마음속에서 소망의 불을 태워야 합니다. 우리의 소망이 타오르면 인내심을 발휘할 힘은 충분해집니다. 우리는 인내하는 습관이 몸에 배도록 노력해야 합니다. 우리의 마음은 나날의 경험이 쌓여서 원숙해지는 법입니다.

인내와 노력, 이 두 가지만 있으면 이 세상에서 못 할 일이 없다. **야콥센**

12월 14일

자부심을 갖고 일해야 합니다

> 오직 부르심을 입은 자들에게는 유대인이나 헬라인이나 그리스도는 하나님의 능력이요 하나님의 지혜니라. 고린도전서 1:24

자신이 하고 있는 일에 대해 자부심을 갖는 것이 중요합니다. 자부심을 갖고 성공하기 위해 도전하는 사람은 용기 있는 사람입니다. 자부심이 있다는 것은 자신이 하고 있는 일에 확신이 있다는 것입니다.

우리는 언제나 성공과 실패에 대한 두려움을 가지고 있습니다. 그러나 그 두려움 때문에 자기가 원하는 직업을 갖지 못하거나 자기가 하는 일에 자부심을 갖지 못한다면 그처럼 어리석은 일은 없을 것입니다. 자기의 직업에 자부심을 가질 때 힘과 용기를 낼 수 있고 어떠한 좌절도 이겨내며 성공의 발판을 마련할 수 있는 것입니다.

우리는 자신이 원하는 일이라면 무슨 일을 하든지 자부심을 갖고 일해야 합니다. 우리에게 비전이 있을 때 자부심이 생기고 우리의 삶은 더욱 활기 넘치게 됩니다. 그래야 기회가 올 때 새로운 변화를 시도할 수 있고 성공할 수 있습니다.

분쟁을 회피해 평화를 구하지는 말라. 소신을 위해 우뚝 선다면 스스로에 대한 자부심, 그리고 존경심은 더욱 커질 것이다. **오프라 윈프리**

신뢰받을 만한 사람이 되어야 합니다

이는 정하신 사람으로 하여금 천하를 공의로 심판할 날을 작정하시고 이에 저를 죽은 자 가운데서 다시 살리신 것으로 모든 사람에게 믿을 만한 증거를 주셨음이니라 하니라. 사도행전 17:31

성공하려면 신뢰를 받을 만한 사람이 되어야 합니다. 우리가 현재보다 더 놀라운 성공적인 삶을 살아가려면 신뢰를 바탕으로 인간관계를 가져야 합니다.

우리는 신뢰 속에서 성공을 이루어갈 수 있습니다. 신뢰는 우리가 삶이라는 사다리를 오르면서 꼭 가져야 할 중요한 것 중의 하나입니다. 신뢰는 세상을 긍정적으로 살아갈 수 있게 하는 힘의 원천입니다. 신뢰를 쌓으려면 정직하고 개방적인 태도를 가져야 합니다. 진실만을 말하고 이미 말한 것이 진실이 되도록 해야 합니다.

신뢰는 거울의 유리 같은 것이다. 금이 가면 원상태로 돌아오지 않는다. **아미엘**

불안을 이기는 법

> 형제를 사랑하여 서로 우애하고 존경하기를 서로 먼저 하며 부지런하여 게으르지 말고 열심을 품고 주를 섬기라. 소망 중에 즐거워하며 환난 중에 참으며 기도에 항상 힘쓰며 성도들의 쓸 것을 공급하며 손 대접하기를 힘쓰라. 로마서 12:10-13

성격이 조급하고 안달을 떠는 사람은 성공하기가 어렵습니다. 그런 사람은 소극적이고 늘 해보지 않은 일에 대한 두려움을 갖고 있기에 잘 도전하지 않습니다. 성공하는 사람들은 마음에 여유가 있습니다. 잘 수용하고 받아들입니다. 그들의 마음은 큰 그릇으로 표현해도 좋을 것입니다. 삶에 여유를 갖는다는 것은 삶을 단순하게 살아간다는 것입니다.

불안을 이기는 방법은 어떤 것입니까? 우리의 마음은 파도가 일고 폭풍이 불고 있는 호수와도 같습니다. 너그러운 마음을 갖고 의자 깊숙이 몸을 묻고 기도하는 것이 좋습니다. 초조해질 때는 잠시 동안 지금까지 본 가장 아름답고 황홀한 경치를 상상해봅니다. 성경 말씀도 암송해봐야 합니다.

우리는 어려울 때마다 하나님의 은혜를 받은 일을 생각하며 감사해야 합니다. 내 마음은 언제나 평안하다고 외치며 살아야 합니다.

행복을 즐겨야 할 시간은 지금이다. 행복을 즐겨야 할 장소는 여기다. **로버트 인젤손**

12월 17일

우리에게 비치는 하나님의 사랑의 빛

그러므로 나의 사랑하는 자들아 너희가 나 있을 때뿐 아니라 더욱 지금 나 없을 때에도 항상 복종하여 두렵고 떨림으로 너희 구원을 이루라. 빌립보서 2:12

하나님이 우리에게 주신 은혜는 너무나 많습니다. 우리에게 생명을 주셨습니다. 우리에게 삶을 허락해주시고 우리를 구원해주셨습니다. 우리에게 사랑하는 사람을 주시고 사랑할 수 있는 마음을 주셨습니다. 우리에게 시간을 주시고 일을 주셨습니다. 우리에게 기도할 수 있는 마음을 주시고 응답을 주셨습니다. 전지전능하신 하나님이 우리에게 주신 것은 너무나 많습니다. 우리의 모든 것을 아시고 우리의 모든 것을 인도하십니다. 날마다 은혜를 베풀어주십니다.

하나님은 사랑이십니다. 하나님의 사랑의 근거는 하나님에게 있습니다. 하나님의 사랑의 근거는 인간에게는 조금도 없습니다. 우리에게 비치는 하나님의 사랑의 빛을 일으키는 원인이 우리 속에는 전혀 없는 것입니다. 우리는 예수그리스도의 은혜로만 하나님의 사랑을 받을 수 있습니다. 하나님은 그의 자녀들을 언제나 사랑하십니다.

우리는 우리의 기도가 응답되기를 바라는 것처럼 열심히 감사해야 한다. **시먼즈**

12월 18일

우리의 마음을 믿어야 합니다

이는 나 여호와 너의 하나님이 네 오른손을 붙들고 네게 이르기를 두려워 말라. 내가 너를 도우리라 할 것임이니라. 이사야서 41:13

우리 스스로 승리자라고 생각하고 용감하게 발걸음을 내딛는다면 우리는 승리할 것입니다. 우리의 마음을 믿어야 합니다. 시작할 목적을 가져야 합니다.

우리의 도움이 필요한 사람들을 돕겠다는 목표를 가져야 합니다. 믿음의 생각이 모든 의심을 대신해야 합니다.

죽음에서처럼 삶에서도 하나님의 임재를 가까이 느끼는 사람은 두려움이 없는 사람임을 보지 않았습니까? 우리는 진정한 인간이 되는 데 필요한 것을 볼 수 있는 능력을 받았습니다.

우리의 생각을 순전하게 해야 합니다. 그러면 안전하게 될 것입니다. 우리가 원한다면 할 수 있습니다. 우리는 최고의 승리자이신 예수그리스도가 우리의 구주이시라는 사실을 분명히 알고 믿어야 합니다. 우리가 언제나 주님이 함께하신다는 사실을 확신할 때 우리의 삶은 전혀 다른 모습으로 변화될 수 있습니다.

하나님에게는 두 개의 거처가 있다. 하나는 천국이요, 하나는 사랑하고 감사하는 마음이다.
아이작 월턴

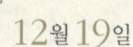
12월 19일

하나님의 긍휼

평강의 주께서 친히 때마다 일마다 너희에게 평강을 주시기를 원하노라. 주는 너희 모든 사람과 함께하실지어다. 데살로니가후서 3:16

우리는 예수그리스도로 말미암아 소망을 갖고 살아갑니다. 이 지상의 삶은 물론 영원한 천국에 이르기까지 예수그리스도께서 구주가 되시어 인도해주시기를 원하는 것입니다. 우리의 모든 것이 예수그리스도로 말미암아 온 것입니다. 주님께서 우리와 항상 동행해주시고 우리를 인도해주실 것입니다. 예수그리스도로 말미암아 우리는 변화된 그리스도인의 삶을 살아가게 되었습니다.

하나님의 사랑은 온유하시며 선하십니다. 하나님의 긍휼을 얻기를 원하십니까? 그렇다면 이웃에게 긍휼을 베풀어보기 바랍니다. 그것이 하나님의 긍휼하신 마음의 문을 여는 것이고 그때 하나님의 긍휼하심이 우리 위에 넘치는 것을 체험하게 될 것입니다.

항상 감사하는 마음을 가져라. 당신이 현재 가진 것만으로 행복하지 않다면, 더 많이 받는다 해도 결국 행복해지지 못한다. 작은 선물 하나라도 소중히 받아들이며 감사하는 마음을 가져야 한다. **비키 킹**

성경은 우리의 삶을 인도하는 나침반입니다

너희가 성경에서 영생을 얻는 줄 생각하고 성경을 상고하거니와 이 성경이 곧 내게 대하여 증거하는 것이로다. 요한복음 5:39

성경은 우리의 삶을 인도하는 나침반입니다. 성경을 읽고 마음에 새기는 것은 하나님을 사랑하고 그분의 말씀을 사모하는 것입니다. 성경은 살아 있는 말씀이며 생명의 말씀입니다. 하나님이 곧 말씀이며 말씀으로 천지 만물을 창조하셨습니다. 말씀을 신뢰한다는 것은 곧 하나님을 신뢰한다는 것입니다. 우리는 항상 하나님의 생명의 말씀을 가까이 하며 살아야 합니다.

이 거친 세상이 우리에게 미소 지어주기를 바라는 것은 어리석은 일입니다. 장밋빛 꿈만을 기대하는 것으로는 우리가 온전하게 삶의 걸음걸이를 시작하지 못하는 것입니다. 사람이 각자의 방법으로 삶을 시작하는 것은 가치가 있습니다. 그러므로 우리는 하나님의 말씀 속에서 우리의 삶을 인도받아야 합니다. 성경이 진리라는 가장 중요한 증거는 성경의 메시지를 믿는 사람들에게서 나타납니다. 성령의 열매인 사랑, 희락, 화평, 인내, 자비, 온유, 절제는 헌신하는 그리스도인의 삶 속에서 나타나는 것입니다.

단순한 이성으로 진리를 발견하기엔 우리는 너무 약한 존재다. 따라서 우리에게는 성서의 권위가 필요하다. **아우구스티누스**

12월 21일

예수그리스도의 성육신의 가치

말씀이 육신이 되어 우리 가운데 거하시매 우리가 그 영광을 보니 아버지의 독생자의 영광이요 은혜와 진리가 충만하더라. 요한복음 1:14

예수그리스도께서 성육신한 근본적인 이유는 인간 구원에 있습니다. 그러나 예수그리스도가 육체로 오심은 여러 가지 다른 중요한 영적인 진리를 드러내는 것입니다. 성육신은 인간 삶의 존엄성을 증명해 주는 것입니다.

예수그리스도는 기독교 신앙의 기초입니다. 기독교는 나사렛예수의 유일성과 참된 신성에 의거합니다. 예수그리스도는 죄로 말미암아 하나님과 인간 사이에 생긴 간극을 연결해주는 중보의 역할을 해주시는 것입니다.

기독교인은 그리스도에 대한 성경의 근원적인 교리를 받아들이면서 성육신, 이적, 속죄, 부활의 핵심적인 교리를 인정합니다. 만약 이 핵심적인 교리를 버린다면 기독교의 신앙은 혼란에 빠지게 될 것입니다.

예수그리스도의 성육신의 가치는 역사 이래 최고의 가치입니다. 주님께서 이 땅에 오심으로 구원의 길이 활짝 열렸습니다.

그리스도의 성육신은 유일한 인간의 영역 안에 무한한 하나님을 오시게 한 것이다. **부스클리본**

12월 22일

부활은 하나님의 은총입니다

그가 우리를 흑암의 권세에서 건져내사 그의 사랑의 아들의 나라로 옮기셨으니 그 아들 안에서 우리가 구속 곧 죄 사함을 얻었도다. 골로새서 1:13-14

'카리스'란 그리스어로, 그리스 세계에서 본래 의미로는 아름다움, 우아함을 뜻합니다. 그것이 후에는 선물, 하사품의 의미로 변해갔습니다. 또한 간접적으로 이 하사품의 배후에 있는 보내는 사람의 마음까지 나타내게 되었습니다. 이 카리스란 말이 그리스도 용어로 사용되었을 때 '은총'이란 말이 되었습니다. 하나님이 인류에게 주신 선물을 의미합니다.

하나님이 우리에게 주신 하사품은 독생자 예수그리스도이십니다. 예수그리스도께서 우리의 모습으로 오신 것과 예수그리스도의 삶, 십자가, 부활은 가장 크고 놀라운 하나님의 은총입니다. 하나님의 아들이신 분이 온 인류의 대표자가 되셨으므로 모든 죄악이 십자가에 달리신 죄 없는 주님의 가슴에 올려지게 되었습니다. 예수그리스도께서 죄인들의 죄를 지시고 죄인으로서 그 죄의 형벌을 받으심으로써 대속하셨습니다. 우리는 이 놀라운 은총을 받은 성도들입니다.

가장 감사해야 할 것은 신이 주신 능력을 제대로 이용하는 것이다. **트릴로프**

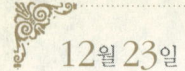

성탄절 준비

> 보라, 처녀가 잉태하여 아들을 낳을 것이요 그 이름은 임마누엘이라 하리라 하셨으니 이를 번역한즉 하나님이 우리와 함께 계시다 함이라. 마태복음 1:23

크리스마스 선물은

하나님의 은혜와 예수를 생각나게 합니다

크리스마스 촛불은 세상의 빛이신

예수를 생각나게 합니다

크리스마스트리는 우리를 위해 십자가에 달리신

예수를 생각나게 합니다

크리스마스의 활기찬 분위기는 "평안하라!" 말씀하신

예수를 생각나게 합니다

크리스마스에 내리는 눈은 우리를 깨끗하게 하시는

예수를 생각나게 합니다

크리스마스에 울리는 종은 베들레헴에서 탄생하신

예수를 생각나게 합니다

크리스마스 성가는 이 땅에 복음을 전하러 오신

예수를 생각나게 합니다

크리스마스는 우리 모두에게 예수그리스도를 생각나게 합니다

나는 만나는 사람 모두를 믿는다. 모든 사람이 나에게는 예수이며 예수는 오직 한 분밖에 계시지 않은 까닭에 그 사람은 그 순간 이 세상에서 유일한 사람이 된다. **테레사 수녀**

12월 24일

성탄 전야

오늘날 다윗의 동네에 너희를 위하여 구주가 나셨으니 곧 그리스도 주시니라. 누가복음 2:11

성탄절이 다가오면 생각나는 것은 무엇입니까? 거리에 등장하는 화려한 성탄 트리, 새벽 송, 카드, 선물, 성탄 축하 예배 등 갖가지가 떠오를 것입니다. 성탄절이 소중하고 귀한 것은 그날이 우리에게 구원의 기쁨을 주는 날이기 때문입니다. 예수께서 우리를 죄악에서 건져주시고 구원해주시고자 그분이 창조하신 여성의 자궁을 통해 우리의 모습으로 우리의 시간 속으로 오신 날입니다. 하나님이 우리와 함께하셨다니 이 얼마나 놀라운 일입니까? 마음껏 기뻐하고 찬양해야 할 일입니다.

예수께서 오신 날, 이 세상에 이보다 감격스럽고 놀라운 날이 어디에 있겠습니까? 무소부재하시고 전능하신 하나님이 우리에게 오신 것입니다. 우리가 죄를 용서받으려면 바로 주님이 이 땅에 오셔서 십자가에 달리셔야 했습니다. 성탄절은 주님이 십자가에 달리시기 위해서 이 땅에 오신 날입니다. 성탄절은 주님을 온전히 찬양하며 주님의 사랑을 가슴 깊이 담고 주님이 원하는 삶을 살기로 다짐해야 하는 날입니다.

크리스마스는 이 세상에서 만능의 부채를 흔든다. 봐라. 모든 것이 부드러워졌고 더 아름다워졌다. **노먼 V. 필**

12월 25일

예수께서 오신 날

> 하나님이 약속하신 대로 이 사람의 씨에서 이스라엘을 위하여 구주를 세우셨으니 곧 예수라. 사도행전 13:23

예수께서 오신 목적은 우리를 위하여 대속 제물이 되시기 위함입니다. "피 흘림이 없은즉 사함이 없느니라(히브리서 9:22)"라는 말씀에 그 이유가 잘 표현되어 있습니다. 우리가 예수그리스도를 구주로 믿는 그리스도인들이라면 예수께서 이 땅에 오신 참된 목적을 분명하게 깨닫고 성탄의 기쁨을 누려야 합니다. 성탄절은 아무 생각 없이 즐기는 사람들만의 축제가 아닙니다. 예수그리스도와 함께하는 구원의 기쁨을 누리는 날이 아니라면 일상의 다른 날과 다를 바가 없습니다.

오늘날의 성탄절은 상업주의로 지나치게 변질되어 있습니다. 복음의 참된 의미와는 전혀 상관없는 것들이 잘못 포장되어 상품으로 팔리고 있습니다. 성탄절은 우리를 죄악에서 구원하시고자 예수께서 대속의 피를 흘리시려고 오신 날입니다. 예수그리스도를 깊이 생각하면 이날은 가슴이 아픈 날이자 기쁨의 날입니다.

예수그리스도가 이 세상에 오신 사실은 하나님께서 우리를 사랑하신다는 최종적이고도 결정적인 증거다. **바클레이**

12월 26일

주님은 오늘도 우리를 찾아오십니다

내가 진실로 진실로 너희에게 이르노니 내 말을 듣고 또 나를 보내신 이를 믿는 자는 영생을 얻었고 심판에 이르지 아니하나니 사망에서 생명으로 옮겼느니라. 요한복음 5:24

오늘은 성탄절의 의미를 새롭게 다짐하며 예수그리스도를 온전히 찬양하고 예배하는 날이 되어야 합니다. 성탄의 기쁨은 이 세상 모든 사람이 누려야 합니다. 성탄의 기쁨을 누리는 우리는 예수그리스도의 은혜 안에서 어둠에서 빛으로 바뀐 삶을 감격하며 살아야 합니다. 우리는 예수그리스도의 삶을 본받으며 살아야 합니다.

주님은 언제나 우리를 찾아오십니다. 절망과 죄악의 고통 속에 있는 사람들을 찾아오십니다. 우리의 죄악을 용서해주시고 우리를 구원해주시고자 주님은 언제나 우리의 마음속에 다가와 문을 두드리십니다.

예수그리스도가 함께하시는 곳은 어느 곳이나 충만한 은혜가 함께합니다. 그러나 예수그리스도가 함께하지 않는 곳은 아무리 화려해도 결국엔 허무와 공허만이 가득합니다. 예수그리스도의 복음은 어제나 오늘이나 영원토록 동일합니다. 그 복음은 과거의 삶을 용서하고 오늘의 삶을 정결하게 하며 미래의 삶을 꾸려나갈 수 있도록 우리에게 활력을 주십니다. 예수그리스도는 오늘도 우리에게 찾아오십니다.

구하라. 만약 우리가 구하는 대로 받지 못한다면 찾아라. 만약 찾는데도 받지 못한다면 그때는 두드려라. **토머스 맨턴**

12월 27일

기도는 우리를 변하게 합니다

> 너희가 그리스도께 속한 자면 곧 아브라함의 자손이요 약속대로 유업을 이을 자니라. 갈라디아서 3:29

이 넓은 들판 위에
내 복된 가정 주심을 감사드립니다
이런 나의 감사함은
드려도 드려도 끝이 없습니다
내게 필요한 모든 것을
이곳에서 모두 얻었으니
어머니와 아버지를 얻었고
내 가족이 살아가고 있습니다

날 사랑하고 내가 사랑하는
가족과 살아가는 동안에
내가 누린 즐거움을
나는 정말 헤아릴 수 없습니다
가정이라 부르는 이것을 주신 아버지께 감사드리며
날 언제나 보호하심과
그의 보호 아래 살게 하심을 감사드립니다 _에르 그레이_

기도는 하나님을 변하게 하는 것이 아니라 우리 자신을 변하게 한다. **피니**

12월 28일

마음속에서 천국을 느낍니다

그러나 이제는 너희가 죄에게서 해방되고 하나님께 종이 되어 거룩함에 이르는 열매를 얻었으니 이 마지막은 영생이라. 로마서 6:22

예수그리스도께서는 시작이 되셨던 것처럼 끝이 되십니다. 내가 사는 것은 결국 예수와 같이 되는 것이며, 그분 안에서 나의 모든 면이 영광스럽게 되는 것을 발견하는 것입니다.

주님을 찬송하면 우리는 우리의 마음속에서 천국을 느끼게 됩니다. 하나님은 우리가 그에게 찬양을 드릴 때마다 우리에게 가까워지십니다. 그의 거룩하신 영으로 우리의 모든 일을 이루어주십니다. 우리의 일은 축복과 성공을 가지며 어떤 어려움도 이겨낼 수 있도록 강해집니다. 이와 같이 우리가 하나님 안에서 행하면 우리 일은 영원한 열매를 가지게 됩니다. 우리는 하루하루 매 순간마다 감사드리며 살아야 합니다. 아직도 예수그리스도를 알지 못하고 구원의 기쁨을 모르는 이들에게 복음을 통해 우리와 같은 기쁨 속에 살 수 있도록 예수그리스도께로 인도해야 합니다. 이는 곧 우리의 사명입니다.

우리는 강력한 힘으로 우리를 위협하는 거인들로 가득한 세상에 사는 죄수들이나 다름없다. 하지만 하나님은 우리 예수그리스도를 세상이라는 감옥에 보내 거인들의 위협으로부터 우리를 보호하셨다. **릭 이젤**

12월 29일

추억을 남기는 것

> 내가 옛날을 기억하고 주의 손의 행사를 생각하고 주를 향하여 손을 펴고 내 영혼이 마른 땅같이 주를 사모하나이다. 시편 143:5-6

한 해를 보낸다는 것은 또 하나의 추억을 남기는 것입니다. 우리는 지나간 일을 추억 속에 그리워하며 다가올 것을 또한 바라며 살아갑니다.

올해의 삶에서도 숨겨두고 싶은 이야기도 있지만 언제나 꺼내보고 마음껏 이야기해도 좋을 추억이 많을 것입니다. 추억을 만들어놓지 않은 사람은 불행한 삶을 살아가는 것인지도 모릅니다.

삶 속에 아름다운 추억을 만들어가는 사람은 마음에 여유가 있는 사람입니다. 한 해를 보내며 남길 것은 남기고 버릴 것은 버리고 정리할 것은 정리해야 합니다.

우리가 내쫓기지 않아도 되는 유일한 낙원은 추억이다. **장 파울**

한 해를 정리하면서

> 이 모든 일에 전심전력하여 너의 진보를 모든 사람에게 나타나게 하라. 네가 네 자신과 가르침을 삼가 이 일을 계속하라. 이것을 행함으로 네 자신과 네게 듣는 자를 구원하리라. 디모데전서 4:15-16

세월은 너무도 빠르게 흘러 벌써 연말입니다. 지나가는 세월은 붙잡을 수 없습니다. 또다시 한 해를 보내면서도 최선을 다해 살아온 사람은 보람을 느낍니다. 언제나 모든 일에 최선을 다하면 자기 스스로를 사랑하게 되고 지켜보는 사람들에게도 기쁨을 줌과 동시에 동기부여를 해줍니다. 한 해가 이렇게 가지만 언제나 최선을 다했다면 결코 후회가 없을 것입니다. 최선을 다하는 사람은 자신이 꼭 필요한 사람이라는 것을 알고 있습니다.

  어떤 성공도 노력 없이는 이루어지지 않습니다. 꾸준하게 최선을 다할 때 자신이 원하는 것을 얻을 수 있는 것입니다. 그러나 중요한 것은 자신의 능력을 잘 평가해야 한다는 것입니다. 어느 누구도 흠잡을 수 없도록 잘할 수는 없습니다. 그러므로 언제나 최선을 다하며 살아가야 합니다. 그것이 참된 그리스도인의 삶의 모습입니다.

내일의 일을 훌륭하게 하기 위한 최선의 준비는 바로 오늘 일을 훌륭하게 완수하는 것이다.
앨버트 허버드

12월 31일

새로운 해를 기쁘게 맞이해야겠습니다

> 평강의 하나님이 친히 너희로 온전히 거룩하게 하시고 또 너희 온 영과 혼과 몸이 우리 주 예수그리스도 강림하실 때에 흠 없게 보전되기를 원하노라. 너희를 부르시는 이는 미쁘시니 그가 또한 이루시리라. 데살로니가전서 5:23-24

시간은 흐르고 세월은 우리를 가만히 놓아두지 않습니다. 시간을 관리하는 것이 곧 자신을 관리하는 것입니다. 우리는 삶 속에서 사람들과 잘 어울려 조화를 이루며 살아야 합니다. 우리가 자신의 존재를 분명히 알 때 살아온 삶과 살아갈 삶이 얼마나 소중한 것인지 알게 됩니다.

성공하는 사람은 끝없이 성장합니다. 살아 있는 모든 것은 성장을 멈추지 않습니다. 올해도 잘 성장해왔다면 새로운 해에도 성장할 것을 확신하며 살아야 합니다. 하루하루의 삶에 최선을 다한다면 자신도 놀랄 만한 일을 했다는 것을 알고 기뻐하게 될 것입니다. 올해의 삶을 감사하고 새로운 해를 기쁘게 맞이해야겠습니다.

기쁨은 자연을 움직이게 하는 강한 용수철이다. 이 기쁨이야말로 대우주의 시계 장치의 수레바퀴를 돌리는 것이다. **실러**

항상 기뻐하라. 쉬지 말고 기도하라. 범사에 감사하라.
이는 그리스도 예수 안에서 너희를 향하신 하나님의 뜻이니라.

데살로니가전서 5:16-18

| 차례 들여다보기 |

1월 _ 예수그리스도와 시작하는 하루

- 1일 기도로 시작하는 새해
- 2일 기도 속에서 만나는 하나님
- 3일 성령의 인도하심 속에 사랑을
- 4일 믿음 안에서 살기를
- 5일 주님을 가까이할 수 있는 시간
- 6일 이 땅에서 가장 행복한 사람
- 7일 삶을 기쁘게 살아가도록 하는 힘
- 8일 기도로 생활하는 사람
- 9일 예수그리스도께서 주신 평안
- 10일 진실한 삶을 위하여
- 11일 죄란 무엇입니까?
- 12일 모든 죄는 욕심에서 비롯됩니다
- 13일 주님께서 찾아주셨습니다
- 14일 주님께서 오십니다
- 15일 하나님께서 우리에게 바라는 사랑
- 16일 늘 만나고 싶은 사람
- 17일 서로 어울려 사는 세상
- 18일 활력 넘치는 행복한 삶
- 19일 마음의 문을 활짝 열고
- 20일 삶이란 한 권의 책
- 21일 철저한 믿음의 삶
- 22일 노력의 결과
- 23일 행복을 부르는 힘
- 24일 작은 것을 소중하게 여길 때
- 25일 삶에 뜨거운 열정을
- 26일 남을 먼저 배려하는 습관
- 27일 기도는 가장 아름다운 모습
- 28일 위대한 사랑의 힘
- 29일 하나님과 교제하는 시간
- 30일 말씀을 가까이하는 삶
- 31일 하나님은 언제나 함께하십니다

2월 _ 기도하는 삶

- 1일 사랑은 따뜻한 마음에서 시작됩니다
- 2일 삶에 어둠과 고통이 올 때
- 3일 어려움을 극복한 기쁨
- 4일 새로운 것에 도전해야 합니다
- 5일 핍박과 유혹을 잘 극복해야 합니다
- 6일 하나님과 가족과 이웃을 사랑할 때
- 7일 삶은 바다를 항해하는 것과 같습니다
- 8일 내일에 대한 확실한 소망
- 9일 삶은 하나의 작품입니다
- 10일 친구란 오래 두고 사귀는 벗
- 11일 세상은 어울림 속에 살아가야 합니다
- 12일 기쁨을 빼앗는 것들
- 13일 화 다스리기
- 14일 말 한마디가 모든 것을 바꾸어놓습니다
- 15일 우리가 이웃이 되어주면 어떻겠습니까?
- 16일 그리스도인들은 행복한 사람입니다
- 17일 쉬지 않고 인도하시는 하나님
- 18일 진실한 성도의 삶을 살아야 합니다
- 19일 사랑을 간직하게 하소서
- 20일 변화의 날
- 21일 행복과 불행
- 22일 겸손하게 살도록 하소서
- 23일 오늘은 되풀이되지 않습니다
- 24일 실패 없이 성공하는 삶은 없습니다
- 25일 복음을 전하는 삶
- 26일 마음이 삶을 만들어갑니다
- 27일 신앙의 열매
- 28일 믿음의 훈련

3월 _ 구원은 하나님의 선물

- 1일   진정한 아름다움
- 2일   구원의 손길
- 3일   깊은 영성과 시
- 4일   언어의 능력
- 5일   구원을 노래하는 시인
- 6일   참된 영성이란
- 7일   주여, 나의 일생을
- 8일   여유로운 마음으로 하루를
- 9일   칭찬은 생명력 있는 물과 같습니다
- 10일 삶에 행복을 만들어주는 것들
- 11일 칭찬은 사람들의 마음을 북돋아줍니다
- 12일 구별된 성도의 삶
- 13일 믿음은 희망의 근거
- 14일 경건한 생활
- 15일 하나님의 말씀 안에서
- 16일 조용한 힘
- 17일 생명의 말씀
- 18일 나눔의 행복
- 19일 나누며 사는 세상
- 20일 의로운 성도의 삶을 살기를 원합니다
- 21일 예수그리스도의 십자가를 자랑하며
- 22일 복음의 길은 생명의 길
- 23일 행동하는 그리스도인의 삶
- 24일 예배는 그리스도인의 의무
- 25일 신앙의 변화가 있어야 합니다
- 26일 기도는 하나님의 약속입니다
- 27일 그리스도인의 생활 표준
- 28일 성도들의 경건 생활
- 29일 하나님이 기뻐하시는 믿음
- 30일 성경은 하나님의 살아 있는 말씀
- 31일 우리를 유혹하는 것들

4월 _ 부활의 주님

- 1일   예수그리스도의 생애
- 2일   부활과 영생으로 통하는 소망의 문
- 3일   이 세상에서 가장 위대한 것
- 4일   십자가의 가치
- 5일   고독한 생애
- 6일   주님을 만나는 놀라운 체험
- 7일   새 생명을 얻는 구원의 길
- 8일   예수그리스도의 부활
- 9일   예수그리스도는 참된 구원자
- 10일 기도는 사랑의 응답
- 11일 이 세상을 안을 수 있는 사람
- 12일 하나님의 미소
- 13일 대화의 기적
- 14일 믿음은 날마다 성장해야 합니다
- 15일 기도의 비결
- 16일 구원의 길, 진리의 길로
- 17일 진정한 행복은 주 안에 있습니다
- 18일 그리스도인의 바른 신앙관
- 19일 긍정적 사고
- 20일 물은 낮은 곳으로만 흐릅니다
- 21일 기도는 그리스도인의 삶입니다
- 22일 사랑의 공동체
- 23일 성공하는 사람들의 세 가지 공통점
- 24일 마음을 만족시키는 행복
- 25일 예수 안에서 하나의 공동체
- 26일 아름다운 당신
- 27일 마음에 여유를 가져야 합니다
- 28일 주께서 이르시니
- 29일 어려운 결단
- 30일 성령의 충만함 속에 사는 방법

5월 _ 행복이 가득한 가족

1일 가정이란 행복을 저축하는 곳
2일 부부가 화목해지는 비결
3일 현명한 부부 사랑 방법
4일 부부란 삶의 여행을 함께하는 동반자
5일 행복한 가정을 위하여
6일 어느새 서로 닮아가는 부부
7일 꿈을 이루는 사람
8일 둘이 만들어가는 사랑
9일 행복한 삶을 원한다면
10일 나를 부르셨습니다
11일 질서가 있는 가정
12일 진솔한 대화
13일 행복한 결혼 생활
14일 부부는 평생 함께하는 친구
15일 가정은 행복의 보금자리
16일 가족 사랑 만들기
17일 장미와 그리스도
18일 성령 충만한 가정
19일 대화의 효과
20일 사랑할 때
21일 웃음 넘치는 행복한 가정
22일 영원한 사랑
23일 사랑의 이유
24일 사랑은 나누는 것
25일 우리의 신앙
26일 하나님을 위한 바이올린
27일 예수그리스도의 제자
28일 축복의 말씀
29일 하나님의 사랑 앞으로
30일 예수그리스도의 권능
31일 하나님의 눈길

6월 _ 우리를 기억하시는 하나님

1일 땀 흘리는 즐거움
2일 웃음 가득한 행복한 나날
3일 행복한 여름맞이
4일 삶에 내리는 행복이라는 단비
5일 성공하는 삶
6일 주님과의 약속
7일 가장 복된 사람
8일 언제나 만나고 싶은 사람
9일 기도란 그리스도인의 호흡입니다
10일 우리를 기억하시는 하나님
11일 모든 것을 받아주시는 하나님
12일 성숙한 그리스도인
13일 만족하며 사는 삶
14일 예수의 흔적
15일 하나님의 은혜
16일 우리에게 필요한 것들
17일 하나님을 찾아
18일 그리스도인의 죄의 자백
19일 그리스도인의 마음
20일 구원의 증거
21일 사랑은 허다한 허물을 덮어줍니다
22일 예수그리스도 안에서 다시 태어나야 합니다
23일 이웃과 나누며 살아가야 합니다
24일 참된 그리스도인
25일 주님 안에서 믿음 속에 살아야 합니다
26일 생각한 대로 이루어집니다
27일 자아의 성숙
28일 세 종류의 사람
29일 인간의 성품을 변화시키는 예수
30일 찬양 예배

7월 _ 행복한 얼굴 만들기

- 1일 꿈이 있는 사람
- 2일 성공의 비결
- 3일 성공과 실패의 갈림길
- 4일 웃음 가득한 얼굴
- 5일 최선을 다하는 삶
- 6일 성공의 문
- 7일 믿는다는 것은
- 8일 따뜻하고 사랑스러운 포옹
- 9일 친밀감을 나누며
- 10일 진정한 친구
- 11일 나누는 사랑
- 12일 빛과 소금 같은 성도의 삶
- 13일 성경은 나의 중심
- 14일 가장 값진 기도
- 15일 성경은 사랑의 편지
- 16일 예수그리스도의 선한 본성
- 17일 하나님이 주신 선물
- 18일 주님의 거룩한 삶을 닮아가야 합니다
- 19일 단 한 사람, 그 이름 예수
- 20일 그리스도인은 어떤 사람입니까?
- 21일 회개를 부끄러워해서는 안 됩니다
- 22일 영광스러운 부활의 아침을 맞으며
- 23일 영적으로 충만한 그리스도인
- 24일 하나님의 약속
- 25일 인생의 길 위에서 만나는 사람들
- 26일 죄와 보혈
- 27일 나누라고 주신 것
- 28일 많이 베풀수록 마음의 평화가 가득해집니다
- 29일 예수그리스도의 향기
- 30일 주님의 능력 아래
- 31일 지금으로서의 최선

8월 _ 예수는 우리의 희망

- 1일 부자가 되는 법
- 2일 돈으로 살 수 없는 것들
- 3일 가난도 때로는 축복일 수 있습니다
- 4일 오직 주님만이 내 꿈을 이루어주시리라
- 5일 예수는 우리의 희망
- 6일 자족할 줄 아는 삶
- 7일 꿈은 희망을 가져다줍니다
- 8일 다시금 새 출발을 합니다
- 9일 희망은 영원한 기쁨입니다
- 10일 임마누엘의 신앙
- 11일 예수그리스도는 우리의 꿈
- 12일 십자가를 자랑할 수 있는 믿음
- 13일 우리를 부르신 예수그리스도
- 14일 예수의 부르심을 받았습니다
- 15일 믿음 있는 사람
- 16일 굳건한 믿음
- 17일 감사가 넘치는 삶
- 18일 풍요롭게 사는 법
- 19일 활력 넘치는 신앙생활
- 20일 희망은 성공으로 이끄는 힘
- 21일 주님과 동행하는 삶을 살아야 합니다
- 22일 소망의 결과
- 23일 열정을 가져야 합니다
- 24일 솔직한 삶의 고백
- 25일 믿음이라는 씨앗
- 26일 위대한 인물
- 27일 가치 있는 존재
- 28일 자신의 일을 소중하게 여겨야 합니다
- 29일 예수그리스도의 죽음
- 30일 열매는 하나님의 은총
- 31일 성경의 진실성

9월 _ 신앙생활 훈련

- 1일 행복을 만드는 웃음
- 2일 거룩한 무리 성도
- 3일 미소 짓는 얼굴
- 4일 행복한 습관
- 5일 주님께서 나에게 안식을 주셨습니다
- 6일 묵상의 뜻
- 7일 최선을 다하는 오늘
- 8일 선교하는 교회
- 9일 삶의 면류관이 되시는 주님
- 10일 기도와 말씀으로 새롭게 변화되어야 합니다
- 11일 회개의 눈물
- 12일 감사의 신앙
- 13일 하나님의 도우심을 받아야 합니다
- 14일 신앙생활을 바르게 하는 방법
- 15일 찬양은 감사하는 노래
- 16일 사탄을 이길 수 있는 방법
- 17일 경건한 삶을 살아야 합니다
- 18일 우리의 사랑이 자라도록 하시는 분
- 19일 분명한 해답
- 20일 삶의 주인공이 되어
- 21일 사랑하는 법을 가르쳐주소서
- 22일 끈기 있게 참는 법을 가르쳐주소서
- 23일 주님이 원하시는 기도
- 24일 끊임없는 도전
- 25일 이 세상에서 가장 강한 것
- 26일 가치 있는 삶
- 27일 위대한 승리
- 28일 진실하신 하나님
- 29일 진정한 성공
- 30일 기도할 때마다

10월 _ 시련 후의 성장

- 1일 가을이 만들어놓는 풍경
- 2일 수확의 기쁨을 아는 사람들
- 3일 용서의 의미
- 4일 사탄의 유혹 작전
- 5일 두려움에 대한 좋은 치료법
- 6일 예수그리스도는 생명수
- 7일 희망의 약속
- 8일 복음과 하나가 되는 믿음
- 9일 한 사람이 한 사람이 너무나 소중합니다
- 10일 늘 감사하는 삶을 살아야 합니다
- 11일 긍정의 힘
- 12일 이웃을 내 몸과 같이
- 13일 행복을 주는 말
- 14일 돌아오지 않는 세 가지
- 15일 신의 나라는 우리의 마음속에
- 16일 주님께 맡기는 믿음
- 17일 희망은 가슴에서 피어나는 꽃
- 18일 잃는 고통, 찾는 기쁨
- 19일 절망이 소망으로
- 20일 오늘이 마지막 날인 것처럼
- 21일 준비된 마음
- 22일 뿌리 깊은 나무
- 23일 긍정하는 모든 것을 주시니 감사합니다
- 24일 희망은 멀리 있는 게 아닙니다
- 25일 시련 후에 있는 성장
- 26일 나눔의 손길을 채우며
- 27일 침묵 중에 바치는 기도
- 28일 나를 지켜주소서
- 29일 자비로우신 하나님
- 30일 예수그리스도의 피로 구원
- 31일 우리가 구할 것은 무엇입니까?

11월 _ 변화된 생활

1일 인간관계의 벽
2일 그리스도인의 변화
3일 신앙은 사는 힘입니다
4일 절망 속에도 희망은 있습니다
5일 하나님 나라의 특징
6일 교회와 성도들은 부흥을 원합니다
7일 하나님의 뜻은 기쁨과 감사입니다
8일 부족한 만큼 노력으로
9일 주여, 밝은 빛으로 나를 인도하소서
10일 신앙의 목표
11일 한 번뿐인 소중한 삶
12일 신앙생활의 10대 헌장
13일 함께하는 것들을 소중히 여겨야 합니다
14일 우리는 지금 어떤 사랑을 하고 있습니까?
15일 믿음의 삶을 살아야 합니다
16일 마음의 기도
17일 바른 믿음의 생활
18일 실패를 통해 성공은 만들어집니다
19일 기도와 찬양과 말씀으로
20일 주님, 내가 무엇을 말하겠습니까?
21일 항상 함께하시는 주님
22일 진정한 그리스도인의 믿음의 자세
23일 기도는 하나님과 만나는 시간
24일 기도는 기쁨의 시간
25일 기도는 하나님과의 대화
26일 생명을 주신 것에 감사합니다
27일 예수그리스도의 삶을 본받아
28일 고난을 이겨내고
29일 어머니의 기도
30일 용서는 사랑에서 시작됩니다

12월 _ 우리를 찾아오시는 예수그리스도

1일 지나간 모든 것은 아름답습니다
2일 지금 이 순간은 소중한 시간입니다
3일 마지막까지 최선을 다해
4일 진리의 자유를 누리는 방법
5일 주님의 손길
6일 복음에 합당한 삶을 살아야 합니다
7일 오늘 하루를 산다는 것은
8일 우리에게 더 큰 갈망을 주소서
9일 하나님의 구원 계획
10일 용서의 따뜻함을 나누는 시간
11일 예수그리스도의 한결같은 사랑
12일 목표가 있는 삶
13일 인내하는 사람이 성공합니다
14일 자부심을 갖고 일해야 합니다
15일 신뢰받을 만한 사람이 되어야 합니다
16일 불안을 이기는 법
17일 우리에게 비치는 하나님의 사랑의 빛
18일 우리의 마음을 믿어야 합니다
19일 하나님의 긍휼
20일 성경은 우리의 삶을 인도하는 나침반입니다
21일 예수그리스도의 성육신의 가치
22일 부활은 하나님의 은총입니다
23일 성탄절 준비
24일 성탄 전야
25일 예수께서 오신 날
26일 주님은 오늘도 우리를 찾아오십니다
27일 기도는 우리를 변하게 합니다
28일 마음속에서 천국을 느낍니다
29일 추억을 남기는 것
30일 한 해를 정리하면서
31일 새로운 해를 기쁘게 맞이해야겠습니다